ストラテジック・キャリア

ビジネススクールで教えている
長期的キャリア戦略の
7つの原則

ビル・バーネット 著　櫻井祐子 訳

Strategic
Career

プレジデント社

天職と呼べる仕事にめぐり合えれば、自然と腕を磨き、大きな成果をあげ、幸せで満ち足りた日々を送ることができる。あなたにはそんな仕事を探す自由がある。だがその自由を行使するには、賢明な選択を行うとともに、ものごとが思い通りに運ばないリスクにも対処しなくてはならない。グローバリゼーションと情報技術による生産性向上という二重の難題のせいで、プレッシャーは高まる一方だ。

自分の進むべき道をどうやって決めればいいのだろう?

本書では、**事業戦略の原則をキャリア戦略にあてはめる**という、独自のアプローチを用いて、キャリア戦略のスキルを磨く方法を紹介しよう。キャリアは人生において「大事業」である。

まずは自分の理念に合致していて、興味や関心を追求し、強みを発揮できるような専門分野を選ぼう。その分野が、あなたのターゲット「市場」だ。次に、あなたがターゲットとする雇用主にとって、あなたを雇うことがなぜ「最善の解決策」になるのかを考えよう。それから、その市場で自分という「商品」の競争力を高め、機会を発掘するための「マーケティング」力を伸ばそう。長期の目標に近づけるような機会を積極的に探し、キャリア戦略を実行に移そう。どの機会を受け入れるかを適切に判断しよう。そしてしかるべき方法で進捗状況を確認し、前進を続けよう。

本書の原点は、私自身の事業戦略コンサルタントとしての経験にある。私はマッキンゼー＆カンパニーにいた二三年のあいだ、クライアント企業の合併や設備投資、新製品投入といった重大な戦略決定をサポートしていた。そのかたわら戦略グループを統括し、ゲーム理論や不確実性のマネジメントといった手法を駆使する、新しい戦略開発の方法を確立した。そこで培ったコンセプトを用いて、いまでは有効なキャリア戦略を策定する手助けをしている。

私が戦略というものに携わるようになったのは、コンサルタントになるより前のことだ。国務省と国防長官府で公共政策問題に取り組んでいた時代、さらにはハーバードビジネススクールと陸軍士官学校で戦略と政策を学んでいたころ、あるいはチェスやボードゲームに興じていた高校時代にまでさかのぼるかもしれない。

本書には、私の人事面での経験も盛り込んだ。マッキンゼーではＭＢＡのキャンパスでの採用活動を指揮したこともある。またアソシエイトを共同経営者《パートナー》に推薦するプロセスに関わったほか、三つの拠点のパートナーを評価するための人事委員会を主宰し、コーチングも行った。社員がマッキンゼーで最大限の力を発揮できるよう、キャリア戦略を練る手伝いをした。

キャリアに関する相談に乗ることも多かった。若手のコンサルタントにマッキンゼーをやめるべきかどうかについて助言を求められたり、友人やクライアントにキャリアに関する質問を受けたり、子どもを諭してくれと頼まれることさえあった。イェール大学で事業戦略論を教えるようになると、学生のキャリアの相談に乗った。そんなとき私は、当時教えていた事業戦略の原則を用いて、キャリア選択のアドバイスをした。

こうした経験のなかで、私は大きな気づきを得た。事業戦略とキャリア戦略は細かな点はちがっても、概念的には同じなのだ。事業戦略のコンセプトをキャリアにあてはめるのは、抜本的なイノベーションだ。キャリアを計画する際にビジネスのコンセプトをあてはめると、よりよいアイデアを思いつき、より適切に評価し、自信をもって判断を下せるようになる。

私はキャリア戦略講座をイェール大学で開設し、現在はライス大学で教えている。また同じ手法を用いて実際にキャリアカウンセリングを行っている。本書はそうした経験をもとに書いた。

いまから数年前にさかのぼって、私がキャリア戦略講座を開設したときの話をさせてほしい。これが重要なアイデアだという確信はあったが、まずはそれを証明する必要があった。事業戦略のコンセプトをキャリアにあてはめるというアイデアを用いることで、実際によりよいキャリア選択ができるようになることを示さなくてはならない。授業の初日は九カ月後に迫っていた。

そこで専門知識を総動員して考えた。事業構想、価値提案の構築、市場調査、ゲーム理論、シナリオプランニングといった、ビジネスシーンに有効な戦略アプローチを書き出した。マッキンゼーでの業務やイェール大学での事業戦略論の講座でこうした手法を活用していた私にとって、そこを出発点にするのは自然なことだった。

そしてこの仮説をもとに、私自身のキャリア選択をふり返った。またいろんな人にどのような戦略をもとにキャリアを選んできたのかを聞いてみた。そして仮説を実際に試してみた。機会があればこうしたコンセプトを積極的に用いて、キャリア選択の助言を行った。そうするうちに多くのことを学んだ。これが私の現在の研究の核になっている。本書で紹介する物語のいくつかは、こうして学んだことをもとに書いた。

事業コンサルティングでは、厳密さがカギを握る。そこで**事実と論理的手法**をもとにして、キャリア選択を厳密に行う方法を追求した。事業戦略でもキャリア戦略でも、状況をしっかり把握している人たちは、そうでない人たちに比べて、よりよい成果を得ている。

このテーマに関する文献にも幅広くあたり、キャリアのほか、関連するトピックの文献も読み込んだ。たとえば何が幸福や充足、立ち直る力をもたらすかという、経済学や心理学の研究を参考にした。

これらをすべて組み合わせたものが、私のキャリア戦略の最初の授業になった。

なぜ事業戦略のコンセプトが、キャリア戦略の指針になるのだろう?

本書で紹介する二つの物語のさわりを通して、このつながりを説明したい。
ＣＥＯ（最高経営責任者）やＣＯＯ（最高執行責任者）のポジションを一年に三、四件も紹介されるという人が、いったい何人いるというのだろう？　五四歳のスティーブは、まさにそんな人物だ。彼に電話をかけてくるのは、仕事上のネットワークの人たちだ。彼のネットワークが異例なのは、なんといってもその大きさだ。たったの三人だというのだから。そんなことがあり得るだろうか？

事業戦略を成功させるカギが**有効な価値提案**にあることを、スティーブは知っている。価値提案とは、製品が市場のターゲットセグメントにどのようなメリットをもたらすか、どのような行動を通じてそうしたメリットを提供するかを説明するものだ。またスティーブは的を絞った価値提案が――一定規模以上の市場には――非常に効果が高いことも知っている。

こうした戦略的コンセプトを念頭に、スティーブは自分自身を説明する綿密な価値提案を考えた。本書ではこれを「**自分の価値提案**《パーソナルバリュープロポジション》（**ＰＶＰ**）」と呼ぼう。スティーブは非公開企業の最高幹部のポジションにターゲットを絞っている。

スティーブのＰＶＰは明快このうえない。彼のネットワークの三人は、スティーブのことをよく知り、彼のスキルを熟知し、彼にどんなポジションがふさわしいかを理解している。うち二人は、スティーブがターゲットとするような企業に投資するファンドの幹部で、残る一人はそうした企業をクライアントにもつ人材紹介コンサルタントだ。彼らはスティーブを有望な候補者として見ているだけでなく、彼との関係から多くを得ている。スティーブは仕事を紹介されてもめったに関心を示さないが、いつも何かしら有用な意見を提供してくれる。スティーブと話す時間は無駄にならないのだ。

ビジネスのコンセプトがキャリア戦略の指針になるような状況をもう一つ考えよう。たとえばあなたは一流企業の経営コンサルタントで、一年以内にパートナーへの昇格が見込めそうだとしよう。そんなとき、ある評判のよい企業から魅力的なオファーを受けた。ところがあなたはそのオファーを断ったばかりか、コンサルティング会社までやめて、別の仕事を探すという、驚くべき決断を下した。なぜそんなことになったのだろう？

これが、三三歳のイザベルに起こったことだ。彼女はキャリアに戦略スキルを適用し、いくつかの驚くべき発見をした。彼女がコンサルティングの仕事で頻繁に用いていたツールの一つに、**選択肢と目標のマトリクス**を作成し、それぞれの選択肢が目標にかなっているかを厳密に評価する手法があった。このツールを自分にあてはめたとき、数年前には自分にぴったりだと思っていたコンサルタントの生活が、いまでは自分のニーズを満たしていないことに気づいた。同僚やクライアントとの関係や、興味深い問題、プロ意識の高い会社には価値を感じていたが、激務に追われ、子どもたちと過ごす時間がないことに悩んでいた。こうした問題はそれまでにも心の奥底では感じていたかもしれないが、現状を意識的に分析して初めて、自分の気持ちが大きく変わっていたことに気がついたのだ。

イザベルは将来的にトップに就く見込みがあるのならば、新しいポジションを引き受けてもよいと考えた。そこで企業の**シナリオプランニング**を行うときのように、五年後、一〇年後を見据えて、状況がどのように展開するかを予測した。その結果、昇進を重ねるには転勤が必須だということがわかったため、オファーを断らざるを得なかった。頻繁な転勤は夫のキャリアにも不利になるため、とても受け入れられなかった。

イザベルが厳密な分析を行わなかった場合に、どのような決定を下していたかはわからないが、パートナーに選出される直前に会社をやめる人はまずいない。彼女はこの分析を行うことで強い確信を得たからこそ、思い切った行動に出られたのだ。「どうかしていると思うでしょう。求人の少ない年に会社をやめて、仕事を探すことにするだなんて！　でも紙に書き出してみると、全体を見通して考えやすくなりました。分析を行ったおかげで、感情を排除して考えられたんです」。イザベルはほかの分野についても同じ手法で考え、具体的な機会を探し出し、あるオファーを受けることに決めたのだ。

このように、イザベルはキャリア戦略の調査を行い、スティーブは直感にしたがった。二人の評価プロセスはまったく異なるが、**キャリアパスの道筋を描くために事業戦略のコンセプトを用いた**点では同じだ。これが成功の秘訣なのだ。二人は戦略思考を行うことによって、最大限に才能を活用している。

本書ではイザベルとスティーブの物語をくわしくとりあげるほか、残る三一人に起こったことを紹介する。彼らの全員が、キャリアに真摯に向き合い、多くを成し遂げることを望んでいる。彼らのほとんどが上昇志向をもち、しっかりしたコンセプトをもとに戦略を進め、結果を満喫している。そうしなかった数人は、結果に苦しんでいる。

本書にはもう一つ、経営コンサルタントとして私が得たことを盛り込んだ――アイデアの真価を計るには、そのアイデアがどのような知的成果をもたらしたかということだけでなく、どれほど大きな変化をもたらしたかを考えなくてはならない。

コンサルティングを通して学んだことだが、アイデアが多くの人に活用されるには、次の三つの厳しい条件をクリアする必要がある。すなわち、網羅的で、実行する方法が明快で、興味深く記憶に残る方法で説明されなくてはならない。本書は、これらの条件をクリアすることを念頭に書いたつもりだ。

第一に、本書には必要なことが網羅されている。一五ある章は、それぞれがハイレベルな戦略的キャリアを手に入れるためのステップになっている。また各章のコンセプトを応用した段階的なエクササイズも紹介する。これらの章を読んで実行に移せば、有効なキャリア戦略を構築できる。本書は実践するための本である。

第二に、本書ではキャリア戦略のコンセプトの一つひとつを実行に移す方法を説明する。

第三に、実際にキャリア上の難しい決定を下した人々の物語を紹介することで、これらのコンセプトが具体的にどのように用いられたかを説明する。ただし個人を特定できないように名前を変え、一部の情報を改変した。

　そして最後の肝心な点として、読者はこれらのコンセプトを自分にあてはめていく必要がある。本書はキャリア戦略のスキルを身につけるための本であって、あなたにぴったりの答えが書いてあるわけではない。

　本書から得られる結果は、人によって異なる。キャリア選択にたっぷり時間をかけられる人もいれば、早急に決断を下さなくてはならない人もいる。どれだけ急を要するかで、下す決定も当然変わってくる。

　スタート地点もひとそれぞれで、ときには大きく異なる場合もある。自分自身をよく把握していて、関心分野にすでに精通している人もいる。その場合、最初は戦略をもっていなくても、本書で紹介するエクササイズを行えば、自分に与えられた選択肢を理解し、特定の分野を選び、具体的な計画を立てることができるだろう。望み通りの幸せや意義が見つかるという確信はなくても、計画を実行することによって、成功する可能性を高められるし、経験から学習するうちに、計画を調整し方向転換することもできる。

　他方、スタート地点で出遅れ、まだ一つの分野に決められない人もいる。その場合は、まず自分の強みと抱負についてじっくり考え、さまざまな可能性を探る必要がある。どれか一つに決める前に、くわしく調査したり実際に試してみるといい。出発点がちがえば、結果がちがってあたりまえだ。
戦略とは、自分の経験とスキル、知識、そしてそこから推測できる将来の可能性と限界を総合して決めるものだ。もしあなたがいまの戦略をもの足りないか、しっくりこないと思っているなら、またはこれから変化を予期しているなら、新しい戦略が必要になる。ビジネスの戦略を練るときと同じコンセプトを使って、同じくらい厳密に戦略を立ててみよう。**自分というクライアントのコンサルタントになる**のだ。

本書はこれを行うための段階を追った手引きになっている。図1に示したように、第Ⅰ部から第Ⅳ部で有効な戦略を策定する方法を示し、最後の第Ⅴ部ではその戦略を推進する方法や、状況の変化に応じて修正する方法を説明する。

第Ⅰ部では、**長期の方向性を定める**方法を説明する。あなたにとって大切な理念を見きわめ、あなたの際立った強みをつきとめ、専門分野を選んで評価し、このすべてを組み込んだ価値提案を作成する方法を示していこう。第Ⅱ部では、**長期的目標を実現するための計画を立てる**方法を説明する。

この長期計画の第一段階は、最初の一歩を踏み出すための**適切な機会を探す**ことだ。新しい機会を模索すべき理由は、ほかにもあるかもしれない。機会を探し出し、オファーを獲得する

図1 本書のなりたち

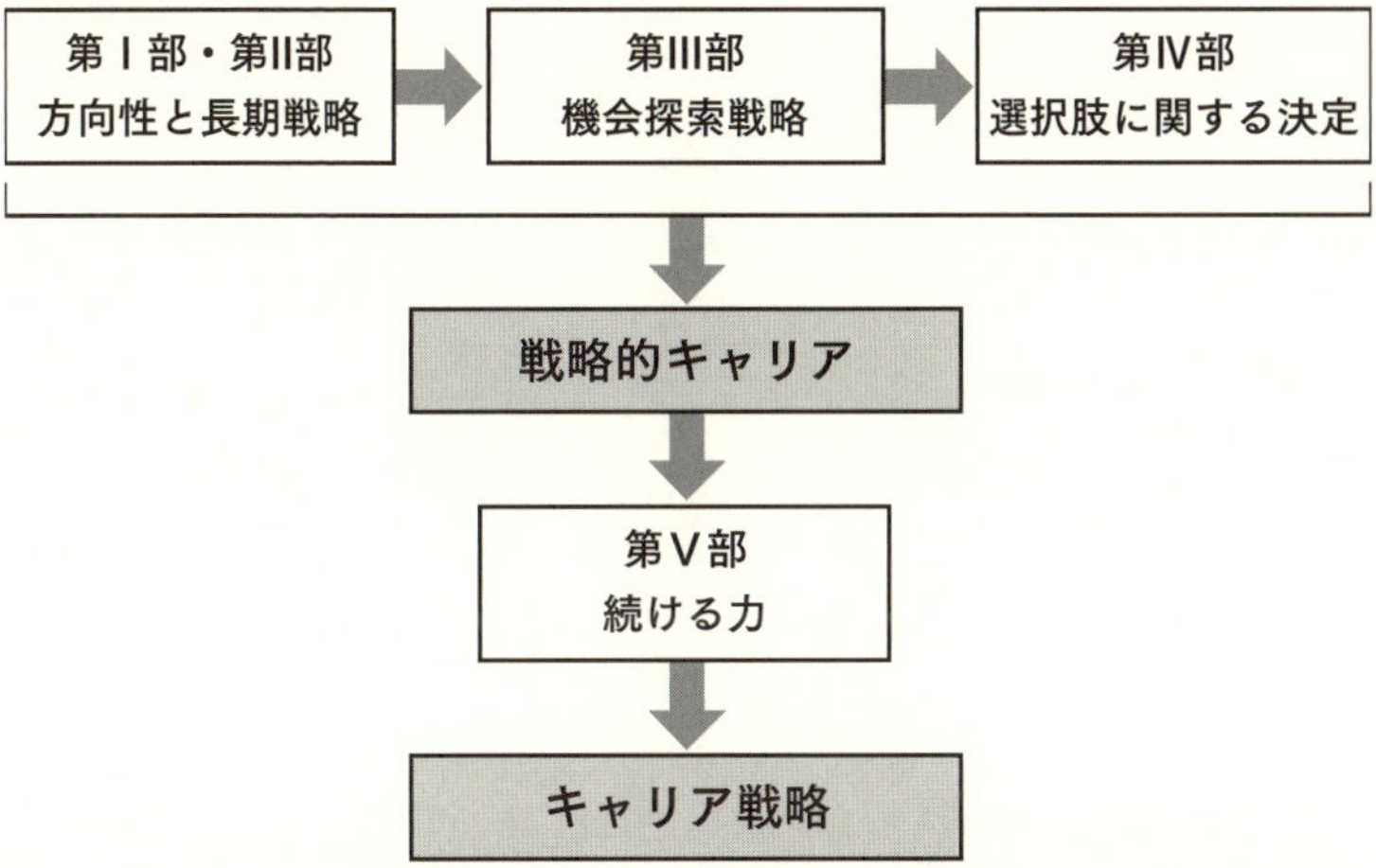

方法が、第Ⅲ部のテーマになる。

次にくるのが、**オファーを受け入れるか否かという決断**だ。第Ⅳ部では、選択肢を目標に照らして評価し、それらを選んだ場合に起こり得る不確実性に対処し、最善の決断を下す方法を説明する。

人生に起こるできごとには、喜ばしいものもあれば期待はずれのものもあり、そうしたできごとのせいで大切なことから目がそれることが多い。さまざまな問題に対処するあいだ、正しい進路を保つ助けになるツールが必要だ。これが第Ⅴ部のテーマになる。進捗状況を確認するための**自分の年次報告書や、挫折から立ち直る力（レジリエンス）**を身につける手法などを説明しよう。

「全体は部分の総和に勝る」というように、本書の各部はその直前の部を土台としてさらに肉づけしている。またそれぞれの部のなかでは、ほとんどの章がそれまでの章をもとに展開されている。そのため、できれば前から順に読み進め、必要があれば臨機応変に行きつ戻りつしてほしい。

本書の内容を有効活用するには前から順に読むのが一番だが、もしあなたの状況が次のどちらかにあてはまるなら、こんなふうに本書を活用してほしい。

いますぐ仕事を見つける必要がある人は、まず第Ⅰ部をざっと読んで、自分の理念、強み、関心分野、長期の価値提案を明確にしよう。それから第Ⅲ部の有効な求職活動を行う方法を参考にしてほしい。

オファーを受けるべきかどうかを決めるために本書を読んでいる人は、まず第Ⅰ部を読んで自分の理念と強みを把握し、そこで説明する学習の手法を頭に入れておこう。それをもとに第Ⅳ部の評価手法を用いれば、賢明な決断を下せるだろう。

最後にもう一つヒントを。これまでとちがう道を歩もうとしている人は、エクササイズをとばして全体を読み通してほしい。そうすれば、戦略的アプローチを十分に理解したうえで、いまの問題に対処できるだろう。

序章のしめくくりとして、もう一つアドバイスがある。本書を読んでエクササイズを行えば、新しい発見をし、よりよい決断を下せる確率が大幅に高まる。これはこれでよいことだが、もっとよい方法がある。

私が勧めるのは、キャリア戦略を立てている仲間と一緒に取り組むことだ。数人でやればなおよい。一緒に本書を読んで、各自でエクササイズを行い、一章（または数章）終わるごとに会って（ビデオ会議でもいい）、エクササイズをどのように行ったかを話し合い、お互いのやり方を批評しよう。みんなで励まし合い、仲間がコンセプトを活用している方法から学び、自分の作業について有益な意見をもらう。そうすれば戦略を策定しながら、同時にキャリア戦略のスキルを身につけられる。これは私のクラスで授業に参加しているのも同然だ。

CONTENTS

第Ⅱ部 長期戦略を立てる 167

第Ⅲ部 機会探索戦略

第V部 継続する力

第I部

方向を定める

自分の愛する仕事を選べば、一生に一日も働く必要はなくなる。

孔子

仕事は人生の大きな部分を占めることになる。本当に満足する人生を送るには、自分がすばらしいと信じる仕事をするしかない。そしてすばらしい仕事をするには、自分のしていることを愛するしかない。

スティーブ・ジョブズ

非常に強固で打ち砕くことが困難なものごとが三つある。鋼鉄、ダイヤモンド、そして自分自身を知ることだ。

ベンジャミン・フランクリン

まずは出発点として、どの専門分野や職務をめざすか、または少なくともどこから始めるかを決めよう。

これをうまくやるには、いろいろな手法を組み合わせる必要がある。方向性を決めるのは、自分の内面を深くのぞき込むような取り組みだ。直感を駆使して発見やひらめきを求めよう。心のなかを見つめ、生来の強みを見きわめ、情熱をもてそうな分野を感じとり、自分の身に起

図2　第I部：野心的な自分の価値提案を考える

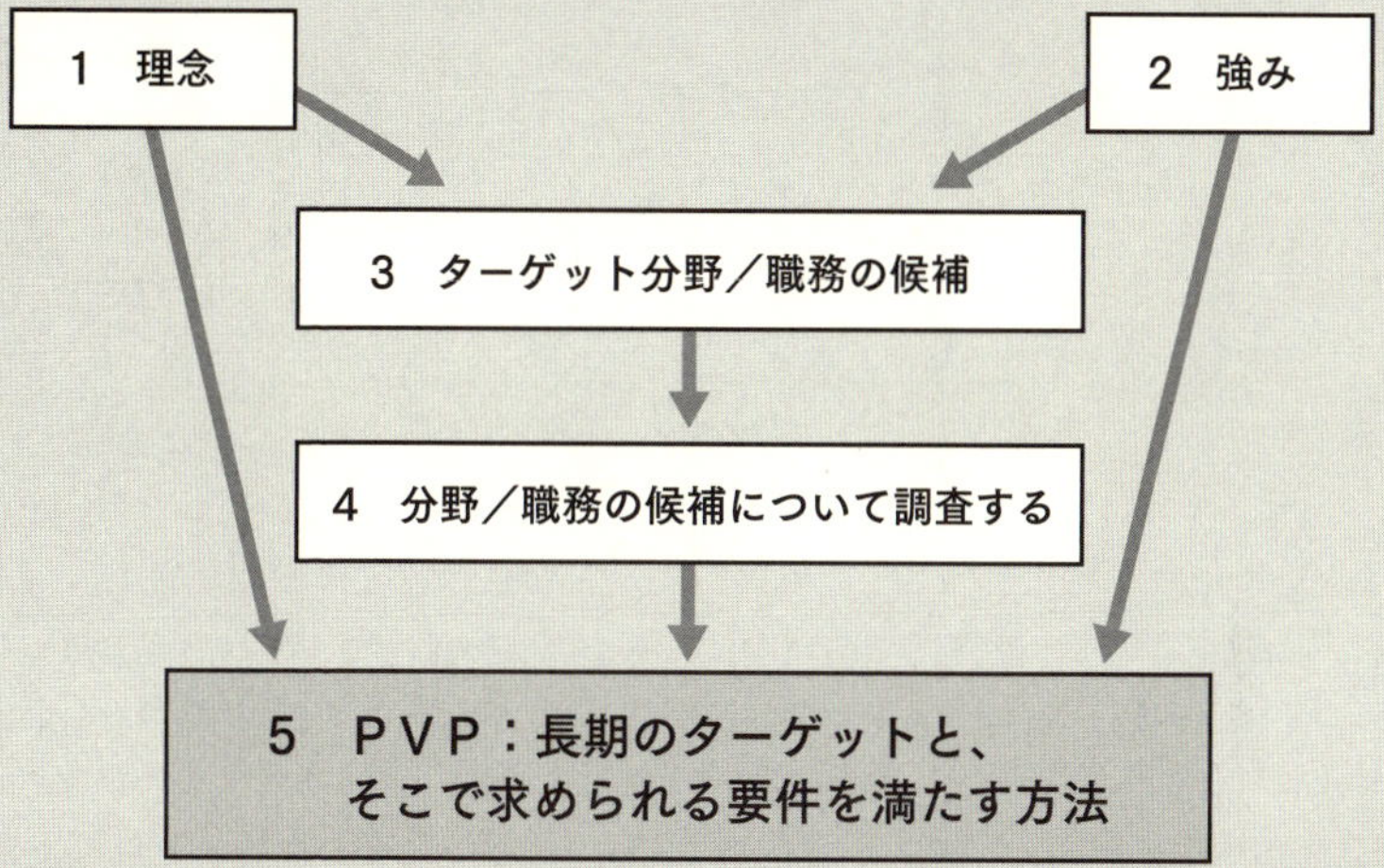

こるできごとから学ぼう。自分の関心や理念がどこへ向かうのかを想像しよう。だが**方向を定めるには、外部からの視点も欠かせない。**体系的かつ合理的な方法で求職活動を行おう。興味をひかれる分野について調査し、どんな仕事があるのかを調べ、自分に合っているかどうかを考えよう。方向性を決めるには実験も不可欠だ。まずアイデアを試してから、どこに賭け金を置くかを決めよう。

第I部の五つの章で、多様な学習方法を組み込んだ活動を紹介する。前から順に読み進め、図2に示すようにキャリアの長期的な方向性を定めよう。この方向性を「自分の価値提案《パーソナルバリュープロポジション》（PVP）」と呼ぶことにする。PVPとは、あなたが長期的にめざす分野や職務、そこで成功するための要件、あなたがその要件を満たしているという根拠をまとめたものをいう。

第1章では、あなたが仕事にどのような基本的理念を求めているかを見きわめる方法を説明する。企業の創業者がまずビジョンを示すように、キャリア戦略の旅は理念と抱負を打ち出すことから始まる。

第2章では、戦略やマーケティングの担当者が発売前の製品を評価するのと同じやり方で、あなたの強みを分析する方法を説明する。

続いて分野／職務について考える。あなたの基本的理念と強みを活かせるような分野や職務を構想する方法を、第3章で示そう。

それと並行して、さまざまな分野や職務の特徴について調べ、そこで成功するためには何が必要かを考える必要がある。第4章では、事業戦略担当者が業界や企業を分析する手法を用いて、そうした調査を行う方法を説明する。

これらをすべて考え合わせたものが、長期の野心的なPVPだ。野心的なPVPとは、企業の経営幹部が新製品開発を始める前に策定する価値提案に似たコンセプトだ。これが第5章のテーマになる。

企業の創業者は自分の関心やアイデア、スキルを出発点として、市場のニーズをどのように満たすかを考える。それから市場に合った製品を設計し、製造・販売体制を整える。既存企業では基本的な抱負を指針として、大小のさまざまな決定を行う。経営者は大きな戦略転換を企てる際、会社の抱負に照らしてその是非を検討する。抱負と合致しない案は、そもそも得策かどうか疑わしい。

高揚感を与えるような抱負は、企業だけでなく、そこで働く人の職業生活の指針にもなる。抱負はモチベーションを高める。「抱負」という言葉は、希望と機会を想起させる。抱負は行動を起こすきっかけになる。抱負は人間的成長を促し、自分の競争力を高めるような取り組みを駆り立て、機会を探索する際の道しるべになる。戦略を通して望ましい目標に近づくには、まず自分がどこに行きたいのかを知らなくてはならない。

しかし、自分が仕事に何を求めているかがわからないこともある。ほとんどの人が経済的必要から働き、仕事には負担が伴う。仕事は苦役になることもあれば、喜びや刺激になることもある。競い合うことでやる気を燃やす人もいる。キャリアに唯一の正しい答えなどない。抱負を真剣に考えることは、キャリア戦略を立てるプロセスの大部分を占める。

本章の目的は、仕事に関連する理念について体系的に考える方法を示すことだ。そのために、まず「仕事／キャリア／天職」の枠組みを紹介する。この枠組みの基本要素を詳しく解説したうえで、あなた自身の思考の指針として用いる方法を説明しよう。

仕事意識の三分類

あなたが仕事で一番重視することは何だろう？　まずは自分という人間の根幹をなしている理念を知るために、この問題をじっくり考えなくてはならない。内面を見つめるのはとても個人的な取り組みだが、だからといって誰の助けも借りずにやる必要はない。他人の経験を通して、どのような目標を選べば最大の幸せと充足感が得られるかを学ぶことはできるのだ。

仕事意識の枠組みにはいろいろあるが、私の知る限り、「仕事（ジョブ）人／キャリア人／天職人」モデルに勝るものはない。これを私に紹介してくれたのは、提唱者であるイェール大学のエイミー・レズネスキーだ。

ジョブ人：仕事の物質的利益にとらわれ、それ以外の意義や充足を軽視しがちな人たち。仕事にかける時間を減らそうとし、仕事が終わったら何をするかを考えながら働き、職務が拡大すると憤慨する。

キャリア人：昇進や昇格に伴う報酬、権威、地位の向上を、仕事の主な目標にする人たち。

天職人：経済的報酬や昇進のためでなく、仕事を通して得られる充足感のために働く人たち。働くこと自体を目的とし、自分の仕事が社会全体に役立ち、世界をよりよくすると信じている。

レズネスキーはさまざまな職業の人たちを対象に調査を行い、それぞれのカテゴリーに約三分の一ずつの人が分類されるとした（注：「キャリア」という用語は本書全体では一般的な意味で用いるが、第1章のこの部分に限り、上記で定義された意味で用いることにする）。

私は初めてこのモデルを見たとき、わが意を得たりとばかりにほほえんだものだ。ジョブ人／キャリア人／天職人のモデルは、私が自分の職業生活で経験したことや、他人の職業生活を見ていて気がついたことをよく表していた。このモデルを活用して、天職を見つける手助けか、少なくとも天職に向かう旅を始める後押しができればすばらしいと思った。

そんなわけで私は本書のもとになる研究を開始したとき、人々をこれらのカテゴリーに分類し、何が原因でそれぞれのカテゴリーに入ることになったのかを学ぼうとした。私が話を聞いた企業幹部や管理職、専門職の人たちのほとんどが三〇代か四〇代だった。またこの考え方を授業に導入してからは、二〇代後半から三〇代前半を中心とするＭＢＡ学生をヒヤリングの対象に加え、彼らの動機や理念、業績、職業生活に関する意識を調査した。その調査結果を紹介する前に、天職に関する誤解を解いておきたい。

「天職」という言葉の響きから、それには大きな自己犠牲と無私の心がつきものだと考える人もいる。天職といわれてすぐ思い浮かぶのは、慈善団体や宗教団体で働く人、本来より低い報酬や地位に甘んじる人たちだ。カルカッタのスラム街で貧しい人たちの救済に人生を捧げたマザー・テレサがその最たる例だろう。たしかにそういう例はあるが、私が調査したなかに、そこまでの自己犠牲と無私を自分に課している人はいなかった。高給とりの企業経営者のなかにも天職人はいるし、そうでない人もいる。貧困者の訴訟を助ける法律扶助弁護士のなかにも、それが天職だという人もいれば、そうでない人もいる。公職に就いている人のなかにもキャリア人やジョブ人の仕事観をもつ人がいるし、同じ医師でも人を癒やすことに喜びを感じる人もいれば、お金のために働く人もいる。私の知る天職人には、マザー・テレサのような生活を送る人は一人もいない。彼らのほとんどが仕事熱心だが、私生活も充実させている。平均以上の収入を得ていて、勤務時間もほかのカテゴリーの人たちとほとんど変わらない。

一度見つけた天職は、一生の天職になると思っている人が多い。本書で紹介する人たちのなかには、最初に見つけた天職を（少なくともその時点では）追求し続けていた人もいれば、いったん天職に就いたものの、のちにそれが天職でなくなり、仕事を変えた人もいた。

また天職を遂行するための自己犠牲、とくに金銭面の犠牲を受け入れられるのは、養うべき家族のいない若者だけだと考える人もいる。とはいえ天職人には年配の人も多いのだ。若者は仕事に何を求めるべきかがよくわからず、どんな分野をめざしどんなポジションを受け入れるかという決定をキャリア人の思考で下しながら、いろいろな可能性を試すことが多い。

天職をまるで空から降ってくる、天に命じられた仕事のように思っている人もいる。もちろんそういう場合もあるだろう。だが私がキャリアの相談に乗った人でそれに近い経験をした人は、一人しかいなかった。天職は、少なくとも本書で使う用法では、たった一度の驚くべき洞察のひらめきより、数年にわたる試行錯誤の旅で見つかることのほうがずっと多い。

そんなわけで天職人は、一見すると普通の人とほとんど変わらない。彼らの履歴書は立派だが、キャリア人やジョブ人と同じような仕事に就いているし、学歴にそれほどのちがいがあるわけでもなく、書類上では見分けがつかない。とすると、ジョブ人、キャリア人、天職人のちがいはどこにあるのだろう?

この分類では、事業戦略担当者が市場セグメンテーション（細分化）を分析するときのように、あるカテゴリーにぴったりあてはまる人もいれば、複数のカテゴリーの境界線上にいる人もいる。とはいえ、パターンははっきりしている。

天職人は異質だが、彼らを区別するのは職業や勤務時間、自己犠牲の度合い、専門分野などではない。天職人がほかとちがうのは、**仕事それ自体を前向きな目的と見なしている**点だ。彼らは他者への奉仕を重視し、職人技に磨きをかけ、所属組織の強化を図ろうとする。仕事から得られる特典、たとえば報酬や権威などを受け入れ、満喫することはあっても、それで仕事を選ぶことはない。意欲的で、仕事上の目標を達成するためなら負担を厭わない。いつも仕事を楽しみ、充足を感じている。失望することはあっても、不満にとらわれることはほとんどない。私が話を聞いた人たちの三分の一以上が、天職かそれに近い仕事を得ていた。

その一方で、調査対象者の半数以上が、キャリア思考で仕事をしていた。キャリア人は昇進や報酬、権威、権力を重視する。彼らは意欲的で、成功するためなら負担を厭わない。だが幸福度や満足度は人によってまちまちで、勝者を自負し、幸せで楽観的な人たちがいるかと思えば、不安で落ち着かない人たちもいる。後者の人たちは、順調に昇進していないのではないか、自分にふさわしい職務を与えられていないのではないかと不安に思い、もっとよい仕事を探すべきだろうかと悩むことも多い。そんな気持ちでいるうちに、下位カテゴリーのジョブ人になる人もいる。

ジョブ人は自分の仕事にほとんど意義を感じない。妥当な報酬を得られるのなら、負担もやむなしと考える。彼らは精力のほとんどを仕事以外の活動に向ける。新しい仕事を探している人も多い（レズネスキーの研究に比べて、私が出会ったジョブ人の割合が少ないのは、私の調査対象が一般人ではなく、主にキャリア戦略を立てようとしている管理職や専門職、学生だからなのだろう）。

本章の残りで、この枠組みを掘り下げてみよう。まずは仕事そのものにおける理念（他者への奉仕、職人技、所属組織、向上心）について考え、続いて仕事から得られる特典（報酬、権威、権力）、最後に仕事の条件（組織文化、負担）をとりあげる。天職人がこうした理念をどのようにとらえているか、キャリア人とジョブ人がどのような点で異なるかを明らかにしていこう。

◉仕事そのもの

天職人は仕事そのものをとても大切にする。彼らは意欲的で、他者に奉仕すること、卓越した技能を身につけること、所属組織やメンバーの能力を強化することの三つの分野のどれかまたはすべてで大きな成果をあげたいと切望している。

◉他者への奉仕

天職人の多くが、他者への奉仕をとても重視している。彼らは個人的に奉仕を行うこともあれば、組織での役割を通じて行うこともある。こうした組織には、慈善団体や公共団体のように直接奉仕活動を行うものもあれば、よりよい製品や低価格を通じて顧客の生活向上を図ろうとする企業や専門事務所もある。

キャリア人とジョブ人はそうではない。彼らがキャリア選択の際に、奉仕を優先することはまずない。キャリア人はサービス重視の組織で仕事に励むことはあっても、見返りが得られることを期待して行う場合がほとんどだ。他人への思いやりに欠けているというわけではないが、仕事ではほかのことを優先する。ジョブ人は要求される仕事はするが、それ以上のことはほとんどしない。仕事に奉仕が含まれていれば厭わず行うが、自分から奉仕することはない。

◉職人技

本書では「職人」という言葉に、仕事をきわめようとする人や、高い品質を求めること自体に価値があると信じ、報酬の有無とは関係なく向上する機会を求めようとする人、という意味を込めた。職人は自分の専門分野で一流になろうとする。技をきわめたいという気持ちは、専門分野の定説を覆そうとする大学教授や、欠陥をなくそうと努める工場長の意欲をかき立てる。ここでいう職人は、手術室から法廷、役員室の数階下の窓のないオフィスに至るまで、どんな職場にもいる。

職人技をきわめることは、天職人の一部にとっては大きなモチベーションになり、また天職人のほとんどがそれに努力を注いでいる。職人技は、ほかの優先度の高い目標を達成するのに役立つためだ。

キャリア人も職人技を重視することがある。スキル向上は昇進につながることがある。だが彼らが優先するのはあくまで昇進することであって、技をきわめることではない。ジョブ人は職人技に喜びを感じることはほとんどなく、職人技を念頭にポジションを選ぶことはまずない。

◉所属組織と同僚

天職人のほとんどは所属組織を大切にし、組織の活動に信頼を寄せ、組織の成功を望んでいる。組織の成功を最優先させる人たちもいる。彼らはチームの一員としてチームを重視し、チームの勝利を願っている。また同僚を大切にし、彼らが成功するのを望んでいる。キャリア人は昇進の手段として組織を大切にすることが多いが、組織や同僚への忠誠心から他社へのキャリアップの機会を断る人はほとんどいない。ジョブ人は自分自身の仕事には熱心で、組織の成功を望むことはあっても、組織に対してこのような見方をしている人はほとんどいない。

◉大志

天職人は高い志《こころざし》をもっている。たとえば新しい会社を立ち上げて世界を変える、政治をつくりかえる、がんを治療する、といったことだ。小さな領域のなかで大きな目標をめざす人もいる。貧困地区の小学校の三年生に優れた教育を行う、町一番の中価格帯の食事を提供するなど。こうした成果は社会にとってよいこと、おそらくとてもよいことにちがいない。その信念が自信を育んでいく。目標の実現が困難であっても、天職人は成功を信じて疑わない。

キャリア人も、自分の競争空間内で大きな成果をあげようとする。成功がもたらす見返りを得るには、成果をあげる必要があるからだ。キャリア人は成功しているときは意欲的だが、そうでないときはやる気を失うことがある。

ジョブ人はちがう。もとはやる気があったかもしれないが、いまの仕事には関心を失っている。キャリアや天職を求めて新しい仕事を探す人もいれば、仕事以外に充足を求める人もいる。

ここまで説明したように、天職人の他者への奉仕、職人技、組織づくり、大志の理念は、重複することが多い。私自身もその一例だ。本書を通して読者が天職を見つけるのを手伝うことが、いまの私の天職だ。

ここからは天職人の三人を紹介しよう。起業家のブライアン、教育者のネイサン、そしてフォーチュン500社企業の社員チャーリーだ。専門分野こそちがうが、三人とも仕事に意欲を燃やしている。まずは奉仕と組織づくりという二つの目標を実現したブライアンから始めよう。

case 1

夢中になれるものを求めて起業する

投資信託会社《ミューチュアルファンド》に勤めるブライアンは、社会的責任を果たす企業を重視する投資家やブローカーを担当していた。彼はファンドの目的に共感し、同僚やクライアントとのつき合いを楽しんでいた。三四歳の彼は幸せで、子どもが生まれたばかりだった。それでもブライアンは、自分の仕事が「人々の暮らしを改善する」という夢と結びついていないことに悩んでいた。考えれば考えるほど、もの足りなさを感じた。自分の進むべき道はどこにあるのだろう？

ブライアンは昔からベンチャー事業に興味があった。MBA在学中は事業計画コンテストで優勝した。当時も出資のオファーを受けたが、話には乗らなかった。何年もたってから、彼は当時のことをこう語っている。「あれは事業のアイデアとしてはよかったんですが、情熱をもてるようなものじゃありませんでした。起業するなら、夢中になれるような事業でないとね」。

ブライアンは学生時代の友人に、一緒に起業しないかと声をかけた。友人は食生活を改善する新しいカテゴリーのブランド食品をつくるという、具体的なアイデアをもっていた。ブライアンは食品業界での経験といえば、子ども時代のレモネード屋台くらいのものだったが、興味を引かれ、六カ月にわたって話し合いを重ねた。ブライアンは市場の最新事情を調査した。毎週の出張のついでに、時間をつくっては食料品店やその他の小売店を見て回り、食品事業に明るい友人にも話を聞いた。半年後、二人は新規事業を立ち上げることに決め、ブライアンは勤め先をやめた。

ブライアンはなぜ大きな一歩を踏み出したのだろう？　よりよい製品をつくり、志を同じくする人たちと新しい組織をつくるという、二つの目標に大いにやりがいを感じたのだ。

起業家として、うまくいきそうな勘が働いたんです。大金を稼ごうとは思いませんでした。ただ何かを生み出したかった。いまでは毎朝世のなかを変えているという充実感に包まれながら、目を覚ましています。この仕事はブランド構築が半分を占めますが、変革を起こすことでもあるんです。ミューチュアルファンドの顧客は、現状に甘んじていました。私は果敢にリスクをとる人たちと働きたかった。スタートアップを通して、周りの人たちに影響を与えられるのが嬉しいんです。

会社を起こすには長時間働き、多くの出張をこなす必要があったが、苦にならなかった。一年かそれ以上のあいだ貯金で暮らすことになりそうだったが、新しい事業の創出は取り組みがいのある課題だった。

一〇年後、商品は全米の小売店に並び、事業は順調に拡大していた。彼らの商品はブライアンの目論見通り、高カロリー低栄養価の食品にとって代わりつつあった。ブライアンは能力の高い組織を築いた。彼の熱意は周りの人たちにも伝染し、彼個人に実りをもたらしただけでなく、事業にも役立った。彼の情熱は人を動かし、新規事業につきものの挫折を乗り越え、不運に負けずに問題を解決しようという意欲を与えたのだ。

ブライアンと共同経営者は、その後事業を大手消費者製品会社に高値で売却した。彼はいまも経営に携わり、仕事の内容にも日々の過ごし方にも満足し、社会貢献に大いに意義を感じている。これは彼の天職なのだ。

case 2

変革が起こせる業務にこだわる

ネイサンは自信家だ。難関大学で優秀な成績を収め、スポーツで活躍したことが、自信の源になっている。また崇高な目標も自信につながっている。彼は天職が選択の指針となり、機会を生み出すことを示す好例だ。

ネイサンは教育者の両親に育てられ、子ども時代から教育に関心があった。天職を見つけた経緯をこう語っている。

大学に入学したときから、教育の道に進むことを決めていました。僕は不公平に対して憤っていました。自分が大学に行けたのは恵まれているからです。よい私立学校に行き、十分な準備をする余裕がうちにはあった。卒業時に同級生がどんな仕事に就いたのかを知って、確信は深まりました。お金で買える最高の教育を受けた人だけが報酬の高い仕事に就く、という悪循環が続いているんです。

卒業後、新任教師の研修を受け、都市部の学校に配属された。当初は苦労の連続だった。「思うようにクラスを指導できませんでした。授業が計画通りに進んだためしがなかった。最初の二年間は毎晩六時か七時ごろまで職場に残って、同僚の優秀な教師から学び、模擬授業を見て

もらいました」。彼は毎年年度初めに、一人ひとりの生徒のために目標を設定した。成績不良の生徒が最終試験に合格し、数人が基準点を大幅に上回ったときは、本当に嬉しかった。真の教師になるのは並大抵のことではなかった。ネイサンは職人で、そのことに誇りをもっていた。

二年間の教職契約が切れたとき、彼は迷わず契約を更新した。仕事のメリットとデメリットを書き出して、どうするかを検討するまでもなかった。

三年目も半ばを過ぎたころ、彼の学校に特別学級コーディネーターが必要になった。この職務に就くのはほとんどが教師歴一〇年以上のベテランだが、校長が指名したのは二五歳のネイサンだった。ネイサンは新しい職務に就くと生徒の学力を調べ、結果に応じて特別学級と普通学級にふり分け、到達度を評価して翌年度のクラスを決定し、教師を指導して適切な指導を行えるようにした。仕事の優先順位をつけ、進捗状況を定期的に確認した。そのかいあって、彼の学校では特別学級の生徒の進級率が、三年間で二倍以上に上がった。彼は生徒に愛情と責任感をもち、親に対しても責任を感じていた。

ネイサンは学校の五人の幹部教員のうちの一人となり、校長の腹心として、特別学級に限らず、学校全体の取り組みを統括するようになった。

ネイサンは意識してネットワークづくりを進めたわけではないが、学区内の特別支援教育の会合に積極的に参加するうちに、人脈の輪を広げていった。彼が本部の部門長と知り合ったのも、このような会合がきっかけだった。部門長は自分の管轄する三三校の特別支援教育コーディネーターという新しいポジションに応募するよう、ネイサンに勧めた。応募条件には一〇年程度の教職経験と書かれていたが、ネイサンがオファーを勝ちとった。

彼に昇進の話があったのはこれが初めてではなかったが、それまで本部の事務職への異動を二度断っていた。このポジションを気に入った理由を、彼はこう説明する。「僕にとっての**決め手は、変革を起こせる職務かどうかという点**です。あれは理想的な職務内容でした。すべての学校に働きかけて、本当に効果のある体系的なしくみを導入する仕事ですから」。

新しい仕事を引き受ければ、昇進と昇給が得られるうえ、自分の成長にもつながる。それでも彼は悩み、決断するまで数週間かかった。

ネイサンは校長のもとを離れるのが気詰まりだった。幹部教員の一人が二カ月後に産休をとる予定だったし、別の一人は健康問題を抱えていた。生徒や親たちを離れるのもつらかった。「四年間ずっと一緒に過ごしてきた生徒と家族です。僕がいなくなれば、彼らがクラス選択の際に適切なサポートを受けられるかどうかわかりません。生徒や学校を見捨てるようで苦しかった」。

だが学校を統括する行政職員がネイサンの異動を要求すると、ネイサンは校長とともに、混乱を最小限に抑えるための対策を練り始めた。彼は回想する。「それまで『僕がやめたらすべてが立ちゆかなくなってしまう』と焦っていたのが、行動を起こしたことで『何とかいけそうだ』に変わりました。あれは考えを整理するよい機会でした。やめる前にやるべきことを洗い出し、後任に優秀な人をもってきたことで、罪悪感を感じずにすみました」。ネイサンは新しいポジションに就き、優れた成果をあげ、二年後には校長に昇格した。

崇高な目的への献身が道をすんなり開き、その道を進む力を与えることを、ネイサンの物語は示している。彼はつねに教育への献身を指針としてキャリアを選び、それ以外のことは二の次にしてきた。もしも本部職員への昇進の話を受けていたなら、いまごろ学校を指揮する代わりに、雑務に追われていたかもしれない。ネイサンは**自分の使命を第一に考えることで、第一線で活動するチャンスを手に入れた**のだ。

複数の目的をどのように比較検討したのかと尋ねると、ネイサンは不思議そうな顔をした。人生の目的を達成するのに最も役立つという以外の理由でキャリアを選ぶなど、彼には思いもよらないのだろう。彼のような方法でキャリアを選択するのは世間知らずだと言う人がいるかもしれないが、私は賢明で大成功への近道だと思っている。

case 3

引き抜きを断って所属組織にとどまる

仕事の理念に関わる三つ目の物語は、会社役員のチャーリーが主人公だ。彼は組織づくりに情熱を燃やし、マーケティングと販売の能力開発に取り組んだ。彼自身だけでなく、部下の能力を伸ばすことにも力を入れた。

　チャーリーは一九六〇年代末に工学の学位を取得し、ジェット機のパイロットとしてベトナムへの爆撃を行った。除隊後は、技術集約的な製品の開発より実装に関心をもち、企業のセールスエンジニアという、うってつけのポジションに就いた。最初はアメリカ国内で製品販売に携わり、海外拠点をいくつか回ってから、アメリカに戻った。チャーリーはこれらの異動を自分で計画したわけではないが、組織のレールに乗っていれば適切な経験ができるはずだと信じていた。そして営業とマーケティングのポジションを経て、より大きな責務を担う準備ができた。

　やがて彼は世界全体の営業とマーケティングを統括するポジションに昇格した。職務自体は申し分なかったが、技術部門が製品と戦略に関わる決定を独占し、彼のチームの意見がほとんどくみ入れられないことに不満をもった。優れたマーケティング担当者や営業部員が議論に参加すれば、よりよい決定が行われ、会社そのものがより強力になるはずだと彼は考えた。これを実現することが、チャーリーの重要な目的になった。小さな成功を重ねるうちに、ますますこの考えに入れ込むようになった。

　チャーリーは五〇歳になったとき、まだ製品開発畑を経験したことがなく、技術志向のこの会社ではこれ以上昇進する見込みがなかった。これは会社をやめる理由になってもおかしくなかった。

それまでもやめるチャンスは何度かあった。当時はベンチャービジネスが盛んで、彼にも事業経営の話がいくつか舞い込んだが、ろくに話も聞かずに断ることが多かった。製品開発のノウハウがない自分がそうしたポジションにふさわしいとは思えなかった。

会社をやめようかどうか迷ったことは、二度だけあった。上司との折り合いが悪かったころ、大手取引先から管理職のポジションに誘われたことがある。彼は真剣に検討し、CEOに相談した。上司との衝突は誰にも気づかれていないと思っていたが、CEOは問題を解決するからと言って彼を慰留した。二週間後上司はいなくなり、チャーリーが後任に選ばれた。

二度目は、懇意にしていた取引先に、CEOとして来てほしいと誘われたときだ。この会社の主要業務は製品開発ではなく、チャーリーの得意分野である営業とマーケティングだった。彼はそそられたが、最後には断った。いまの会社に愛着があったし、転勤はもうたくさんだった。それに自社のマーケティングと営業の能力を開発し、戦略決定に携わるという目標が残っていた。彼は少しずつ周囲を巻き込みながら、社内を動かしていった。

このあと天職人のお金に関する考え方を説明するが、その前にチャーリーの見解を紹介しよう。彼はこう話してくれた。「お金については長い目で考えることにしているんです。**私は人とちがって、報酬より仕事をきわめることを重視してきました。**仕事に退屈したり、やりがいがないなどと思ったことは一度もありません。昇給を要求する必要もありませんでした。お金を目的にしなくても、いつも正当な報酬をもらっていましたよ」。

これが彼の基本的な考え方であり、部下にもそうアドバイスしていた。「こう助言したものです。『目先のことより、もっと大きなことを考えろ』とね。これは営業ではとくに大切なことなんです。何しろ二万五〇〇〇ドルの年収アップを求めて企業を渡り歩くのがあたりまえの世界ですから」。

最近では定年まで一社ないし二、三社で働くという人はほとんどいない。だが私が聞きとり調査を行った**天職人は、会社をやめるよりとどまる決断を下すことが多かった。**チャーリーは他社から魅力的なオファーを得たが、彼の天職は所属組織の営業とマーケティング能力を高め、部下をサポートすることにあった。チャーリーは定年退職したとき、自分の成し遂げたことに満足を覚えた。私たちもそうありたいものだ。

仕事そのものを重視すべきだというのは、考えてみれば当然のことだ。だが仕事から得られる見返りに重点を移すと、ことはややこしくなる。取捨選択が必要になるのはこのときだ。

仕事の見返り

誰もが報酬、権威、権力といった見返りを仕事から得ている。こうした見返りをとくに重視するのが、キャリア人とジョブ人だ。

◉お金

キャリア戦略の目的は、収入を増やしていくことにある――本当にそうだろうか？　ほとんどの人が金銭的報酬を必要とするが、報酬にはいろいろな意味がある。お金を最重視する人もいれば、お金の役割や意義に悩む人もいる。

お金が幸福度と人生の満足度に与える影響は、心理学や経済学の分野で研究が進められているテーマだ。研究によって多少のちがいはあるが、総じていえば、貧困層では年収が増えれば増えるほど幸福度が増すが、年収が平均（社会によって異なる）に近づくにつれてお金の効用は逓減し、平均を超えるとそれ以上お金を稼いでも幸福度の上昇にはほとんどつながらないことがわかっている。

収入の増減が喜びや失望を招くのはまちがいないが、ほとんどの人の幸福度は時間がたつにつれ、収入が変化する前のレベル近くに戻るものだ。研究者はこれを「順応」と呼ぶ。

二〇〇八年のアメリカのデータを用いたある研究では、幸福度が頭打ちになる年収の水準は七万五〇〇〇ドルとされた。これはアメリカ人の年収の平均値である七万一五〇〇ドルに近く、中央値（データを大きさ順に並べ替えたとき中央にくる値）の五万二〇〇〇ドルよりずっと高い。また同じ研究で、人生に対する長期的な満足度にお金が与える影響を調べたところ、七万五〇〇〇ドルを超えても満足度は上昇するが、年収が増えるにつれて上昇率は徐々に低下することがわかった。

こうしたデータに懐疑的な人もいる。統計や分析を疑問視するわけではないが、この結論が本当に正しいのか、平均的な年収を得れば誰でも幸せになれるのかという疑問をもつのだ。その一方で、このような研究をふまえ、自分に本当に必要なものについて考え始める人もいる。

「私は金もちだったことも、貧乏だったこともある。でも金もちのほうがいいわ」と言った女優だか歌手だかがいたが、私も同意見だ。だがこの考え方は、本書のテーマであるキャリア戦略の策定にはあまり役に立たない。そこでこう変えたらどうだろう。「**私は平均的な収入を得ていたことも、貧乏だったこともあるが、平均のほうがいい**」と。語呂は悪いが、本書の目的にとってはこちらのほうが助けになる。

本書で問題にするのは、お金の全般的な重要性ではなく、お金がキャリア上の決定に与える影響だ。私が聞きとり調査をした人のほぼ全員が、適切な教育と仕事経験を得ることに、とくに心を砕いていた。彼らはみな意欲的で、要求水準の高い（したがって平均以上の報酬を得やすい）分野を選び、成功するために努力を惜しまなかった。これは私が会った人に限らず、天職人全般の特徴である。

だが私の知る天職人で、収入を第一の目的にしている人は一人もいなかった。天職人はターゲット分野のどのポジションをねらうかを決める際、報酬のちがいをあまり気にしない。彼らは「妥当な」または「市場実勢に沿った」報酬を求めるが、この基準を満たしている限り、お金が前面に出てくることはない。彼らが重視するのは別のことだ。天職人には、高い収入が期待できる分野で働く人もいれば、そうでない人もいる。だがどちらであれ、その専門分野で得られる最高水準の収入を得ている人が多い。彼らの経済的成功は、意識的に求めたものではなく、仕事での実績を通して得られたものだ。

もちろん、お金が悪だなどというつもりはない。だが天職を求める人は、キャリア選択でお金を決め手にしない。それに天職人であろうとなかろうと、お金だけで仕事を選ぶべきではない。新しいキャリアの領域や仕事を考えるとき、魅力は薄いが報酬は高いという場合は用心したほうがいい。だが天職を求め、お金は二の次だと思っていても、お金が問題になるような状況もある。たとえば卒業を控え、多額の教育ローンを返済しなくてはならない場合はどうだろう。妻が出産を機に仕事をやめたり、高齢の両親を経済的に支えなくてはならない場合もあるだろう。こうした状況では、キャリア選択でお金を重視するのは当然だ。だがそれが主眼になれば、天職に向かう軌道から外れてしまうかもしれないし、それによって不幸せになることさえある。

専門分野によっては報酬が重視され、必然的にキャリア人やジョブ人が多い分野もある。だがたとえそうであっても、お金を中心にキャリアを選ぶ必要はない。たとえば金融業界を考えてみよう。投資銀行勤務で週に七〇～八〇時間働き、仕事は気に入らないが、いまの稼ぎと将来の昇給のためにやめずにいるという人は、どんなに高額の収入を得ていたとしてもジョブ人的思考のもち主だろう。だが同じ会社の同じ職務でも、投資対象の選定という職人技と、投資家に価値あるものを提供するという理念に重きを置く人は、天職に——しかも多大な経済的報酬が得られる天職に——近づいているかもしれない。

キャリア人のほとんどはお金に意欲をかき立てられ、そうした意欲の高さから成功する人も多い。だがお金を中心に考えるのはリスクが高い。高報酬にひかれて新しいポジションに就いても、仕事を好きになれなければ昇進や昇給の見込みは薄くなる。キャリア人はこれを直感的に察して、選択に悩むことがある。

ジョブ人はお金を優先するが、その結果選択を誤れば、実績をあげられず失職のリスクを負い、苦境に陥ることがある。

◉権威と権力

仕事上の権威には、所属組織の威光から得られるものもあれば、すばらしい実績とそれに伴う肩書から得られるものもある。権威のおかげで将来の魅力的な選択肢が拓けることもあるだろう。

権威と権力はそれ自体悪いものではないが、キャリア戦略を立てるにあたっては、これらを求める気持ちをどれだけ優先させるべきかを考えなくてはならない。権威や権力のために気に入らないオファーを受ける人は、大事なことを見失っている。もっと自分にふさわしい機会を見逃してさえいるかもしれない。

天職人は自分の実績に誇りをもっている。人である以上、認められたい気持ちはもちろんあるが、権威を中心にキャリアを選択することはまずない。仕事の目的に役立つならあっても損はない、という程度に考えている。皮肉なことに、権威と権力を重視しない天職人は、非常に能力が高く、そのため権威と権力のある地位に就くことが多い。彼らは善をなすことによって自然と成功しているのだ。

キャリア人は賞賛や権威を得るためにキャリアを選ぶことがあり、結果としてますます権力の大きな地位に昇進することがある。ジョブ人はそもそも権威を重視することはほとんどない。

次にビジネスマンのカールの物語を紹介しよう。カールはお金とそれ以外のものごとのバランスを図る方法を見つけた。

case 4

最も報酬の低いオファーを選ぶ

カールは海軍をやめてからMBAを取得し、転職を重ねてキャリアアップを図り、年商三億ドルの株式非公開会社のCOOに就任した。だがオーナーが海外の大手企業に事業を売却することで合意すると、カールは働く意欲を失い辞職した。

ひと月もたたないうちに、関連業界のスタートアップのCEOになった。事業は前途有望に思えたが、これはまだ二〇〇八年七月のことだった。二カ月後にリーマン・ブラザーズが破綻すると、ベンチャー投資は干上がった。カールは会社の存続のために奔走し、二年目は無給で働いた。だが製品を試してくれる顧客がいない状況では投資家を引きつけられず、見通しは厳しかった。カールは仕方なく、定収が得られる仕事を探すことに決めた。彼は当時の決定についてこう語っている。

貯金をとり崩し、とうとう蓄えも底を尽きました。でもお金は思ったほど重要じゃありませんでした。〔最初の会社で〕COOになったときはいきなり金回りがよくなって、家族で散財したものです。でもあの仕事に移ってから、普通に暮らす分にはそれほどお金はいらないことを知りました。いまは分相応の生活を送っています。そうしてよかった。いま私は四四歳です。これからの一〇年はギアチェンジを図って、実力を発揮しなくてはね。

カールは優秀との呼び声が高く、手を貸そうという人に事欠かなかった。彼が紹介を受けた六つのポジションは、すべて個人的な知り合いを通じたものだ。一つは海軍の元同僚から得たもの、残りは仕事上の知人からの紹介で、六社中四社からよいオファーをもらうことができた。中学生の子どもが二人いるカールは、なるべく出張を控えたいという事情があった。オファーを得た四つの仕事のうち三つは毎日のように出張があったが、一つは週に一、二日の出張ですんだ。

このポジションは、二年前にやめた会社からきた話だった。事業売却の話はその後流れ、会社はまだ独立性を保っていた。以前の部下のもとで働くことになるが、その人はＣＥＯとともに二、三年後に退職する予定だった。このポジションは出張が少ないだけでなく、最善の機会に思われた。彼は事業に精通していたし、将来的に経営に携われる可能性もあった。ほかのオファーに比べると報酬は一、二割少なかったが、家族を養うには十分すぎる額だったし、報酬の差は大した問題ではなかった。カールはオファーを受け入れた。

カールはお金に関するさまざまな考慮事項でうまく折り合いをつけた。経済的に苦しい時期もあったが、お金にとらわれて道を誤ることはなかった。生活のためにスタートアップをやめはしたが、**最も報酬の低いオファーが出張も少なく、長い目で見れば最善の機会になると判断した。**適切なバランスを見つけたのだ。

仕事に見返りを求めるのは当然のことだ。だがここで問題にしているのは、**そうした見返りをキャリア選択でどれだけ優先させるべきか**ということだ。最後にもう一つの側面である、仕事の条件について考えよう。

仕事の条件

仕事の条件のうち、キャリア選択で重要な考慮事項になるのは、私の知る限り組織文化と負担だ。この二つの要因は、これまで見てきた要因ほどにはジョブ人／キャリア人／天職人の間で考え方にちがいがない。劣悪な文化のはびこる企業で働きたい人はいないし、自ら負担を求めようという人もいないからだ。これらの要因について興味深いのは、何に耐えるか、なぜ耐えるかが、ジョブ人／キャリア人／天職人によって異なることだ。

◉組織文化

キャリアプランニングを行う人にとって、組織文化はとても興味深い要因だ。ＭＢＡ学生に理想の仕事と最悪の仕事を想像してもらい、それぞれの特質を説明してもらうと、半数以上の学生が組織文化にふれる。文化をまっ先にあげる学生もいるほどだ。こうした学生は、将来幸せになれるかどうかは組織文化にかかっていると信じていて、自分に合わない職場で働くことをおそれている。私がハーバード・ビジネス・レビューのブログに投稿した記事のなかでも、とくに多くのコメントが寄せられたのは、組織文化に関するものだった。

適切な文化は成功しやすい環境をととのえる。天職人にとってそのような文化は、他者への献身を重視し、そのなかで各自が担うべき役割を明快に示し、優れた技術を構築する手段を提供し、組織の健全性に誰もが貢献できるような文化だ。キャリア人にとって望ましい文化は、成功する機会を与え、将来の昇進の足がかりになるような文化をいう。

私の知るジョブ人、キャリア人、天職人の大半が、すばらしい文化の利点をあげるより、悪い文化のマイナス面を懸念していた。何をもって悪い文化というかは人それぞれだが、たとえば監視、自主性の欠如、硬直性、無駄な負担などが問題になる場合が多い。

天職人とキャリア人は、所属組織に望ましくない文化があり、そのせいで成功を阻まれていると感じるとき、苦しむことがある。これに対し、仕事にそれほど打ち込まないジョブ人は、日常業務が耐えがたいほどでなければ、キャリア選択で文化をそれほど重視しない。

文化は多くの場合、仕事の負担に関わる問題である。

◉負担

仕事の負担は仕事の負荷、移動、転勤の三つのかたちをとることが多い。

負担の大きい仕事とは、拘束時間が長い、勤務時間が予測できない、仕事がきつい、勤務時間外に待機させられる、「アップ・オア・アウト」の評価システム（一定期間内に昇進できなければ退職させられる制度）などをいう。

移動は体力的に厳しい場合がある。早朝便で出かけて深夜便で帰る、食事の量や内容が合わない、運動不足になるなどの問題があるからだ。また家族や友人と過ごす時間がとれず、生活が疎かになりがちだ。とくに困るのが雑事がたまることだ(各種料金の支払いやクリーニングの受けとりなど)。

転勤は刺激になるが、新しい土地に落ち着き、新しい関係を築くまでが大変だ。いまの場所での暮らしが気に入っている人もいるだろう。

こうした負担は、家族にしわ寄せを強いることがある。赴任先についていく配偶者は、住み慣れた環境から引き離され、新しい仕事やよい学校を探さなくてはならない。育児(や介護)のために、長時間労働や遠方への出張ができない人もいるだろう。自ら負担を求める人はいないが、仕事に犠牲はつきものだ。とはいえ大きなことを成し遂げるために困難な分野に足を踏み入れても、無理がたたって体力や気力、創造力が低下すれば元も子もない。燃え尽きてしまうこともあるだろう。そうかといって負担を避けてばかりでは、機会が大幅に狭まってしまう。

こうした仕事上の負担は、私の調査したキャリア上の決定の三分の一で、重要な考慮事項としてあげられていた。キャリアアップになったかもしれない転勤を断った人や、オファーを受ける前に慎重に考えた人もいた。勤務時間や移動を減らすために転職した人もいた。彼らは意欲的で、仕事に全力で取り組んでいたが、それでもこうした犠牲は無視できない問題だった。それは当然のことだ。きちんと考えておかなければ、あとあと困ったことになる。

天職人も、ほかの人たちと同じように取捨選択を迫られる。彼らにとっても成功は大切で、その成功は犠牲なくしては得られない。自分の理念にかなうポジションに就いている人は、「仕事」をしているように感じないため、少なくともある程度の負担を受け入れているはずだ。だがたとえそうであっても、無理のないペースを見つけなくてはならない。

キャリア人も同じような見方をすることが多いが、彼らは昇進につながると考える場合にのみ負担を受け入れる。昇進が実現すれば意欲が高まり、さらに精を出して働くだろう。だが昇進できなければ不満をもつようになり、キャリアを検討する際に負担をより重視するようになる。

一般にジョブ人は仕事以外のことに費やす時間を確保するため、負担はなるべく避けようとする。仕事が思いがけずプライベートの時間に食い込むと、彼らは機嫌を損ねる。


つまるところ、天職人はそうでない人とどこがちがうのだろう？　天職人の大志は、仕事そのもの——他者への奉仕、職人技、組織づくり——から生まれる。彼らはこれらの領域で成果をあげると、幸福と大きな満足を得ることが多い。こうした成果を実現するためとあれば、負担を受け入れる。収入や権威を高めることを主眼にキャリアを決定することはほとんどない。彼らは仕事に邁進し成功を収めることが多く、その結果として重視していなかった報酬や権威を手に入れ、ゆるぎない地位を築くことがある。実績を重ね、スキルを身につけ、仕事上の知人に一目置かれているため、必要な場合には新しい仕事が見つかりやすい。彼らは理念を信じ、それを追求してきた結果、事業戦略でいう「持続的な競争優位」を築いているのだ。

exercise

自分の仕事理念を知るためのエクササイズ

天職は、キャリア戦略における究極の目標だ。天職を見つけたい人や、少なくとも天職について検討したい人は、次のステップを実行して仕事の理念について考えてほしい。

①理念の大まかな分類を考える

あなたの友人を奮起させる理念が、あなたの理念と同じとは限らない。少なくとも完全に一致することはない。理念とは私たち自身の縮図なのだ。

まずは**職人技、奉仕、組織づくり、お金、権威**といった大まかなカテゴリーをもとに、自由に考えをめぐらしてみよう。

それぞれのカテゴリーのなかで、あなたが最も重視するのはどの部分だろう？　あなたの向上心をかき立てるのは、こうした理念のうちのどの部分なのか？　負担などなんでもないと思えるほど重要な部分、または組織文化の苦手な側面がかき消されるほど重要なのはどの部分だろう？

たとえば職人技を自分にあてはめて考えてみよう。仕事を楽しみ、技術をきわめる「職人」になった自分を思い描いてみよう。職人のあなたはどんな仕事をしているだろう？　事務所一優秀な法廷弁護士だろうか、それとも契約交渉が得意な弁護士？　法廷弁護士のなかでも、陪審員に対する冒頭陳述と最終弁論に長けた弁護士だろうか、それとも反対尋問に優れた弁護士なのか？　あなたは何を誇りにしているだろう？

他者への奉仕なら、これまで紹介した奉仕の物語を思い出してみよう。食生活の向上をめざすブライアン、貧困層の教育の質向上に取り組むネイサン、販売・マーケティングチームの影響力を高めようとしたチャーリー。理念をこのような具体的な目標に落とし込めば、方向性と動機がはっきりする。

②知人から学ぶ

本書で紹介する人々の物語は、アイデアを刺激し、あなたが行動を起こすきっかけになるだろう。だが現実の経験は、本で読む物語よりずっとインパクトが強い。

天職に就いているように思われる同僚や友人、知人、顔見知りと直接話をしてみよう。仕事《ジョブ》、キャリア、天職のモデルを説明して、どれにあてはまるか尋ねてみよう。何に突き動かされ、どんなことに達成感を感じるのか、何がきっかけで天職に気づいたのか。そうした理念が仕事の選択にどう影響したかを、踏み込んで尋ねてみよう。

③理念を定める

自分で考えたことや天職人から学んだことをもとに、あなたにとってとくに大事な理念を言葉で説明してみよう。そうした理念のうち、あなたに新しい活力を与えてくれるものはどれか？あなたの大志を広げるものはどれだろう？

理念によって重要度がちがうのは当然だ。重要度を高中低の三段階で評価してみよう。分類が難しい場合や、各カテゴリー内で順位をつけられない場合は、次のやり方を試してほしい。まずこう考えるのだ。「仕事を通して理念を一つだけ実現できるとしたら、どれを選ぶだろう？二つだけ実現できるとしたら？」そうやって一つずつ増やしていくのだ。

このステップを完了すれば、**仕事の理念の優先順位リスト**ができる。

あとでこのリストを使って、それぞれの理念を実現できそうな分野や職務を考える。いつも手元に置いておこう。どのオファーを受けるかを選ぶ判断基準を定めるときも、このリストが役に立つ。また折にふれて進捗状況を確認する際のものさしとしても使える。

これらのカテゴリーは、私がこれまでつき合いのあったさまざまな企業を彷彿とさせる。高業績を長期にわたって維持する企業には、主力事業をきわめ、優れた製品・サービスを提供し、強力な組織を構築するというビジョンがある。そうした企業は業績に気を配るが、四半期ごとの利益にふり回されない。つまり天職人と同じだ。また利益至上主義の企業は一部のキャリア人と同じで、短期的に高業績をあげても、奉仕と職人技、組織づくりの理念が弱ければ、やがて経営が危うくなる。ジョブ人のような士気の低い企業は話題にも上らない。そういう企業はそもそも長続きしないのだ。

天職に関する研究は進んでいる。このテーマの本に、キャリア・アドバイザーのブライアン・ディックとライアン・ダフィーの書いた、***Make Your Job a Calling***（仕事を天職にしよう、未邦訳）がある。天職についてくわしく知りたい人は、参考にしてほしい。

仕事に関する理念についてもう一点だけ。天職をもつ人たちが、仕事そのものを重視し、仕事から得られる見返りを――つねにとはいわないが、大体において――二の次にするのは、ここまで見てきた通りだ。もしあなたにすでにその傾向があるなら、本書は天職になりそうな分野や職務を選ぶ（またはもう選んでいることに気づく）のに役立つだろう。これまで仕事の理念など考えたこともなかったが、この考えに違和感がないという人は、本書が行動を起こすきっかけになるはずだ。

だがそもそも仕事に理念など求めない人はどうだろう？　自分がキャリア人だということを自覚していて、なかなか考え方を変えられない人は、本書をどう役立てればいいのか？　また自分がどのタイプなのかわからない人はどうだろう？　そんな場合でも、本書は次の二つの点で参考になる。仕事そのものを大切にすることのメリットを理解することができれば、きっとその方向に進みたいと思うようになるだろう。本書はその道筋を示すことができる。また仕事の理念には興味がないという人も、本書を読めばキャリア人として成功する秘訣を知ることができる。

自社の強みを理解し、活用することは、事業戦略の重要な部分を占める。経営幹部が企業理念を設定するときも、自社の強みを出発点として考える。強みにはいろいろある。たとえば業務分野（効率的な生産管理など）や資産（知的財産権など）、特別な関係（長期の取引関係など）における強みなどがあげられる。広範にわたる新しいビジョンを打ち出した企業は、新たな強みを開発、習得するためのプログラムを推進することもある。より短期を念頭に置く場合、優れた製品戦略は、自社製品がどんな点で競合製品よりも市場のニーズをよく満たせるのかをしっかり理解したうえで立てられている。

「自分を特徴づける強み」とは何か

自分の強みを理解し、活用することは、キャリア戦略でも非常に重要である。目標を実現するのに必要な強みを伸ばすことが、長期の行動計画の主要テーマになる。**求職活動では、あなたがすでにもっている強みと、仕事をしながらすぐに身につけられる強みをアピールする。**それが、あなたが採用される根拠になるのだ。

強みがある人は、競争で優位に立てるだけではない。強みを活かして苦もなく仕事ができれば、何ごとにも楽しみながら取り組めるだろう。心理学では強みと天職のつながりに関する研究が進んでいる。自分の強みを活かせる分野で働いている人は、生産性が高いだけでなく幸福度も高いことを、多くの研究が示している。自分の最大の強みを発揮できる分野や職務で働けば、仕事のモチベーションが高まり、天職を見つけやすくなる。ペンシルベニア大学のマーティン・セリグマン教授は、これを**「自分を特徴づける強み」**と呼んだ。この用語は、本書が伝えようとする考え方を巧みにとらえている。

強みを活用することで得られる達成感の対極にあるのが、ある職種に打ち込んだものの、実は向いていなかったことを知ったときに感じる失望感だ。あなたがターゲット分野で求められる能力をもっていない場合、または仕事をしながら身につけられそうにない場合は、注意が必要だ。

まず、「強み」という言葉の意味をはっきりさせておこう。強みには、たとえば数字に強いとか、人とすぐ親しくなれるといった、生まれつきの才能や適性がある。私たちに本来備わっている才能が強みの中核をなし、こうした才能は長期の目標に大きな影響をおよぼす。また強みには、たとえば会計学や看護学といった分野を専攻して学んだことや、仕事を通して身につけるスキルもある。特定のポジションでの短期的な成績を最も左右するのが、こうした知識だ。自分の中核的な才能を活用できるような知識を身につけられれば理想的だ。

才能はいろいろな分野での成功要因になる。たとえば数値計算の才能は、物理学者やソフトウェアのプログラマー、高校数学教師、株式トレーダー、税理士、プロのギャンブラーなどのキャリアを支える強みだ。これらは幅広い分野だが、ほかにもまだまだたくさんある。才能と、専門分野での研修や実務を通して身につけた知識が合わさったものが強みだ。また実務経験を通して、数学が重視されるほかの分野にも通用する能力を身につけられることもある。ただしそういった関連分野に移れば、それまでの仕事で培ったノウハウよりも、中核的な才能に依存することになる。

たとえば生まれつき視覚情報を表現する才能に恵まれていて、説得力のある文章を書く方法を習得し、ウェブサイト制作経験が数年あるという男性を考えてみよう。彼は現在ウェブデザインを通してブランドイメージを創出する専門家だ。彼がほかのメディアを利用してブランドイメージを構築する仕事に進出すれば、もって生まれた才能と実務を通して得たノウハウを活用することになるだろう。だが視覚的プレゼンテーションの基礎的才能を活用するが、文章やウェブデザインの後天的スキルを必要としない分野、たとえば雑誌のイラストレーションや芸術分野などへの進出は、より大きな飛躍になるだろう。また視覚表現と無関係な、マーケティングなどの分野に進出する場合は、視覚表現の才能は脇において、マーケティングのノウハウを活用することになる。このような転身は成功するかもしれないが、その前に自分がその仕事にどれだけ満足できるのか、どれだけうまくこなせるかを考えなくてはならない。

強みを理解することがキャリア戦略のカギであれば、当然多くの人がじっくり時間をかけて自分の強みを理解しているはずだと思うだろう。だが私の経験からいうとそうではない。「あなたが人とちがう部分はどこか？　あなたがターゲット分野にふさわしいと思う根拠は何か？」と尋ねても、ほとんどの人はすぐに答えられない。**たいていの人は自分の強みと関係のある業界や専門分野で働いているが、強みをもとに意識的にキャリア戦略を構築することをしていない。**

だが自分の強みを深く見つめ、よりよい決定を下した人たちもいる。本章ではそれをする方法を説明する。

まずは強みに関わる物語を二つ紹介しよう。会社役員のパラブは自分の強みについて新しい発見をし、それをもとにキャリア戦略を根本的に見直して、すばらしい結果を得た。弁護士のジェリーは、これとはまったくちがう経験をした。彼は強みをよく理解せずに非現実的な日標を掲げ、結果に苦しんだ。

case 5 「共感力」という意外な強み

企業のマーケティング担当上級副社長を務める五二歳のパラブは、ＣＥＯの参謀役で、序列でいえば従業員一万人中、上位一〇人のうちの一人だった。その後会社はフォーチュン500社企業によって買収された。パラブは買収した側の企業に慰留されて気をよくしたが、買収後の新会社では一〇万人の従業員中、上位三〇〇人のうちの一人でしかないことを知った。マーケティング部門だけでも、副社長は一五人もいた！　買収前に比べて権限は縮小し、パラブは将来に不安を感じ、不満をもっていた。彼は当時こう語っていた。「収入も生活も変わりませんが、前ほど会社に大切にされていないように感じるんです。前は重要業務についてCEOの相談に乗っていましたが、いまの権限は限られているし、重要な決定の多くに関与していません。この会社は巨大で複雑すぎて、誰もが使い捨てです。自分が縮んでしまったような気がします」。やりたいと思っていたことを実現する時間は自分に残されているのだろうかと、パラブは悩んだ。そのうえ仕事を失う危険もあった。大きくなった組織には大した人脈もなく、自分の立ち位置がつかめなかった。これから一〇年ほど、同僚たちが昇進するのをよそに、自分だけいまと変わらないポジションにとどまるのだろうか。

彼に必要なのは、新しい長期のキャリア戦略と求職活動の計画だった。何をターゲットとすべきかも、何をアピールすべきかもわからなかったため、パラブは強みに集中することにした。強みによって自分を差別化することの大切さは理解できたが、自分の競争力を高めるような際立った強みを見つけるのに苦労した。彼は数カ月かかって何度も戦略を練り直し、そのあいだ私は「あなたのよさはどこにあるのか？」と問い続けた。

彼が最初に思いついたのは、新興市場で事業を拡大する能力だった。これは強力な売りになりそうだったが、なぜそれが得意なのかをうまく説明できず、誰もが言いそうなことに聞こえた。

ひと月後に彼が思いついたのは、業界の製品をマーケティングするノウハウ、B2Bマーケティング、先進国と発展途上国の文化の橋渡し、新しい市場を攻略するチームの育成だった。前に比べればずっと具体的だったが、同じポジションをめぐって競い合う人たちとの差別化を図れるだろうか？　画期的なマーケティング計画を立てられるとアピールするには、その根拠を示す必要があった。

この間パラブは片手間に求職活動をしていたが、三カ月たっても結果が出なかったため、強みを理解するプロセスに本腰を入れることにした。職歴を見直すうちに、新しい発見があった。共感力だ。それまで人の気持ちをくみとる力をアピールしたことはなかった。だが、自分の最大の業績とその成功要因を考えるうちに、**他人の関心や感情、ニーズを理解する能力**にいきあたった。過去の経験のパターンを分析することで、共感力を発見したのだ。

すると、それを仕事での成功や職務要件と緊密に結びつける方法をすぐに思いついた。パラブはこう書いた。

私には共感力があります。人が何を必要とし、求め、望んでいるのかを察することができます。この能力はとくに異文化に対処するのに有効で、国と地域の両方のレベルで発展途上国と先進国との橋渡しをしてきました。これは次にあげる三つの仕事上の強みの源泉になっています。

・消費者向けと法人向けの市場を理解する。市場に訴求する製品を生み出し、市場に伝わるマーケティング戦略・戦術を立て、個人顧客に対する販売計画を策定し、有効な価格を設定する。

・社員を理解する。社員のやる気をかき立て、チームづくりをする。チームの業績を引き上げ、課題に取り組むことを通して社員の能力を伸ばす。

・社外の人たちを理解し、社内の他部門や提携先との間で協力的な関係を築く。全員が利益を与え合い、信頼し合える環境をつくる。

パラブの共感力は本物だった。彼の成功は共感力のおかげだった。彼は共感力があるという主張を、エピソードや業績で裏づけることができた。同じ分野で共感力で彼にかなう人は少数だろうし、共感力をアピールする人となるとさらに少ないはずだ。

パラブはようやく自分のよさが何であるかを知った。そして新たに発見したこの強みを軸に、ただちに新しい戦略を立て、求職活動に成功した——と言いたいところだが、そうはいかなかった。彼は当初、共感力のような「漠然とした」考えを信用しきれなかったのだ。共感力を意識して仕事しようと思いつつ、そうできなかった。そして魅力的な機会は現れる気配もなかった。

その間いろいろなできごとがあった。上司が解雇され、上層部が後任を検討するあいだポジションは空席のままだった。パラブは候補者の一人だといわれたが、話はそれ以上進まなかった。そして三カ月後、彼も失職した。

ほかの試みはどれもうまくいっていなかったため、彼は今度こそ共感力に的を絞って求職活動を行った。履歴書でも共感力をアピールし、それがどのようなかたちで業績につながったかを説明した。人材紹介コンサルタントや企業との面接でも、共感力について話した。会話では共感力を実際に発揮した。相手の話を聞く力があることを示し、的確な返事を返した。

二カ月もたたないうちに、パラブはよいオファーを得た。前の会社と同規模の関連業界の会社で、職務も似ていた。なぜ自分が選ばれたのかとパラブが尋ねると、**その会社のCEOは共感力をあげた。**できすぎた話に思えるかもしれないが、このCEOは創業者で、どんな問題にもはっきりした意見をもっていた。部下たちは用心して異論を差し挟まなかったが、適切な意見を言う部下の必要性をCEOは痛感した。そしてパラブとなら、実りある協力関係を築けると考えたのだ。

彼に有利に働いた要因はほかにもあった。マーケティングのノウハウは必要条件だった。これがなければそもそも選考対象にならなかった。海外経験も、このグローバル企業では必須だった。また毎回徹底的に準備して面接に臨んだことで、本気度を示すことができた。**だが彼が際立っていたのは共感力だった。**もし共感力をアピールしなかったなら、ＣＥＯは自分がそれを必要としていることにも、それを提供できるのがパラブしかいないことにも気づかなかっただろう。その場合、彼の失業期間は長引き、魅力の薄いポジションで妥協するはめになっていたかもしれない。

パラブのケースで決め手となった強みは個人的な特性だったが、そうである必要はない。専門的な知識や特定の能力が決め手になることもある。また具体的で信頼性の高い強みに裏づけられた、一般的な能力が強みになる場合もある。たとえば社員に説明責任をもたせる組織づくりという能力に支えられた、全般的なマネジメント能力など。肝心なのは、自分こそがめざしているポジションや職種に適任だといえる根拠を見つけることだ。

二つ目の強みの物語の主人公は、弁護士のジェリーだ。彼は強みにほとんど目を向けず、適任とはいえないポジションをめざしたばかりに、キャリアでつまずいてしまった。

case 6

経営に向いていないＣＥＯ

ジェリーは年商二〇億ドルの非公開企業で法務顧問をしていた。彼は有能で、会社にとって最も重要なことを見きわめることができ、高いプロ意識をもっていた。七一歳の創業者と強い絆で結ばれ、やがて法務に限らず事業全般や個人的な問題についても相談に乗るようになった。ジェリーはCEOの代理を務めているような気がすることさえあった。

不況がやってきた。売上高は減少し、会社は赤字に転落して資金繰りに懸念が生じた。そしてそのさなかに創業者が心臓発作で亡くなった。

ジェリーは遺産執行者によってCEO代行を命じられた。肩書にはCEOとついていたが、重要な決定はすべて執行者が下した。執行者とその他の相続人は遺産処理を急ぎ、各自の取り分を確保することを何よりも優先した。会社は投資ファンドに安値で売却され、ほとんどのストックオプションが紙くず同然になった。投資ファンドは事業開発より再建とコスト削減に重点を置き、やがてジェリーを含むほとんどの社員が解雇された。ジェリーは五一歳で失業し、手にした退職金は思った以上に少なかった。

数カ月間仕事を離れられるのは、むしろありがたかった。地元の慈善団体の理事長の仕事を始めるのも楽しみだったし、妻子と過ごす時間が増えたのもよかった。「長期休暇をもらったような気分でした。最初は人生最良の経験を楽しんでいるふりをしていました。実際そうでした。慈善団体の仕事にテニスのレッスン、それに旅行。楽しかったし、プレッシャーからも解放されましたよ」。

一年目は積極的に求職活動を行わず、今後のことを考えて過ごしたが、何の声もかからなかった。これは予想もしていなかったことだった。自分から誰かに相談することもせず、向こうからアプローチしてくるものと高をくくっていた。二年目に入ると、ジェリーは仕方なく求職活動を始めた。「求職活動とデートには似たところがありますね」と彼はのちに語った。「そもそも私はデートが好きではありませんでした」。

だが彼は自分が何をしたいのかをあらためて考え直すことをしなかった。何をしたいのかと聞かれると、こんなふうに答えていたという。「優良経営で資本力のある成長中の企業のCEOに就きたいと言っていました。しかも地元勤務で、過去二年間に得ていたのと同等の報酬を要求していたんです」。

ほとんど何の進展もないまま、二年がたとうとしていた。このころ地元の知り合いに、ある非公開企業の法務顧問のポジションを打診された。ほかに何の話もなかったため、彼は引き受けることにした。その理由を彼はこう語っている。

毎月貧弱な医療プランの払い込みをするのも、数カ月ごとにミューチュアルファンドを解約するのも、もううんざりでした。罪悪感を感じていたんです。子どもたちにも示しがつかなかった。これからも子どもたちをよいサマーキャンプにやれるか、私立の学校に通わせられるのかと妻が心配していたのもストレスでした。私は大丈夫、うまくいくさと気楽に考えていました。妻も一年目は信じていましたが、二年目になると悩み始めました。

この会社の初の法務顧問として、一五年間離れていた法務の仕事に気を引き締めて取り組まなくてはなりません。これからは法律実務ですが、以前は経営にタッチしていて、契約書作成や電話での交渉とは無縁でした。待遇はよいほうですが、実働時間を考えるとそれほどよくは思えないですね。貯金が十分あったらこの仕事を受けていたかどうかわかりません。最高法務責任者というのは、とかくストレスの多い仕事なんでね。

新しい仕事を始めてから一年たったころ、ジェリーは仕事にそこそこ満足しながらも、失職中の二年間を悔やんでいた。このときの経験について話し合った際、ジェリーは当時自分を買いかぶっていて、放っておいても声がかかると思い込んでいたといった。

ジェリーと創業者の関係は特別だった。彼が創業者の死後に就いた暫定CEOのポジションは、権限が限られ、本物のCEOの職務とはいえなかった。別の企業のCEOのポジションを紹介されたとき、彼は初めての業界で新しい組織を運営する力が自分にないことを、残念ながら悟った。「質問をされればされるほど、自分には無理だとわかりました。会社経営の責任を果たせる自信がなかった。法務を離れて経営に集中したいというのは、思い上がりもいいところでした」。

そのうえCEOのポジションは空きが少ない。彼の希望する勤務地と報酬の条件を満たす会社は数社しかなかった。「無謀を通り越して滑稽でした。私の希望する報酬は、地方企業ではあり得なかった。でも当時は本気でした。たとえシアトルあたりに夢のような仕事があっても断っていたでしょう。地元が気に入っているんです」。

もしもジェリーが以前と同じ、経営に関与する法務顧問のポジションをターゲットにしていたら、どうなっていただろう？ そのようなポジションは彼の強みと経歴にふさわしく、現実的なターゲットになっていたはずだ。その場合どんなことが起こっていたかは知る由もないが、おそらく選択の幅は広がっただろう。彼は新しいポジションに不満は感じていなかったが、より望ましい仕事をより早く見つけられていたかもしれない。

二つの物語が示すように、強みはキャリアのカギを握る。問題は、どうすれば自分の強みをしっかり理解できるかだ。

企業経営者が新しい事業機会を開拓する方法の一つに、自社の能力を洗い出し、同じ業界や関連業界の他社と比較する方法がある。たとえば通信事業者が自社のコールセンターの能力を評価する際、ほかの通信会社や航空会社、コンピュータ会社などの相談窓口と比較することで多くを学べる。自社の強みのうちどれが際立っているかを判断し、活用する方法を考える。

自分の能力についても同じ考え方が応用できる。自分の強みをリストアップして、どの程度優れているかを評価するのだ。あなたの一番の強みは何だろう？ その強みは同僚に比べてどうか？　あなたの競争優位は何だろう？　これらのことを効率的に考える方法を紹介しよう。

exercise

強みを見つけるエクササイズ

①自己評価

あなたの強みとは、あなたが仕事で貢献できる方法のことだ。頭に浮かんだことを書き出してみよう。

以前の仕事や学生時代のことを思い出してみよう。あなたは何をするのが一番好きだったのか？　得意だったことは？　昔少しかじった程度だが、意識して磨きをかければ特徴的な強みになりそうな能力があるかもしれない。いまの仕事と直接関係のない活動が、将来のカギを握ることもある。子ども時代に楽器を習ったことが、音楽と無関係な仕事で役立つ場合もあるかもしれない。高校時代にやったスポーツ、ブリッジ大会、宗教団体や市民団体のイベント企画などについても同じことがいえる。

あなたが誇りにしている業績について考えよう。なぜ成功できたのか？　あなたのどんな能力のおかげで成功できたのか？　この時点では、自分を魅力的な方向へ導いてくれそうな才能を探そう。パラブもそのような考え方をすることで、自分の強みをつきとめることができた。

履歴書を見直すのもアイデアを刺激する方法だが、**履歴書はあなたのいまの強みを要約するものでもなければ、あなたの将来性を予測するものでもない。それは証拠なのだ。**一般に、履歴書は現在までの業績を並べたもので、一見習得したスキルのように思われるが、実は生まれもった才能を示唆しているにすぎない。雇用主は強みを求め、それを裏づけるものとして経験を要求する。

たとえばコンピュータ製品の販売・マーケティング責任者の強みには、どんなものが考えられるだろう？　顧客の声に耳を傾け理解する生まれつきの才能、顧客がコンピュータ製品に求めるＩＴニーズを満たすために必要なソフトウェアとハードウェアの知識、営業部員を指揮しチームを構築する生来の才能、提案書作成の後天的なスキルなど。いまあげた強みには、このポジションにうってつけのものもあれば、関連するほかのポジションにもあてはまる一般的な強みもある。

一般的な強みは説明しやすいが、インパクトに乏しい。特定の仕事の成功要件と密接に結びついた、際立った強みを探そう。たとえば生物工学という、数万人の競争相手がひしめく分野の強みより、そのなかの特殊な一分野の強みをアピールして、独自性を打ち出すほうがいい。あなたがそもそも生物工学に興味をもつきっかけとなった生来の才能を割り出し、それを打ち出すことで同じ分野の候補者から差別化を図ることができれば敵なしだ。あなたもこの方法をとれば、パラブの共感力のような強みを洗い出せるはずだ。あなたを際立たせている、**狭く深**

い特徴が見つかれば、それにふさわしい分野や職務が自然と絞られる。それこそが、雇用主が目をとめやすく、覚えやすい強みなのだ。

②人事考課

過去の人事考課（正式なもののほか、内々に聞いた内容を含め）を見直して、スキル探しの参考にしよう。

他人による評価は貴重な洞察の宝庫だが、探している答えを求めるというよりは、参考程度にしておこう。そこに書かれている意見は、人事プロセスのしくみに照らして考えないと意味がないものだし、必ずしも的確な意見ばかりではないからだ。またあなたの過去のポジションは、いま計画中のキャリアとあまり関係がないかもしれない。

③自己診断テスト

一般に公開されている自己診断テストをやってみよう。すでに気づいている特徴に確信がもてたり、新しい能力や特徴を発見できる場合もある。私の調査では、この種の診断テストを行ったほとんどの人が、やってよかったが、診断結果が何を意味するのか、それをどのように活かすべきかを理解するには、じっくり考える必要があると考えていた。

④人に意見を聞く

同僚や元同僚、人材紹介コンサルタント、キャリアカウンセラーに率直な意見を聞いてみよう。あなたの気づいていない強みを指摘してくれたり、あなたのあげた強みに異議を唱えたり、新しい強みに気づくきっかけになるような質問をしてくれるかもしれない。

こんな質問で口火を切ろう。「私が一番得意なことは何だと思いますか？」「どの強みを活かすべきでしょう？」「私の弱みは何でしょう？」「私はどんな仕事をめざすべきだと思いますか？どんな仕事を避けるべきですか？」。最初につくった強みのリストと履歴書を見せて、有益な助言をもらおう。これを自分の「市場調査」ととらえ、できるだけ多くのことを学ぼう。気楽にやってもらえるよう気を配ること。反論したり、感情的になってはいけない。

正式な手法で自己診断をしたい人は、ミシガン大学が開発したReflected Best Self（ＲＢＳ）法がお勧めだ。この手法の前提となっているのは、「自分をよく知っている人から自分の強みについて学ぶことができる」、「（弱みを矯正するのではなく）強みを伸ばすことが、人間的に成長するための最も有益な土台になる」という考え方だ。

ＲＢＳ法は設計上、**まったく新しい方向性を見つけるというよりは、いまのポジションを新しい目でとらえ直すことを主眼としている**。ポジションについて考え直すことはキャリア戦略にも有効だ。このエクササイズを通して得た発見は、より大局的な戦略を考える際にも役立つ。

⑤自分自身を「採用する」

あなたが長期的に関心のあるポジションを考えてみよう。あなたが採用する側だったら、自分を雇いたいだろうか？　こう考えてみよう。「自分がこのポジションに採用される理由は何だろう？」「このオファーをもらえない理由は何だろう？」。このような状況に照らして自分の強みを分析すると、それまで見逃していた強みや欠点に気づくことがある。

⑥特徴的な強みをリストにする

ここにあげた一つひとつのエクササイズによって、それ以外のエクササイズで出た結果を検証しよう。複数のエクササイズで同じ結果が得られれば、十分な裏づけがあるといえる。逆に一つのエクササイズだけで明らかになった強みは、あまり重要でないかもしれないし、単にそれを発揮できるような仕事をしたことがないのかもしれない。

いままで活用したことのない強みも漏らさずリストアップしよう。際立って得意な分野をまず書き出してみよう。キャリア戦略と関係があるかどうかを考えるのは、あとでいい。

こうして割り出した強みを重要度順に並べよう。このランクづけした強みのリストが完成した時点で、第２章は終了する。本書ではこのリストのいろいろな使い方を説明する。強みをもとにして魅力的な新しい機会を見つけたり、人間的に成長するための優先事項を考えたり、求職活動の方向性を定めるなどの活用方法がある。

第3章 有望な分野と職務を見きわめる

あなたの強みと理念がかみ合わさる部分にこそ、天職は見つかる。だが自分にどんな分野や職務がふさわしいのか、考えつかないことも多い。実務経験に乏しい人は、どのような人材が求められるのかがわからないし、逆に経験豊富だと、常識にとらわれない考え方をするのが難しい。したがってほとんどの人に、分野や職務についての創造的思考を促す、ブレーンストーミングのテクニックが必要だ。

exercise

自分に合った分野・職務を見つけるエクササイズ

これから紹介するエクササイズを通して自分について考え、それをもとにどんな分野／職務が自分に合っているかを自由に想像してみよう。新鮮なアイデアや意外な発見が得られるかもしれない。

①現在の強みを書き出す

ここまで考えたことを出発点として考えよう。いまのままキャリアが進んでいった場合、第2章で特定したあなたを特徴づける強みは、二年、五年、一〇年後にどんなふうに伸びているだろう？　それからこう考える。「そんな強みをもつようになった自分は、どんな分野や職務で働くのが自然だろう？」。

幅広く考えてみよう。現在の強みと将来の強みを活用できそうな分野を探そう。自然な進路ではないものもあるかもしれないが、実現しないとも限らない。背伸びしないと届きそうにないものもいくつか加えよう。生まれつきの才能と後天的なノウハウの両方を含めること。

これが最初の有望な分野のリストになる。

②卓越した強みのリストをつくる

ここで一気にギアを上げよう。あなたの一番の強みだと思えるものを選び、あなたがその強みでは誰にも負けないと仮定して（本当にそう確信しているかどうかはさておき）、その場合にあなたにふさわしい分野を一つ、ないし二つ三つ考える。あなたがこの強みでずば抜けている場合、どんな可能性があるだろう？　少なくともこの時点では、あなたに匹敵する人がいたとしてもごく少数だと仮定しよう。次に、二番目に重要な強みについても同じように考える。三番目の強みを考えてもいい。これまでとちがう、胸踊る分野や職務が見つかるかもしれない。

③最も重要な理念を考える

理念についても同じエクササイズをやってみよう。あなたが仕事で最も重視する理念(第1章で選んだ)が、ほかのどの理念にも優先すると仮定して、その理念をかなえられるような分野を一つ、ないし二つ三つ考える。この理念を実現することが、あなたにとって何より大切なことで、実現できる見込みがあると仮定しよう。その場合、どんな可能性があるだろう？　二番目、三番目に重要な理念についても同じように考えよう。

④理想の仕事と最悪の仕事を書き出す

あなたにとってこれ以上ない、夢のような理想の仕事はどんなものか書いてみよう。次に二番目に憧れる仕事を書く。どんなに現実離れしていてもかまわない。次に、その正反対の仕事、つまり悪夢のような最悪の仕事を想像する。この架空のひどい仕事は、あなたのような人が絶対に引き受けるはずのない仕事だが、便宜上、あなたかあなたのような人が仕方なく甘んじていると仮定する。

理想の仕事と最悪の仕事の両方について、具体的な仕事を考えてみよう(たとえば電子機器の製品管理、新しいレストランの経営、大学の競技監督、葬儀屋など)。その仕事に就いた自分を、なるべく具体的に想像してみる。どこにいて、どんな職場環境で、どんな貢献をし、どんなことを学んでいるのかなど、想像を広げよう。

理想の仕事を考えることは、それ自体有益なことだ。だがこのエクササイズの主眼は、ブレーンストーミングを進めるための出発点を探すことにある。あなたが最も魅力的だと感じる、理想の仕事の特徴を書き出してみよう。最悪の仕事については、何としても避けたい側面を選び、その正反対の特徴をもつ仕事を追求すべきかどうかを考える。またこうした特徴をもとに、ほかに有望な分野や職務がないか考えてみよう。

⑤生い立ちをたどる

若いころに興味のあったことをやめてしまう人が多い。これは自然なことで、成熟のしるしでもあるが、もしかしたらそうすることで未来の可能性を閉ざしてしまっているかもしれない。

高校時代のことを考えてみよう。あなたが一番好きだった授業、課外活動で一番楽しかったこと、そのほか放課後にやっていたこと、夏休みの過ごし方などを思い出そう。テニス、生徒会、学校劇で演じた役等々。こうした活動から、心の奥底にしまい込んで忘れていた関心がよみがえらないだろうか？　同様に、大学時代の、とくに学校に慣れて生活パターンができあがる前の、入学まもないころについて考えてみよう。また社会人一年目に一番楽しんでいたのはどんなことだろう？　学校や仕事のあとの時間をどんなふうに過ごしていたか？　最近は暇なとき何をしているのか？　こう考えることで、自分の好きなことや大切なことについて、何か発見はないだろうか？

これまでにあなたが下した重要なキャリア上の決定と、その結果を思い返してみよう。どういう基準でその決定を下したのか？　そうした基準は、いまのあなたにとってどれくらい大切か？　これらの決定が、あなたの「ケーススタディ」になる。

こういった「好きなこと」をリストアップして、そのなかで将来の自分の一部になりそうなものはないか考えよう。それらはどんな分野や職務を示唆しているだろう？

⑥自分の記事を書いてみる

いまから一〇年か二〇年後に、ウォールストリート・ジャーナルや地元紙、同窓会誌、業界誌などに、あなたのキャリアに関する記事が載ったとする。その記事を書いてみよう。どんなことが書かれていてほしいだろう？　あなたはどんなことで有名になりたいのか？　この記事をもとに、具体的な分野や職務を考えよう。

⑦自分に似た人たちは何をしているか

ここまでのエクササイズは自分の内面を見つめるもの、つまり分野を考えるために自分を分析するためのものだった。だがあなたにふさわしい仕事のなかには、普通では思い浮かばないものもある。これまで考えたこともない分野や、いまの仕事からかけ離れている分野などだ。そういうものを探す方法はあるだろうか？

逆方向から近づけばいい。あなたに似た人たち、たとえば友人や元同僚、大学の同級生などが何をしているか考えてみよう。あなたと似た経歴をもつ人たちのリンクトイン（ビジネス向け交流サイト）の求人リスティングを見るのもいい。成功している人たちがあなたの年齢だったときや、あなたと同じキャリアの段階にいたときに、何をしていたか調べてみよう。ある人などは、ニューヨークタイムズの死亡記事を読んでアイデアを得ると言っていた。あなたと似たところがある（あった）人たちのキャリアパスは、あなた自身の今後を考えるうえで参考になるはずだ。

次に、こうしたアイデアがあなたの強みと理念に合うかどうかを考える。おそらく大部分は合わなくて却下することになるが、残るものもいくつかあるはずだ。

ブレーンストーミングを最大限に活用するには、実現する見込みを抜きにして考えるといい。いままでの経歴から自然に思いつく仕事もよいが、興味をそそられるものも検討しよう。いまは無理でも、いつか実現するかもしれないのだから。

新しい分野に挑戦した三人の学生

分野／職務のブレーンストーミングの最後のステップでは、くわしく調査する価値のある有望な候補を選び出す。だがその前に、これらのエクササイズを行った学生の実例を紹介しよう。

人生のほぼ同じ段階にいる三人のMBA学生が、同じ手法を用いて、新しい有望な分野を選び出した。だがその後とった行動は、一人ひとりちがっていた。最初に紹介するのがジュリエットだ。まずは彼女がどのようにして意外な新しい方向性を見つけ、それをじっくり検討する計画を立てたかを見ていこう。

case 7

テクノロジー志望からアートの仕事に

二六歳のジュリエットは、技術関係の仕事に四年間携わってからビジネススクールに入学した。MBAを取得して技術管理の仕事に進みたかった。彼女がMBAの二年目に得たのは、まさにその通りの仕事のオファーだった。優良企業から破格の条件で、技術管理のポジションをオファーされたのだ。いったい何の不満があるだろう？　オファーを受けるかどうかを決めるまでに、ひと月の検討期間があった。

だがよく考えてみると、この仕事を選ぶべきだと一〇〇パーセント確信できなかった。ジュリエットは悩み始めた。自分は本当に技術畑の仕事に戻りたいのだろうか、それとも何かほかのことを試すべきなのか？　もしそうなら、どんな仕事があるだろう？

ジュリエットはブレーンストーミング・エクササイズのうち、④「理想の仕事／最悪の仕事」

と、⑤「生い立ち」の二つをやってみた。するとある関心が浮かび上がった。アンティーク店や画廊で、名もない品を掘り出したときの高揚感を思い出したのだ。彼女はアンティークが大好きで、それを探し出すのも好きだった。美術やアンティークを正式に学んだことはなかったし、小売りや消費者マーケティングに関する知識もなかった。ただそれが好きで、得意だと思っていただけだ。この分野で働くなど、考えたこともなかった。

大学ではこの分野の正式な採用活動は行われていなかった。美術とビジネスを融合するようなポジション自体ほとんどなかったが、それでも彼女はよさそうな求人広告を見つけた。それは大手オークション会社のキュレーターのポジションで、応募条件にMBA取得が含まれていた。彼女は応募し、ニューヨークでの面接に呼ばれた。

ジュリエットは面接の準備を始める前に、じっくり考えた。オークション会社の面接は、技術管理のポジションの返答期限のあとに予定されていた。それに、オークション会社のポジションは望ましいが、オファーをもらえる保証はなかった。二つ目の問題は経済的なことだった。このポジションの報酬は、もう一方のオファーの半分以下だった。学生ローンの残高は一〇万ドルもあり、しかもニューヨークは生活費が高かった。最後に、自分が本当に美術やアンティークの分野でキャリアを築きたいのか、まだ確信がもてなかった。とても興味をひかれるアイデアだが、それまで一度も考えたことがなかった。彼女は技術の世界から逃れようとしていたわけではないし、技術管理の責任を担うようになれば、いい意味で伸びていけそうだった。そうしたことから、ジュリエットはオークション会社の面接を辞退し、技術管理のオファーを受け、その方面での将来に夢を抱きながら卒業した。

だが彼女の物語はそこで終わらない。彼女は美術／アンティークのキャリアをあきらめたわけではなかった。いまオークション会社に勤めないとしたら、ほかにどんな可能性があるだろう？

ジュリエットは小規模な美術商になって、売買するアイテムを探すという計画を立てた。休暇中や週末に仕事をしながら様子を見て、自分がこの仕事を気に入るか、有望な事業計画が見つけられるかどうかをじっくり考えるつもりだった。うまくいかなければ、数年かけて買い集めたものをそのまま所有してもいいし、転売することもできる。こうしてキャリアの本格的な実験を行うことができる。

昔興味があったことを思い返して思考を刺激しなければ、こういった計画を考えつくこともなかった。おそらくこれから長期的に技術管理のキャリアを追求することになるだろう。この仕事は気に入っているのだ。妥協で就いた仕事ではないし、それこそ天職になるかもしれない。だがもしかすると美術品とアンティークの世界に参入する方法が見つかるかもしれない。実験を続ける限り、美術商を検討しながら、基本となるキャリアを積むことができる。人生のこの段階で出す結論としては上出来だ。

私はこのブレーンストーミング・エクササイズを考案し、試し始めた当初、エクササイズを行うことで天職が見つかるのではないかと期待していた。すでによく知っている分野であれば、そんなこともあるだろう。まったく新しい分野に踏み出すのではなく、前と同じ分野にあらためて足を踏み入れることになるからだ。だがまったく新しい仕事は、いきなり天職にはなりにくい。このエクササイズを行うと、ほぼ必ずジュリエットのように新鮮なアイデアが得られるが、実験せずにまったく新しい方向に進もうという人はまれだ。

とはいえ、ユニークで斬新なアイデアを思いつき、それに心を決めて、行動を起こす人たちもいる。二八歳のＭＢＡ学生メイがその一人だ。

case 8

昇格と昇給を諦めても妥協しない職選び

メイは大学で経営学を専攻し、なかでも消費者向けマーケティングに関心をもっていた。人々がどう考えるか、人々の心をとらえるにはどうすればよいかを研究するのが好きだった。そんな彼女が大学を出て最初に就職したのは、消費者マーケティングに強い会社だと思うだろう。だがそうではなかった。彼女は卒業後地元に戻ることを希望していたが、そこには消費者マーケティングの会社はほとんどなかった。卒業の五カ月後に、消費者に日用品を販売する会社のマーケティングのポジションを得た。これは出発点としては悪くなかったが、彼女にふさわしい仕事とは言いがたかった。

数年すると、洗練された消費者の要望やニーズを研究していたころが懐かしくてたまらなくなった。そこで転職のチャンスを求めて二年間のMBAプログラムに登録し、仕事をしながら夜間と週末に通った。経済的なことを考えるとこれが目先の最善策だったし、仕事をあと二年続けるのもプラスになるだろうと彼女は考えた。

だがメイは一年半たってもまだ計画を立てられなかった。彼女が私の講座を受けたのはこのころのことだ。彼女は強みを探すエクササイズを行い、分野を探すためのブレーンストーミングを行い、発想を求めて過去をふり返り、八年前の学部生のころに書いた自分の「死亡記事」を読み返した。こうしたエクササイズから得られた成果は三つあった。

第一に、自分が変化を求めていることがはっきりした。前々からわかっていたことだが、いまでは変化を起こす覚悟ができていた。

第二に、自分の好きなことがよくわかった。人々の考え方や意思決定に影響をおよぼすこと、人前で話すこと、そしてプロジェクトマネジメントだ。意外な発見ではなかったが、明確にわかったのはこのときだった。

第三に、彼女は自分が希望する分野のなかから、可能性のありそうなものをリストアップした。非営利事業、経営コンサルティング、テレビ、エンターテインメント、消費者マーケティング、外交関係。彼女は「人々に喜びと感動を与え、自分自身の創造性を伸ばせるようなものを生み出したい」と考えた。また海外出張のあるポジションに興味があった。これらも初めて気づいたことではなかったが、現実味のある可能性として真剣に考えたのは、このときが初めてだった。

メイの場合、候補リストが長すぎたため、すべての可能性について計画を立てるのは難しかった。そこで私は全項目に共通する基本的目標を見きわめ、それをもとにリストを絞り込むよう彼女に勧めた。彼女はあとでこう語っている。「それが授業の一番難しかったところです。どれも実現できるように思えませんでした。正直いってどれにも興味があったから、リストを絞り込むのは難しかった。可能性を限定したくなかったんです。誤った決定を下すのが怖くて、何も決められませんでした」。

次のエクササイズが助けになった。学生同士でお互いの相談に乗り、それから各自が出した結論について授業で話し合い、意見を交換した。メイの相談に乗ったクラスメートは、「直感チェック」をしてくれた。候補リストのターゲットの一つひとつについて、メイに感じたことを自由に語らせ、それをもとにどれが一番気に入っているか、どれが合わないかをメイに判断させたのだ。これがメイの深いところに刺さった。

それまで自分の抱負を人に話したことはありませんでした。彼女は私をいい意味で挑発して

くれた。抱負を見つめ、何が現実的かを考え、行動を起こすよう迫ってくれたんです。直感チェックのおかげで、国際的な仕事（そう意外ではなかった）や消費者製品（ちょっと意外だった）よりも、エンターテインメント／メディアの仕事に就きたいことがはっきりしました。非営利団体でもらえるような報酬で満足できるとは思えなかったわ——老後なら別だけど。エンターテインメントとメディアが好きなのは意外ではなかったけれど、おかげでまた考え込むはめになりました。なぜいまの仕事をまだ続けているの、って。

メイはリストを二つに絞り込んだ。エンターテインメント／メディアとそれに関連する消費者業界、そして経営コンサルティングだ。それからひと月かけてコンサルタントの知人に話を聞いた結果、自分の成果を確認できるような仕事がしたいという思いに気づき、コンサルティングの仕事は合わないと結論づけた。そこで彼女はコンサルティングを外し、ターゲットを一つに決定した。

エンターテインメントの仕事をするなら、おそらくカリフォルニアかニューヨークに引っ越すことになるだろう。地元で数年くすぶっていた彼女は、この考えが気に入った。だが人に会うために遠くまで行かなければならず、求職活動がさらに大変になりそうだった。

プログラムが修了すると、メイはフルタイムで働きながら通学する必要がなくなった。長期の方向性がはっきりし、キャリアシフトのための活動をする時間ができた。彼女はすぐにでも活動を始めるつもりだったし、私も当然そうだろうと思っていた。だが彼女はどうしても腰を上げられなかった。「何だか気が重くなってしまって。それに高望みのように思えたんです。どうすればやる気を出して求職活動に集中できるのか、わからなくなりました」。

そのころ、メイのリンクトインのプロフィールにＭＢＡの学位が加わったことに気づいたリクルーターから電話があった。リクルーターのクライアント企業が、メイのいまの仕事と似たポジションを募集していた。ただしそれは監督者のポジションだった。当時彼女はこのポジションをこんなふうに見ていた。

このポジションのよい点は、肩書と給料が上がること、いまの仕事からすぐに移れること、それから人間関係ですね。悪い点は、よりよい経験ができるかもしれない業界で成長する機会を捨てて、貴重な時間を無駄にするかもしれないこと。直感的にはオファーを断るべきだという気もするけれど、現実的に考えれば受けるべきなんでしょう。管理職の経験があれば、次の仕事を探しやすくなりますから。

これは彼女のキャリアの重要な転換点だった。いま変わらないなら、いつ変わるのか？　だが彼女は結局オファーを断り、その理由をこう説明している。

このオファーはいまの仕事とほとんど変わらず、唯一のメリットは肩書と給料だけ。それに、ほかの可能性を検討したい私にとって、二年間の契約は長すぎました。そもそもキャリアをシフトするために学校に戻ったのだから、できるならそれを実現したい。そういうわけで、求職活動に真剣に取り組むことにしました。

勇気ある決断だった。メイは昇格と、初めての監督者のポジション、報酬アップを却下した。そしてそのとき、求職活動でその分結果を出そうと心に誓った。いまの分野でのキャリアアップをあきらめたからには、もうあとには引けない。六カ月後、彼女は同じ週に二つのオファーを得た。どちらも消費者マーケティングのポジションで、どちらも勤務地はカリフォルニアだった。そしてどちらも以前断った話と同等の報酬アップを伴った。メイは新しい戦略を立ててそれに打ち込み、懸命な努力で戦略をチャンスに変え、再スタートを切ることができたのだ。

ジュリエットは新しいアイデアを模索する計画を立て、メイは全力で求職活動に打ち込んだ。次の学生は別の結論に達した。国家公務員のトミー、三二歳だ。

case 9

大学院進学を思いとどまった理由

トミーもフルタイムで働き、平均に近い収入を得ながら、夜間と週末にＭＢＡプログラムに通っていた。彼は勤め先の奨学制度を利用して学費を払っていた。プログラム修了後は、毎年融資額の二〇％ずつの返済を免除され、管理職への道も約束されていた。この奨学制度を得るのは大変なことで、トミーは会社に投資してもらっていることを誇りに思っていた。

トミーは会社に敷かれた通りのキャリアを歩むつもりで入学したが、やがて同級生が検討している分野にも興味をもつようになった。またブレーンストーミングのエクササイズを通して、いまの仕事は自分に合っているが、心のなかでは知的探求心が求められる仕事を望んでいることを知った。私は驚かなかった。トミーは並外れて優れた思考力のもち主だった。彼はじっくり検討した末に、博士号をとって教授になりたいと考えた。このためには一流の大学院に入学する必要があるが、いまから質の高い博士号の出願書類を作成していたのでは間に合わない。そこで一年間会社に戻り、十分な時間をかけて書類を準備することにした。彼が立てた不測の事態についての対応計画は、私が知るなかで最も周到なものだった。すべてが考え抜かれていた。私の講座を修了したとき、彼は願書作成のための堅実な計画を完成させていた。

しかし数カ月するとトミーは思い直して、会社への献身を新たにした。管理職への昇進に備えながら、質の高い博士号の願書を作成するのには無理があったため、このまま仕事を続けたほうがよいと判断した。これが問題の一つだった。また、はっきりと決めたわけではなかったが、自分が管理職としてどれだけやれるのかを試すのも悪くないと思った。彼が経済的な問題に目を向けたのは、このときだった。たとえ博士課程の奨学金が得られたとしても、数年後の課程修了時には、二〇万ドル近い借金を抱えることになる。それから終身在職コースに乗って教授職を得たとしても、いまと変わらない収入から始めることになるうえ、MBAローンの元利の返済も残っている。それに熱意をもって博士課程に入学しても、挫折して学位取得に至らないかもしれない。トニーはこう考え、この計画では「五〇歳まで借金漬け」になると判断した。そんなシナリオを受け入れるわけにはいかなかった。

五〇歳まで借金を抱え続けるという展望は、誰にとっても厳しいものだ。それにトミーはつらい状況から逃れようとしていたわけではない。会社に大切にされ、MBAの費用を出してもらっていたし、仕事が気に入っていた。彼はこの会社でかなりの成功を収めることだろう。

このように、ジュリエット、メイ、トミーは三人とも実現の見込みのある新しい抱負を立てたが、それを追求するために必要な一歩を踏み出すかどうかについて、まったくちがう結論に達した。本書を通して説明するように、キャリア戦略は個人的な取り組みだ。こうした最終決定については、あとでまたくわしく説明する。

三人の学生は、卒業間近という実り多い時期に、エクササイズを行った。あなたが将来について深く考えるきっかけになるような状況とは、どんな状況だろう?

エクササイズを行うタイミング

こうしたエクササイズは、インスピレーションを受け入れやすい状態にある状況で行うと、最も効果が高い。それはどんな状況だろう?

何かの転機が刺激になることがある。たとえば異動を打診されたときや、期待していた昇進がかなわなかったとき、失職したとき。卒業を控えているときや、私生活で大きな変化があったときなど。決定を下さなくてはならない状況を利用して、自分の目的を見つめてみよう。

いつもとちがう状況に身を置くと、創造性が刺激されることがある。休暇をとる、いつもとちがう出張に行く、子ども時代を過ごした場所を訪れるなど。そんな状況にいるときには、新しいアイデアや可能性を受け入れやすいものだ。頭の片隅にあったよい考えが浮かびあがることもある。ちょっとしたシグナルや手がかりに注意を払えば、意外な発見があるかもしれない。

case 10

砂漠で受けた「天職」の啓示

アランは大学卒業後、留学する機会を得た。彼はこの機会に飛びついたが、一年が過ぎるころには興味もやる気も失い、人生で何がしたいのかわからなくなった。自分を見失った彼は、インスピレーションを求めて人里離れた砂漠にキャンプに出かけた。それほど危険な場所ではなかったが、よからぬ人に囲まれたり事故に遭ったりすれば、文明から遠く離れた地だということを実感しただろう。

キャンプでは幼少期や学生時代を思い返した。夕食の席では祖父母と公共問題について話し合ったものだ。母は教会の社会福祉活動に精を出していた。救急救命士のボランティアをしたことや、高校で昼休みに人間関係の「相談所」を開設したことを思い出した。彼は有機化学が苦手で医師になるのを断念し、大学では心理学を専攻した。

アランは砂漠で「故郷に帰って人々に奉仕する」という啓示を受けた。それがどういう意味なのかはわからず、どこからそんな言葉が浮かんだのかも謎だったが、重大な啓示だということはわかった。彼は次のように説明している。

そのときまで、「故郷に帰って人々に奉仕する」なんて言葉を聞いたことがありませんでした。そのころ僕は導きを求めて、友人と二人きりで旅に出たんです。自分を意識的に危険にさらしました。あそこはそれほど安全な場所ではありませんでした。自分が人生で何がしたいのか、まったくわからなかったんです。あれはまるで覚醒でした！　あのとき初めて自分の内面を見つめ、破滅を招きかねない行動から身を引き始めました。自分のなかの誰かが、僕を正しい道に戻そうとしているのを感じたんです。あのできごとは自分自身を、内なる案内人を、そして人生の目的を見つめ直すきっかけになりました。あの言葉が聞こえたのは覚えていますが、外から来た声だとは思わなかった。少なくとも、とどろき渡るような声ではありませんでした。

アランがこのとき決めたのはアメリカに戻ることだけだったが、母国の人々に奉仕するという目的が、その後の人生の道しるべになった。

故郷の生活に戻るのは大変だった。アランは実家に戻り、片手間で仕事をしながら一年を過ごし、うち四カ月間は農場で収穫の手伝いをした。その後心理学の学位を活かしてホームレス施設でカウンセラーの職を得た。数年後、彼は自分の宗教的原点に立ち戻り、神学校に通って聖職者になった。結婚し、気に入った町の教会で牧師助手をしていたが、より多くのことを成し遂げるために遠くの都市の教会に移った。アランはこうした決定を下すにあたって、自分の目的を重視した。「人に尽くすのはとてもやりがいのあることです。自分のために働くのは、ただの仕事でしかない。より大きなもののために働けば、それは天職になります。僕はいつも冒険を求めてきました。でもただすばらしい冒険をするだけでなく、そこで学んだことを活かして、多少なりとも世界を少しでも変える責任があります」。

洞察を求めて人里離れた砂漠に行くなど、普通の人にはできないことだが、私たちはアランの経験から学ぶことができる。彼は進んでインスピレーションを求め、砂漠という人里離れた環境で啓示を得、それをもとに天職を見つけたのだ。

ターゲット分野・職務のランク付け

この章で紹介したすべての手法のアイデアを用いて、検討すべき分野や職務を決めよう。次の質問を通して、正しい考え方をしているかどうかを確かめてほしい。

あなたはこの分野や職務で

- 才能やスキルを十分に活用できるだろうか？
- 仕事に全力で取り組み、成果をあげようという気になるだろうか？
- 報酬は二の次にするだろうか？

・成功するためなら負担を厭わないだろうか？

これらの質問のほとんどまたはすべてに「イエス」と答えられるような仕事はすべて候補になる。こうして長期のターゲット分野・職務のリストができたところで、ステップは完了だ。リストに優先順位をつけよう。このランクづけされたリストが、第3章の最終成果になる。

本書を通して私がめざしているのは、有効なキャリア戦略を策定するための段階的なプロセスを確立することだ。ここまでの三つの章も、それをめざす試みだった。第1章（理念）と第2章（強み）から第3章（有望な分野や職務）へ移るのは、合理的な思考プロセスだ。これによってよいアイデアを洗い出せたはずだ。これらの分野や職務をじっくり調べ、必要とあれば試してみることが、第4章のテーマになる。

事業戦略を策定する人たちは、重大な決定を下す前に正確な情報を得ようとする。大規模な資本プロジェクトなら、工学設計の代替案を検討し、費用対効果の分析を行う。投資パフォーマンスに影響を与えるかもしれない市場動向やその他の要因を評価する。より短期の時間枠では、優れたマーケティング担当者は時間と労力をかけて顧客のニーズを探り、自社製品と競合製品がそのニーズにどれだけ応えているかを知ろうとする。また性能検査を実施し、市場調査を行って製品需要を見きわめようとする。よりよい情報があれば防げたかもしれないまちがいを、みすみす犯そうという人はいない。

企業に限らず、私たちも大きな買いものをする前には情報を得ようとする。何も調べずにいきなり家を買う人はいないだろう。地元の市場を調査し、似たような住宅の価格を調べ、職場への通勤時間や子どもの通う地元の学校を確認し、生活へのよい影響と悪い影響を考えるだろう。それが常識だ。

キャリア選択はそれ以上に重要な決定だが、私の知る限り、**最善の選択を行うために必要な情報を得ようとしない人が多い**。専門分野のことをほとんど理解せずに大学院の学位取得プログラムを受講したり、その会社のことをろくに知りもせず仕事のオファーを受けたりする。あなたはそんなことではいけない。適切な情報に基づく適切な思考プロセスこそ、キャリア選択を成功させるカギなのだ。

第1章と第2章ではあなた自身に注目し、あなたが職業生活で一番やりたいこと、仕事を行ううえでのあなたの強みについて考えた。第3章ではそうした内向きの視点を、有望な分野や職務と結びつけ始めた。この第4章では外に目を向け、あなたが興味をもった分野や職務を調査する方法を説明しよう。

学習というテーマの手始めとして、ショーンの物語を紹介したい。彼はオファーされた仕事を徹底的に調査し、それをもとに意外な結論に達したのだ。

case 11

社風が合わないと感じてオファーを断る

ショーンは九年間にわたって経営コンサルタントをしていた。仕事が気に入っていて、後輩たちを思いやりをもって指導し、クライアントと温かい関係を築いていた。この先長く続けるつもりでいた。

ショーンは人材紹介会社からの電話には出た。だがとりあえず担当者に会うことはあっても、その先に進むことはなかった。訪問を通して「市場」にふれ、自分の立ち位置を確認していたのだ。またそうしながら人材紹介コンサルタントの人脈を築いた。彼が漠然と憧れていた大企業の経営幹部のポジションを紹介してもらえないとも限らないからだ。

あるときショーンはかかってきた電話に興味をひかれた。それはフォーチュン200社企業最高総務責任者（CAO）のポジションだった。二、三年間限定の新設のポジションで、本社業務の再編を進めて生産性改善を図りつつ、会社全体について学び、順調にいけば事業の一つを運営する機会を与えられるという。申し分のない話だったし、彼は指揮を任される業務にも精通していた。彼は妻と相談し、二人でじっくり検討することにした。

ショーンはこの会社の年次報告書や紹介記事を精読してから、初めて本社を訪問した。面接はとてもうまくいった。二日後にCEOから電話があり、部下となる部長たちとの面接に招かれた。ショーンはCAOの職務を通して会社に貢献する方法を考え始め、行動計画を練った。三度目の訪問のあとで、ショーンはオファーを得た。有能な候補者たちと競い合い、「競争に勝った」自分が誇らしかった。

ショーンはオファーを前向きに検討し、会社の状況と展望について調べた。最近の業績は低迷し、株価は下落していた。これは不安材料だったが、ショーンは業績回復を確信するようになった。実際に業績が回復すれば、彼は優良企業の経営幹部になり、株価が大幅に上昇してストックオプションは莫大な価値をもつだろう。

だが仕事そのものについてはまだ十分な情報がなかったため、決定を下せなかった。そこで次の訪問で聞きたいことを質問し、納得がいけばオファーを受けるつもりでいた。

ショーンが重視していたのは企業文化と職務だった。そこで彼はこんな質問をした。「みなさんが仕事で一番楽しみにしているのはどんなことですか？」「誇らしく思うのはどんなことですか？」「社内で親しくしている人たちがいますか？」「部門間の連携はうまくいっていますか？」。こうした会話を通して、社内のキーパーソンが誰か、彼らの成功要因は何か、自分の最大の課題と機会は何かといったことを学んだ。また新しい職務を成功させるにはどうすればよいかを、面接者たちと一緒に考えた。ショーンはまるで社員であるかのように、誰も考えていなかった問題を次々と指摘した。

仕事の面接で説明を求めるような質問をすると、相手の機嫌を損ねてオファーを得られなくなるのではないかと心配する人がいる。私の知る限り、そんなことはまずない。現にこのケースでも、CEOはそのような質問を受けたことで、ショーンこそ適任だという確信を深めた。ショーンは真摯で礼儀正しかったため、厳しい質問をしても批判的、威圧的にとられず、むしろ会社を成功に導く洞察と関心をもっていると評価された。彼には有無を言わせない魅力があった。

またショーンはこの機会を利用して、このポジションで成功すれば事業運営への道が拓かれるという、当初の約束を確認した。彼はオファーを受けてもいいと考えるようになった。

だが二日後、ショーンはオファーを断った。

理由の一つは転勤だった。ショーンの妻は最初は喜んでいたが、よく考えてみると地元を離れることは望んでいなかった。子どもたちの学校の活動に関わっていたし、知り合いもたくさんいて、ボランティアの役員の任期も始まったばかりだった。彼が転勤を望むならもちろんついていくつもりだったが、できるなら引っ越したくなかった。

二つ目の理由として、ショーンはこの新しい職務が会社に深く根づいた文化にそぐわないように感じた。利益至上主義の社風のなかで、初代CAOがどのように見られるか不安だった。事業部門が独立採算制で運営される、結果重視の環境だった。つまり本社の人員はコストと見なされていた。これは赤信号だ。CAOの職務は社内のどの職務とも異なっていたが、上層部はどのような指標で業績を評価するかを、まだきちんと考えていなかった。このことが、彼が学んだ最大の教訓だったという。

どうやって僕の業績を評価するのか、何をもって成果を判断するのかと質問しましたが、満足のいく答えは得られませんでした。彼らは別に何かを隠していたわけではありません。CAOの職務は新しくて、まだわからなかったんです。

ショーンは自分が社員に受け入れられず、この職務が自分のめざす仕事への踏み台にならないのではないかと懸念した。

最後の理由として、彼はコンサルティングの仕事が好きだった。完全な天職ではないかもしれないが、何の不満もなかった。もしも仕事に満足していなかったなら、オファーを受けていたかもしれない。だが成功しても長期の目標の実現につながらないリスクのある仕事のために、気に入っている仕事をやめる必要があるだろうか?

ショーンは本章でこれから検討する問題をじっくり考えた。会社の展望について学び、経営幹部たちとの実りある議論に刺激を受けた。だが文化と職務について情報を得ると、慎重になった。また彼と妻はこの機会を利用して、転勤について思っていることを率直に話し合った。短期間のうちに多くの貴重な学びがあった。

同じ情報を得ても、ほかの人ならちがう決定を下したかもしれない。だがショーンの決定は、彼にとっては正しいものだった。キャリアに関する決定は個人的な問題で、そうした決定によってどんな目的をかなえようとするかは、人によって異なる。

ここからは、公開情報を得る方法や、内部事情にくわしい人たちから学ぶ方法を説明する。とくに重要な文化、職務、負担、業界展望という四つのトピックの調査を中心に見ていこう。そして章の締めくくりとして、もう一つの学習方法を示したい。それはキャリアの実験だ。とくにキャリアを大きく変える前には実験が重要になる。

事前調査をデザインするためのエクササイズ

①公開情報を利用する

公開情報を使いこなすことが、思い通りの仕事を得るための入場券になる。自分の検討している分野について得られるすべての情報に目を通そう。面接の準備をする場合は、検討中の分野と組織の両方について調べよう。面接者は、候補者がすでにこういった情報に精通しているものと考えるし、仕事上のネットワークのコンタクト先も、とくに親しい間柄でなければそう考えるだろう。

あなたが調査する分野の組織には、公式ウェブサイトがあるだろう。そこから始めるのが手っとり早い。さまざまな企業の概要を理解し、場合によってはくわしい情報を得ることができるからだ。採用情報を載せている企業もある。綿密でよく考えられたサイトは、最初の情報収集にうってつけだ。

公開企業の場合は、年次報告書とフォーム10K［日本でいうところの有価証券報告書］に目を通そう。後者には財務諸表のほか、設備や市場、競争環境、事業機会、リスクなどの経営状況をくわしく説明した資料が含まれる。ただし、こうした報告書や正式なビジョン記述書などの企業が作成する資料は、マーケティングと情報公開の手段でもあることに気をつけよう。どんな分野を調査するにも、複数の企業のフォーム10Kを調べること。

また検討中の組織や分野、職業に関する優れた記事や本が出ていたり、仕事をくわしく説明したオンライン記事が読めることもある。

②自分の足で情報を集める

資料を読み終わったら、**内容を現実とつき合わせて確認しよう。**そのためには一般に入手可能な情報以上のことを調べる必要がある。

その分野で働く人たちに話を聞こう。たとえば顧客やサプライヤー、提携先など、その分野と関係があって、事情をよく知っている人と会おう。一般にこうした人たちは手にとるように実情を説明できるうえ、質問に答え、あなたの関心に合った情報を提供してくれるからだ。

検討中の分野が、あなたのいまの仕事と関係がある場合、あなたは連絡をとるべき人をすでに知っているかもしれない。また大学の同窓生名簿やソーシャルメディアを通して、コンタクト先になりそうな人を探し出せるかもしれない。いきなり電話をかけてよい反応が得られる場合もあるが、得られない場合もある。

会話の呼び水になるような話題を提供しよう。たいていの人は、自分からアイデアを出すより、人のアイデアに反応するほうが楽に感じる。あなたの強みや動機を説明し、その分野についてもっているアイデアを話すなどして、相談に乗ってもらいやすくなるよう工夫しよう。相手の会社ではどんな人が成果をあげ、昇進しているのかを聞いてみよう。

性能検査を行うのもいい。消費者向け製品なら自分で検査できる。店に行って、製品の価格や分量、原材料などを競合製品と比較しよう。それほど高価でなければ、その会社の製品や、最大の競合企業の製品を購入して、自分で使用感を確かめ、友人にも感想を聞いてみよう。消費者向けサービス会社を検討しているなら、実際に店を訪れたり、消費者の立場でほかのサービス提供企業について調べてみよう。高価な消費者製品なら、購入した人に感想や購入の動機を聞いてみるといい。消費者製品であれ工業製品であれ、業界や関連業界の人たちに業界の勢力図や有望な企業について尋ねてみよう。

③間接的な質問をしてみる

あなたが調査しようとしているトピックは、ずばり聞けば答えてもらえるように思うかもしれないが、実際にはそういう質問が奏功することはまずない。たとえば組織文化なら、「この会社の文化はどんな感じですか?」「社員は大切にされていますか?」などと聞いても、相手は答えに窮したり、部外者（あなた）に本当のことを言いづらいかもしれない。たとえ率直に答えてくれたとしても、内情をよく知らなければ答えを理解できないこともある。

それよりは間接的に聞いたほうがよい結果が得られることが多い。一般に、間接的な質問のほうが聞きやすく、判断基準になる情報を得やすいのだ。たとえば文化なら、組織内の様子を示す証拠を集められるような質問をする。「社員は重大な決定にどのようなかたちで関わっていますか」「あなたはここ一年でどのような指導を受けましたか」など。もう一つの間接的な方法として、何が起こっているかを観察する方法がある。

トピックによっては、直接的、間接的どちらの質問も有効な場合がある。たとえばある業界や企業で従業員として成功する方法を知りたいなら、直接聞くのが理にかなっている。質問された側はあなたの意欲を評価するだろうし、あなたも参考になる情報を得られる。だがここでも、間接的な質問によってさらに切り込むのがポイントだ。成功した人としなかった人について尋ねるのだ。この例でいえば、こんな質問をするといい。「このポジションからキャリアを開始する人は、一〇年間でどんなキャリアパスを進むと考えられますか？」「ここの人たちは実務を通して学ぶのと、正式な研修プログラムを通して学ぶのと、どちらが多いですか？」「社内であなたが見た、最も勇気ある行動について教えてください」など。

④的を絞る

同じ業種内でも多種多様な企業がある。たとえばエレクトロニクスという業種には、ハードウェア、ソフトウェア、システムソリューション全体を提供する企業があるし、ひと口にソフトウェアといっても、ソフトウェアの種類やアプリケーションによってまったくちがう。業界のどの部分を調査しているのかを明確にしよう。

大企業では機能部門や部署によって状況や環境が異なる。企業全体の環境を考えるのも大切だが、該当する部署や機能部門に焦点を絞ること。

適切な時間枠で考えよう。安定した業種でも変化はつきものだし、スタートアップなら一年後には様変わりしているかもしれない。ある地域や事業での慣行が、時間とともに別の地域のものに近づくこともある。重要な変化を察したら、現在の状況と今後の展望について調べよう。

調査のテーマは多岐にわたるが、そのうち最も重要な四つを調査する方法について、ヒントを示そう。

キャリア戦略と関係の深い四大トピック

前に紹介したショーンにとって、調査はお手のものだった。コンサルティングの新しいクライアント企業と会う前には、必ず公開情報を確認し、クライアントとの打ち合わせでは、企業文化や職務に関する質問をしょっちゅうしていた。だがショーンが調査に慣れていたからといって、有意義な調査はコンサルタントにしかできないなどというつもりはない。彼のやり方からあなたも学べるはずだ。

ほとんどのキャリア戦略と関係のある四大トピックを重点的に説明しよう。**文化、職務、負担（仕事に伴う犠牲）、業界展望**だ。これらの四つのトピックは、一般に仕事の重要な部分を占めるため、それぞれを調査するための有効な方法を説明しておきたい。

以下にあげる質問は、網羅的な構成になっている。つまり誰にとっても重要なものを漏れなく網羅しているが、特定の状況に適した質問は、数が多すぎるため含まない。そこでこれらの質問を読んで、自分にとって重要なものや話題になりそうなものを選び、あなたなりに話し合いや面接の準備をしてほしい。ここに書かれている通りの質問をするのもいいが、自分の状況に合わせて変えるとなおよい。

1　組織文化

これは第1章で見たように、仕事における理念の一つだ。適切な文化がある環境が成功と成長を助ける一方で、誤った文化はストレスになり、成功と成長を阻みかねない。

前に書いたように、MBA学生も、私のブログ読者も、文化に大いに関心をもっていた。MBA学生のなかには、組織効率の講義を受講したのに、キャリア戦略を立てるために文化を調査する方法がわからず、途方に暮れる学生もいた。ブログにコメントをくれた人のなかには、この問題にどう切り込むべきかわからないという人や、実際に入社するまで本当のところは知りようがないという懐疑的な人もいた。だが求職活動の早期の段階でも、文化について知る方法はある。

文化が単純だといっているわけではない。むしろその逆で、文化は非常に複雑だ。万人が気に入る組織や、気に入らない組織などない。業績第一の組織を好む人もいれば、そんな組織は公平でないと思う人もいる。正式な構造とプロセスに基づいた明快なルールを求める人もいれば、自由な環境を好む人もいる。あなたが求める文化は、あなたの抱負の一面なのだ。

唯一の例外は倫理に関わる問題だ。とくに、会計操作や事実の歪曲、従業員の不当な扱いといった重大な問題に関わる倫理は例外だ。こと倫理に関してだけは、言い訳無用だ。倫理に不安を感じるようなところに行ってはいけない。

どれか一つの分野に心を決める前に、その分野の組織がどのように運営されているかを必ず調べよう。ここであげるトピックを検討すれば、実態がかなり正確につかめるだろう。

◉目的

高揚感を与え、励みになるような目的を掲げる分野や組織をめざそう。これは公益団体に限ったことではなく、製品を通して社会の向上や顧客への奉仕をめざす企業も含まれる。財務利益を優先するようなビジョンには気をつけよう。利益は優れた経営の副産物にすぎず、それを目的に掲げても差別化要因にはならないし、むしろ組織内の日和見主義を助長しかねない。

組織が発表したビジョン記述書や、企業について書かれた本や記事、関連のウェブサイトに目を通そう。その際、批判精神をもって読むこと。あなたの追求する目的が巨大組織の一部門と関係がある場合は、その部門についても同じ方法で調べてみよう。

だがそこで終わりにしてはいけない。より重要なのは、その目的が実際に何を意味し、組織の行動にどのような影響を与えているかだ。

こんな質問をしてみよう。

- 組織の実際の行動が目的とかけ離れていたときどうなるか？
- 目的のために決定が変更されたことがあるか？
- 目的が財務目標と相容れない場合はどうなるか？
- 社内ではどんな人が昇進し、重要視されているのか？

最後の質問は、とても多くの情報を引き出せる場合がある。高く評価されている人たちには共通の行動が見られ、その行動には組織の理念がはっきり表れているものだ。

社員が自社の製品やサービスを誇りに思っているかどうかを感じとろう。社員は自社の製品やサービスについて話すとき、「私たち」という言葉を使うだろうか？　社員のもっている目的が一貫しないときや、社員の言うことが声明文の美辞麗句とかけ離れているときは、注意が必要だ。

◉チームワーク

チームワークは、うまくすれば雰囲気をよくし、生産性を高める効果がある。だが協力して仕事ができる環境を創出し維持するには、時間と労力がかかる。誤った環境にいると、市場に目が向く代わりに内向き思考になり、職務倫理がゆらいだり、誤った方向に行ってしまうことがある。こんな質問をしてみよう。

- 個人として行う活動と、同僚と組んでする仕事の比はどれくらいか？
- チームでどんなことを成し遂げたとき、誇りに思うか？
- 社員は昇進や評価をめぐって、どのようにして競い合うのか？　成功したチームのメンバーにはどのような報賞が与えられるか？
- チームづくりにどれくらいの時間と労力をかけているか？

チームはうまくいけば文化のよい一面になるが、問題の多いチームもある。

◉同僚

友人はよいものだが、よい同僚は友人である必要はない。有能、客観的で、組織の成功に尽くす同僚たちに囲まれていれば、あなた自身が成功する見込みも高まる。そうでない同僚は（どんなに仲がよくても）助けにならず、あなたの成功の妨げになるかもしれない。同僚が組織の評判を高めたり、あなたの仕事上のネットワークの一人になることもあるだろう。よい同僚がほしいのは誰でも同じだが、同僚にどの程度の重きを置くかは人によって異なる。こんな質問をしてみよう。

- スター社員は誰か？　彼らがスター社員たるゆえんは何か？
- 社外でもつき合いがある社員はいるか？　一緒に何をしているのか？
- あなたの仕事上のネットワークに含まれる社員は誰か？
- あなたの仕事上のメンターは誰か。上司はあなたとどのように関わり、指導してくれるか？

社員が上層部にどれだけの敬意をもっているかを感じとり、それがあなたにとってしっくりくるかを考えよう。また大学の同級生やいまの職場の同僚と比べて、社員はどの程度優秀だろうか。

◉従業員満足

あなたは組織がつなぎとめ、育てたがる、貴重な資産として扱われたいはずだ。これは人事慣行に関わる問題だが、より重要なのは社員が互いにもっている意識と、リーダーの考え方だ。

リーダーは社員こそがわが社の最大の資産だと口では言うが、本心とは限らない。こんな質問で確かめてみよう。

・社員が意思決定に参加を求められるのはどのような状況か？
・社員は具体的な指示を与えられるのか、それとも大まかな方向性を示されるのか？　指示は明確か、それともどうすれば成果をあげられるのかがよくわからない、漠然とした指示なのか？
・新入社員は新しい環境に慣れる時間を与えられるか、それとも初日からいきなり現場に投げ込まれるのか？
・上司のフィードバックは自己向上に役立っているか？
・社員は昇給、昇進、解雇を公平と感じているか？
・退職者は毎年どれくらいいるか？　そのうち自己都合での退職の割合は？

従業員重視は一般によいことだが、公正、公平、創造的な緊張関係といった、組織のほかのよい点と相容れないこともある。たいていの人は、こうした考慮事項の間でバランスがとれていることを好む。

◉コミュニケーション

自分の意見を率直かつ単刀直入に表明することがよしとされる組織もある。こういう環境では、人にはっきり何かを言われて傷つくこともあるが、互いの思っていることがわかりやすいというメリットもある。他方、礼儀や駆け引きが重んじられる組織もある。何をどのように言うかに気を使い、なるべく対立を避ける。こういった環境では緊張は少ないが、本当のコミュニケーションがないせいで、重要な問題が見えなくなったり、水面下で激しい感情がくすぶることもある。

このように社員同士の——そしてあなたに期待される——コミュニケーションの方法は、日々の生活に影響をおよぼす。そこでこんな質問をしてみよう。

- 社員は考えていることをはっきり言うか？　たとえ相手を傷つけたり気分を害することになっても、率直に話しているか？
- 同僚の考えていることがわかるか？　社員は何をどのように言うかに気を使っているか？　物議を醸すような問題を避けているか？
- 議論に参加し、異論を唱えることが奨励されているか？　上司は聞く耳をもっているか？
- 機密情報は例外として、全員が組織の状況をきちんと把握しているか？　秘密が多い組織なのか？

社員のコミュニケーションの方法があなたにしっくりくるかどうか考えよう。

◉成果主義

成果主義の組織には、コネではなく成果をもとに昇進や報酬が決められる、風通しがよく自分の立ち位置を把握しやすい、といったメリットがある。だが成果の測定が困難なときや、個人のコントロールを超える多くの要因によって成果が左右される場合、成果にこだわりすぎると公平感を損なう場合がある。業績への固執は、短期的思考を助長しかねない。

業績向上／低下の原因を分析し、それに照らして社員を評価する組織もある。合理的で公正な評価制度を意図していても、やり方によっては混乱を招き、透明性を欠くこともあり、その場合モチベーションの低下を招きかねない。

業績管理や業績評価がどのように行われているかを調べよう。たとえばこんな質問をするといい。

- 業績の評価基準はどのようにして決められるか？　報酬は会社の業績や目的に照らして決定されるのか？

・否定的なフィードバックを社員にどのように伝えているか？　プライバシーを守り、相手を尊重しながら、改善する方法に重点を置いて伝えるのか、それとも人の面前で体面を損なうような方法で、ネガティブな意見を伝えるのか？
・業績評価の基準には、難易度のちがいが考慮に入れられているか？　努力では成果が得られない場合、評価基準は調整されるか？

明快な評価のプロセスを好むか、融通の利くプロセスを好むかは、人によって異なる。

◉プロセスと生産性

方針や手順を重視し、体系的な方法で運営される組織もある。このような組織では熟慮の末に決定が下される。その一方で自律性や柔軟性、自由を重視する組織もある。たいていの人は自由を好むが、自由は複雑さやチームワークの低下、事業上のリスクを招くこともあり、自由を偏重する組織は失敗することもある。こんな質問をしてみよう。

・適切な人が適切なタイミングで決定を下しているか？　決定には誰の承認が必要で、それにはどれくらいの時間がかかるのか？　手順を飛ばした場合、どうなるのか？
・リーダーと気軽に話し合える雰囲気か？　質問があれば気軽に立ち寄れるのか、アポが必要なのか？

・職場での行動を導く方針は何か？（服装、就業時間、職場環境に関する規定など）
・組織はいくつの階層に分かれているか？　主要なリーダーの直属の部下の人数は？　自分が希望する部署のリーダーの部下の人数は？

オフィスを訪れたらあたりを見回してみよう。整然としているか、雑然としているのか？　事務方は楽しそうか？　採用プロセスはきちんとしていて礼を失していないか？

以上が文化について調べる方法だ。これが網羅的なリストだということを忘れずに。あなたの状況に合わせて絞り込む必要がある。それでは続いて文化と密接な関係のある二つ目の大きなトピック、職務について考えよう。

2　職務内容

職務とは仕事の内容であり、職場でのあなたの役割をいう。適切な職務を任された人は、着実に成果をあげ、成長できるが、合わない職務に就けば、仕事に不満をもつようになる。職務について よく調べるには、次の要因に注目しよう。

◉職務を知る

職務内容説明書をあらかじめ読み込んでおこう。だがそれは出発点にすぎない。説明書のなかには理解しにくいものや、時代に即していないもの、実態を反映していないものもある。検討中の職務について率直に質問しよう。すでに知っていることを整理するための質問を用意して面接に臨もう。具体的な質問を通して職務内容を確認するのだ。たとえば日々（月々）の仕事の流れはどのような感じか？　この職務と最も密接に関係するのはどの職務か？　責任にはどのようなものがあるか？

職務について調べる方法の一つに、何が職務に含まれないかを調べる方法がある。関連業務について質問をし、そのなかで自分の職務に含まれないものはどれかを知ろう。

◉自分に達成できることを理解する

キャリアの進み具合は、実績によって決まる。そしてどのような実績をあげられるかは、職務内容から推測できる。誇りにできるような実績をあげられそうか、そうした実績を通して十分な影響力をもてそうかどうかを考えよう。

影響力を得るには、適切な権限と責任、成功するために必要な人たちとのつながりが欠かせない。とくに上司になる人に注目し、自分が影響力をもてるようサポートしてくれそうな人物かどうかを見定めよう。

これは細部から確かめることができる。日々どんな仕事をし、どんなふうにして成功するのかを想像してみよう。一緒に働くのはどんな人たちで、彼らはあなたをサポートできるのか、サポートする意欲はあるか。サポートが得られない場合にどうすべきかを考えよう。またあなた一人でどんな決定を下せるのか、どんな取り組みを実行できそうかを考えよう。

◉どんなことを学習できるか

この仕事を通して学べそうなこと、つまりこの職務での自分の「カリキュラム」を書き出してみよう。コーチ役になってくれそうな人はいるだろうか。その人たちはコーチングを重視しているか、あなたをうまく指導できるかを考えよう。

職務は組織文化と結びついている。たとえ組織の再編や職務変更があっても、そのほかのこと(文化)に満足していれば乗り切りやすい。

ここまで職務についての調査を説明するにあたって、オファーについて調べることに重点を置いてきた。オファーを提示されたら、受けた場合に担うことになる職務をしっかり知っておく必要がある。また前述の三つのトピックはより一般的に、長期計画のターゲット分野を調査する際にも役立つ。

四大トピックのうち、文化と職務に関係があるのが次にとりあげる、仕事に伴う負担だ。

3　仕事の負担

新しい分野や仕事のオファーを検討するときは、大きな一歩を踏み出す前に、どんな負担を求められることになるか、それにどう対処するかを考えておこう。

case 12　単身赴任と共働きへの対応

ＣＥＯは必ずといってよいほど長時間労働を求められる。そのうえ移動も多い。スティーブが普通のＣＥＯとちがうのは、移動の量と、その影響を積極的に管理している点だ。

スティーブは四〇〇キロほど離れた都市でのＣＥＯのポジションを打診されたとき、引っ越さなくてよいのであれば引き受けてもいいと返事をした。子どもたちは地域の学校に通っており、彼と妻は地元に知り合いが多く、地域社会に根を下ろしていた。理事会の承認が下りたため、もしオファーを受け入れれば、平日のほとんどを家から離れて過ごすことになる。彼は熟慮の末、仕事とそれに伴う移動を受け入れることにした。次の三つの境界線を引くことによって、移動の影響を最小限にとどめられると考えてのことだった。

一つ目として、毎週の会議の予定を調整して、（日曜の夜ではなく）月曜の朝に家を出て、金曜のラッシュアワーが始まる前の日中に帰路につけるようにした。
二つ目に、勤務地で簡単な生活環境を整えた。アパートを借りることも考えたが、煩わしいことは避けたかった。このおかげで時間を節約し、仕事に集中できるようになったと彼は言う。

毎週同じホテルの同じ部屋に滞在しています。ここはオフィスに近くてね。衣類や日用品を置いているんです。私が宿泊していないときに部屋を貸し出す場合は、ホテルが荷物を片づけて保管してくれるというとりきめにしました。おかげで仕事の前日に荷造りをして家を出る必要もないし、旅行カバンをもち運ぶ必要もないんですよ。

三つ目として、彼は家族とこまめに連絡をとるようにしている。「妻とは毎日二、三回、娘たちとは一日おきには電話していますよ。メールのやりとりはほぼ毎日。誕生日のお祝いと学校行事は外さないようにしています。平日は家にはいませんが、離れていても心は一つでいられるようにしています」。
スティーブはCEOには珍しいほどの柔軟性で負担を抑えている。次は別の方法で負担に対処した、スーザンの物語を紹介する。スーザンがどうやってキャリアと育児を両立させたかを見ていこう。

スーザンは、ある会社が買収した事業を運営する仕事をオファーされたばかりだった。最初の職務は、事業を親会社に統合することだった。前から事業運営を熱望していた彼女は、この機会に大喜びした。当時夫は会社を立ち上げようとしていて、事業が軌道に乗るかわからなかったため、新しいポジションに伴う収入もありがたかった。

だがタイミングが問題だった。彼女がオファーを得たのは、あと三カ月で一人目の子どもが生まれるという時期だった。スーザンは仕事を引き受けると決めたとき、子どもと良質な時間を過ごすために、指折りの育児サービスを利用することにした。五年後、二人の子どもを育てていたスーザンは、自分のやり方をこう説明してくれた。

一体どうするつもりなのと、何人の人に言われたかしら。毎晩帰宅したとき家事をせずにすむように、二人目のベビーシッターを頼みました。おかげで普通の母親のような育児の本格的な担い手ではなく、昔の伝統的な父親のような感じで、夜と週末に子どもたちと質の高い時間を過ごしています。本を読んであげたりね。毎日帰宅して皿を洗い、食事をさせ、また後片付けをしていたのでは、いまほどいい母親ではいられません。それでは幸せな気持ちになれっこないですから。

いまのやり方がうまくいっているのは、よいベビーシッターに恵まれているからです。何人も試して、やっといまの人たちに落ち着きました。一人を雇うのに三〇人と面接したこともありました。大事にされていると思ってもらえるように、働きやすい環境をととのえて、十分なお給料をお支払いしています。うちは贅沢な旅行にも行かないし、外出することもほとんどないけれど、二人のベビーシッターをサポートするための出費は惜しみません。

スーザンと夫は、仕事のオファーがきたときここまで考えていたわけではないが、必要なことは何でもやろうと覚悟を決めた。彼らはこの方法で仕事と家庭を両立させている。誰もがスーザンと同じことをする経済的余裕があるわけではないが、冷静に状況を判断し、どんな問題が生じるか、それにどう対処するかを前もって考えることは、誰にでもできる。

仕事による犠牲を当初想定していたより小さく抑える方法は、意外にあるものだ。気に入ったポジションが大きな負担を伴う場合、スティーブやスーザンならどうするだろうと想像し、似たような方法でデメリットを抑えられないか考えてみよう。仕事に伴う犠牲、あるいは負担についてきちんと考えるには、次のステップを実行するといい。

exercise

仕事に伴う負担について考えるエクササイズ

①本当に必要なことを見きわめる

勤務時間と仕事の難易度について調べ、なぜそれだけの仕事が必要とされているのかを考えよう。必須だと思っていた活動が、実はそうではないこともある。たとえばマッキンゼーのジュニアコンサルタントは、残業は避けられないと思っていることが多かった。もし私に聞いてくれれば、それは状況次第で、必ずしも必要ではないと教えてあげられたのだが。

移動や出張のうち、絶対に欠かせないものはどれかを調べてみよう。外へ出なければ仕事にならないと思い込んでいる人もいる。予定や任務、書類の整理方法を調整すれば、少なくとも週に一日はオフィスや家で仕事ができるかもしれないことに気づかないのだ。

転勤が本当に必要なのかどうか考えよう。勤務形態や移動方法を調整すれば、引っ越さなくても新しいポジションを引き受けられる場合がある。

②境界線を定める

最小限にとどめたい負担について、あなたの行動方針を定めよう。具体的な方針にすること。たとえばこんな感じのものだ。

・子どもの学校の重要行事には必ず参加する
・夕食時には帰宅する（が仕事で後れをとらないよう、食後に必要なことをする）
・妻／夫の誕生日には夕食をともにする
・出張時に遅くまで働いて、週末の予定を空ける
・休暇日程を早めに決め、予定をそれに合わせる

周りの人たちがどんな境界を設けているか調べてみよう。設定した境界でうまくやれそうかどうか考えること。

③許容できるかどうか判断する

多くを達成するには我慢も必要だが、どうしても受け入れられない負担もある。この負担を受け入れれば、代償を補ってあまりあるメリットが得られるだろうか？　負担が本当に必要なのか、理にかなった境界を設定できるかどうかを明確にすれば、判断しやすくなる。

負担の問題を考えるのに適したタイミングは二度ある。一度目は長期戦略または求職活動を実行し始めるときだ。負担は分野や職務によってちがう。負担について調べた結果、長期的な分野や職務のターゲットや、いま追求すべき機会に対する考えが変わることもある。

二度目のタイミングは、雇用者があなたに仕事をオファーし、ぜひとも受け入れてほしいと思っているときだ。あなたは仕事の量や負荷、移動、転勤など、オファーのすべての側面を評価検討することを期待されている。職務や組織文化にもよるが、場合によっては融通を利かせてもらえることもある。これを話し合うには、まず相手の立場に立つことが大切だ。あなたの望む境界を設定したとき、あなたにとっても相手にとっても支障なく仕事を進めるにはどうすればよいかを考えてみよう。こうした問題をオープンに話し合うことが、あなたにとっての最善策になるし、相手にとっても最善策であることが多い。一般に、求人面接で負担の話をもち出すのは賢明でないが、聞かれたら答えられるよう準備はしておこう。

四大トピックの最後は、あなたが検討中の業界や組織の展望だ。

4　業界展望・企業展望

勢いのある分野や業績好調な組織に属することには、大きなメリットがある。逆に、衰退中の分野や組織に関われば、リスクを抱えることになる。

たとえば、これまではロースクールを卒業すれば、法律関係の仕事に就けるというのが世間の常識だった。だが最近では新人弁護士の採用数が減っていて、卒業後に希望の職に就けない新人弁護士がいる。法律を学びたい人がロースクールに入学するのはよいが、弁護士になりたいかどうか確信がもてない人は、入学を決める前によく考えたほうがいい。逆の例は、有機食品のような成長著しい業界だ。一〇年前にこの業界に入った人は、自社が消費者の変化するニーズに応えながら成長するのを目のあたりにし、そうした経験から個人的にメリットを得ている。

状況は必ず変化する。弁護士の需要がなくなることはないし、有機食品もいつまでも同じペースで成長し続けることはない。だが一つの業界に心を決める前に、どのような動向にあるのかを知っておいて損はない。

私は戦略コンサルタント時代、同僚たちと数カ月がかりで業界や企業の信頼性の高い将来予測を立てたものだ。キャリア戦略にここまでの労力をかけられる人はほとんどいないが、どの程度掘り下げるにしても、業界や企業を自分なりに分析しておくと、ネットワークづくりのための会合や面接の準備にもなる。このセクションのねらいは、自分なりの調査を実施する方法を示すことだ。次のようにするといいだろう。

◉効率的な情報源

アメリカ労働統計局がオンラインで公開している二種類のガイドは、職種について調べるためのよい手がかりになる。『職業展望ハンドブック』(*Occupational Outlook Handbook*)とO*Net OnLineだ。どちらも簡潔だが充実していて、数百種類の職業に関する基本情報、たとえば仕事内容、賃金水準、雇用状況などが掲載されている。また雇用見通しの変化に注目すれば、その職種が時代の流れに沿っているのかいないのかがわかる。
ほかの効率的な情報源としては、前にも紹介したフォーム10K［有価証券報告書にあたる］に含まれる公式の財務諸表や、その会社や業界について書かれた本や記事がある。また前に説明したように、その会社の安価な消費者製品を購入して実際に使用してみたり、ユーザーに話を聞いたりして、製品を知っておこう。

◉調べるべきトピック

業界のしくみを知るには、次のような業界構造の要素をリストアップして調べるといい（私の元同級生のマイケル・ポーターが考案した強力な業界分析方法にちなんで、「ポーター・モデル」と呼ばれることが多い）。

- 市場
- 業界の競合企業
- 市場の流通業者や小売業者
- 供給産業
- 参入・撤退障壁

また業界に影響を与え得る外部要因には、次のようなものがある。

- 代替品
- 規制
- 新技術
- 消費者のスタイルや好みの変化、その他の文化的動向
- 経済全般

このリストがあればまちがいない。これらのトピックについて調べれば、業界の現況を正しく把握できる。現在の動向と、今後予測される変化の両方に注目すること。そうした変化にどのような意味があるのか、また検討中の職種の魅力度にどのように影響するかについて、自分なりの考えをまとめよう。

個々の企業については、業界全体の情報とそれぞれの企業に関する詳細情報を併せて判断する。以下が、個々の企業について検討すべきトピックのチェックリストだ。

- 過去、現在、将来の財務成績
- 顧客層別のシェア

・競合企業とのコスト構造の比較
・組織の強みと弱み
・改善すべき点
・重要な課題
・業界における企業の全般的な立ち位置

業界展望は、あなたの決定に必要な要素の一つではあるが、決め手にはならない。あなたがある分野にとても魅力を感じているなら、逆風が吹いていたとしてもそれを選ぶべきかもしれない（ハリケーンが予想される場合は要注意）。また前途有望な成長中の分野でもつまらないと感じるなら、そこでは成功できず、楽しめず、いつかやめることになるかもしれない。

◉経営幹部に求められること

経営幹部のポジションを求める人は特殊なケースだ。企業は幹部を採用する際には、問題や機会をよりオープンに話し合う。また候補者から有益な情報や知見を得ることを期待し、候補者がオファーを得る前にすでに事業運営に関する計画をもっているものと考える。

上級管理職のイアンがその好例だ。彼は金融サービス会社の再建と売却を指揮し、それから数カ月間の休暇をとってリフレッシュし、次の機会に取り組む準備ができた。

case 13

志望企業に対する事前詳細調査《デューデリジェンス》

イアンはプライベートエクイティ投資会社が優良案件を発掘するのと似た方法で、機会を模索した。彼はこの「研究開発プロジェクト」を、次のように説明している。

プロジェクトを表にして、自分にとっての重要度と将来性でランク付けしました。いってみれば実験ですね。このプロジェクトにはX時間取り組み、うまくいきそうになければ候補から外そう、などと計画を立てたんです。疑陰性よりも疑陽性が心配でした。疑陽性とは、見込みのないものに無駄な時間を費やすことです。私は几帳面なたちだから、このように日々の計画を立てました。自分に自信をもてたし、活が入りました。

イアンは自分の将来について考え、四つの基準に照らして可能性を評価した。「組織を再び指揮できること、問題を抱え大きな変化に直面している組織であること、自分の精通している業界であること、勤務地がいま住んでいる都市であること」。大きな変化に立ち向かうのは困難なことだが、自分にその能力があり、そうした機会が見つかる可能性が高いことを彼は確信していた。のちに彼はこう語っている。「好業績の企業に行ってもよかったんですが、私にそんな電話はかかってきませんよ。私が必要とされるのは、厄介な事態が起こったときなんです」。

イアンは有望な機会を見きわめ、それらについて調べ、自分の基準に照らして評価し、深く追求すべきものを選んだ。「時間を無駄にしないよう、基準に満たないものや勢いが感じられないものは深く追求しませんでした。そのうちにこれは、と思うものがいくつか見つかり、最終的に勝者が決定しました」。その勝者とは、イアンがこの前までCEOを務めていた会社に出資していたファンドで、最初の電話は二月にかかってきた。ファンドが出資している別の金融サービス会社が経営危機に陥り、新しい経営者が必要になったのだ。

ファンドと投資パートナーは、人材紹介会社に経営者探しを委託したばかりだった。イアンは人材紹介会社のプロセスにしたがって活動を進め、五月上旬に自分が最有力候補であることを知った。それから具体的なオファーを獲得するために、交渉で詳細を詰めた。雇用主とともに職務を的確に定め、オファーを受けるかどうかを判断するのに必要な情報を収集した。彼はこのときのことをこう説明している。

M&Aの事前詳細調査のリストを参考に作成した、一〇〇項目を超える質問状を送ったら、驚かれましたよ。どうせ引っ越しが必要になり、ベンチャーに私費を投じるのなら、会社の資本を投入するときと同じくらい真剣に取り組まなくては、と思ったんです。投資会社のパートナー（よく知らない人でした）には、こう伝えました。すべての質問に答えをもらうことは期待していませんが、質問に対する姿勢を見れば、なんらかのことがわかります。すぐに答えが返っ

てくるのは、とてもよいことか悪いことかのどちらかだ。答えられないのは、赤信号か、弱さのしるしだから、なんらかの対処が必要になる、と。

パートナーはこのリストに鼻白んでいました。少なくとも、口ではそう言っていました。あれは彼なりの交渉のテクニックだったんでしょう。ゲームの一環ですね。答えが返ってきたのは、質問の三、四割でした。それでも私がとても真剣なことがわかったはずです。何ごとも徹底してやる人物として、信頼してもらえたと思いますよ。


イアンは徹底した事前詳細調査を行うことで、交渉でやや有利な立場に立った。なぜなら彼は自分を売り手〔求職者〕としてだけでなく、買い手〔投資家〕としても売り込むことができたからだ。彼自身、こう言っている。「私はこの仕事に就かなくても困りませんから」。

イアンはこの会社が経営困難に陥っている理由を知った。事業は拡大していたが、価格と利益率が業界の最低レベルだったのだ。彼は価格を引き上げることによって「莫大な経済的利益」が得られるはずだと考えた。また価格設定においてITの利用がカギになること、この会社にITを導入するのは困難だということを見てとった。その後の一連の話し合いで、誤った価格設定の原因がプロセスと組織の欠陥にあることをイアンは知った。彼は全力で解決策を考えた。

イアンが事前詳細調査を通して得たものは、問題の根源の発見と、それを修正するための計画だった。彼はこう結論づけた。「企業文化は敵対的で、まとまりがありませんでした。社員が人間関係に関する質問に答える様子を見て、不信感が充満しているのがわかりました。仕事が思うように進まないことへの不満があったんです」。彼は上層部の一人の更迭と、いくつかの職務変更を含む計画を立てた。「何より重要なのは、上層部がチームとして行動することでした。そうすれば相乗効果が期待できますから」。このためには、全員が透明かつ秩序立った方法で、優先度の高い二、三の問題に集中して取り組み、短期的に成果をあげることが肝心だ。「いったん弾みがつけば、多くのことができるでしょう」。

イアンは二年後に当時のことをふり返り、事前詳細調査をやってよかったと言った。「あれは一石二鳥でした。会社を評価し、診断できたんですから。おかげで決定を下し、最初の九〇日を乗り切ることができました」。会社のオーナーは、イアンが議論を主導する様子を見て、彼こそが適任だと確信した。彼はこうして学習したことをもとに、再建を指揮できるという自信を得、オファーを受け入れた。そして当初の計画のほとんどの要素を実行に移し、成果をあげた。いまでは組織はうまく機能していて、価格設定とITは大幅に変更され、収益は改善している。再建モードを脱し、長期的な事業開発に集中している。イアンの積極的な学習が実を結びつつあるのだ。

このポジションは、イアンの当初の基準を一つを除きすべて満たしていた——唯一の例外が、勤務地だった。イアンは求職活動を始めてまもなく、ターゲット分野の企業が地元に数社しかないことを知った。彼は一年以上遠距離通勤を続け、その後——明るい未来が明らかになってから——引っ越しをした。大変な負担だったが、彼はこれを受け入れた。この種の基準を用いる秘訣は、「できるだけ明確な基準を設けるが、こだわりすぎないこと」だと彼は言う。

たいていの人が最も時間をかけるのがこの「調査」の部分だ。だがキャリアの大きな転換を検討しているときは、このような調査は用をなさないことが多い。そんなとき必要になるのは、実験だ。

本社を離れて同じ分野の新しいベンチャーに移るのも、大きな変化だ。だが会社をやめて店を開くとなれば、とてつもなく大きな変化だ。過去のほとんどを捨て去り、ゼロから再出発することになるのだから。まったく新しい方向性を検討しているときは、いったん試してから心を決めることができれば、より的確な情報に基づく判断ができる。ＩＮＳＥＡＤ（欧州経営大学院）のハーミニア・イバーラ教授が書いているように、大きな変化を起こす際には、別の人格を身につけなくてはならない場合があるため、まずは変化を試す必要がある。

最初にニーナの物語を紹介しよう。彼女のケースは、本格的な実験がいかに重要かを教えてくれる。ただし、彼女は当時自分が実験をしているとは思いもしなかった。

case 14

分野を大きく変えるときの実験的思考

ニーナは保守的な環境で育った。家族は彼女が大学を卒業したら実家に戻り、結婚して子どもを育てるものとばかり思っていた。だが彼女自身は、そんな人生はまっぴらだった。「実家になんか絶対戻りたくなかった。私はお買い物に行ったり、育児をしたりするために育てられたんです。でも私が望んだのは、自分のことは自分で決め、母の言いなりになるプレッシャーから逃れることでした。それには仕事を得ることが必須だと、自分で決めていました」。

ニーナは広告関係の仕事を見つけた。大学で楽しんだ美術の授業に発想を得て思いついた仕事だった。彼女はこのポジションを気に入り、マーケティング部員として社会人を始めた。彼女は実績をあげて昇進を重ね、高給を得るようになった。自分の成功を誇らしく思っていた。

彼女の生活はキャリアを中心に回っていたが、時折芸術熱が再燃した。週末に絵画講座に通い、ひまがあれば絵を描き、芸術の世界に漠然とした憧れをもち続けた。通りを歩くときは芸術家の目で世界を見ていた。車の窓に光があたるのを見て、これを絵画でとらえられるだろうかと考えたり、町で見かけたどっしりした大木を写実的に描く方法を思案した。出張先でもひまを見つけては美術館を訪れた。

あるときニーナは休暇を利用して一週間の絵画講座に通った。最終日に感じたことを、彼女はこう語っている。「燃え上がってしまったんです。まるで恋に落ちたようでした。何年かぶりで目が覚めたような気がしました。ちょうど五〇歳になったばかりで、いまこれをやらなければ一生できないと思いました」。

帰りの飛行機で、彼女はキャリアチェンジを決意した。突然のことだった。本格的な評価など必要なかった。彼女は悟ったのだ。これが起こったのは、彼女がちょうど仕事に疑問をもち始めたときだった。

それまでの私は成功にとらわれすぎていて、自分が仕事を楽しんでいないという事実から目を背けていました。最後には燃え尽きて、昇進すら望まなくなりました。駆け引きや化かし合いに疲れたんです。歳をとるにつれて自分のことがわかるようになり、自分が会社に合っていないことに耐えられなくなったのかもしれません。

ニーナはキャリア人からジョブ人になっていた。最善を尽くせないとなると、努力する気も失せた。

彼女は高収入の生活を捨ててアトリエを選ぶ前に、経済的に問題がないか確かめた。夫と一緒に資産と収入を見直し、彼女の収入がゼロになった場合の生活を考えた。彼の収入と二人の貯金、もち家の価値を考え、子どもたちを大学までやる費用を見積もった。その結果、家を売って同じ町のそれほどお金のかからない地域に引っ越せば何とかなると判断した。子どもたちはほとんど家にいないから、子ども部屋は必要ないし、学区内に住む必要もない。休暇の費用を切り詰め、支出を減らす必要はあったが、夫はキャリアチェンジに賛成してくれた。彼女がそれを望むなら、彼に異論はなかった。ニーナは波風立てないようもう一年働いてから会社をやめることにしたが、それは問題なかった。芸術のキャリアの段取りをととのえるには、もう少し時間がかかりそうだった。

あとからふり返ってみれば、ニーナが趣味で芸術を楽しんでいたのは、二五年間のキャリア実験だったといえる。週末に絵を描き、授業に通い、美術セミナーに参加してスキルを磨いた。一人でアトリエにこもり、芸術家の生活を疑似体験した。これらはのちに彼女の天職になった仕事を、コストをかけずに試す方法だった。彼女は実験を通して、本物の芸術家になれるという自信を得た。ただし当時は自分の芸術作品が売れるとは考えていなかった。いま彼女は美術学修士号をもち、一流の画廊で作品を売り、ものを創造することに大きな悦びを感じている。いまのキャリアに夢中なのだ。自分が進むべき道を歩んでいることを、ニーナは確信している。

ニーナに話を聞いてよかったことの一つは、彼女がアトリエで制作していた大型作品を見られたことだ。それは高さ三メートルほどの絵画で、抗しがたい魅力があり、見とれて彼女の話が頭に入らないほどだった。彼女は芸術活動に無上の悦びを感じていた。

exercise

実りある実験を行うためのエクササイズ

①実験を計画する

夏季インターンの仕事は、ほかの教育プログラム（医学生の臨床研修など）と同様、実験の一種だ。興味のある分野の講座を取ってみたり、趣味に本格的に取り組むこともそうだ。すでに仕事に就いている人なら、組織内で新しい役目を買って出ることも実験になる。別の会社のポジションに就く前に、自分が実際に担うことになる仕事そのものを試せる場合もある。小規模な非営利団体で、検討中の分野や職務と関係のあるボランティアの仕事をするという手もある。

実験ではフルタイムのポジションで要求されるほどの真剣さは求められないかもしれないが、いい加減な気持ちでやってはいけない。学習から最大の成果を得るには、真剣に取り組むことが肝心だ。実験がそのまま仕事のオファーにつながることもあるし、実験を成功させればネットワークづくりに役立ち、実績にもプラスになる。たとえ実験の結果、異なるキャリアパスを歩むことになっても、身についたスキルは無駄にならない。

②自分の「カリキュラム」を組む

研究者がやるように、実験を始める前に学習のねらいをはっきりさせよう。学習の目的が明確であればあるほど、多くのことを学べる。

あなたのカリキュラムにはどんなことを含めるか？　第1章と第2章を参考に考えるといい。あなたの抱負と強みが、検討中の職種やポジションに合っているかどうかを調べるのだ。

- 日々の業務にはどんなものがあるか？
- この仕事を通じてどんなことを達成できそうか？　自分はそれに満足できるだろうか？
- 仕事そのものをどの程度楽しめるか？　その仕事で卓越した能力を得た自分を想像すると心が浮き立つか？
- 自分にとって最も重要なスキルを活用できる仕事か？
- その組織のことを考えると心が躍り、献身しようと思う自分の姿を想像できるか？
- 組織文化、職務、負担、展望はどうか？
- 将来的に指導的役割を担えるか？　それに至るキャリアパスにはどんなものがあるか？

③結論を出す

このカリキュラムを折にふれて読み返し、自分が実験から何を学んでいるか、ほかにどんなことを学習する必要があるかを判断しよう。

結論を出すことが重要だ。なぜなら、実験は安易な逃げ道になりがちだからだ。実験は厳しい決断を先延ばしにしながら活動する方便になる。オファーを手に入れるのを後回しにして実験に明け暮れ、その結果オファーが別の人にいってしまえば、それは単なる後回しではなく、オファーを獲得しないという決定を下したのと同然だ。いわゆる「分析麻痺」（考えすぎて決断できなくなる状態）を避けよう。現状に安住しないこと。実験をだらだら長引かせないように、期限を設け、そのときが来たら学習の成果を書き出し、決定を下そう。

こうして魅力的な分野を選定し、それについて理解を深めたところで、ターゲット分野を決定する準備ができた。それを行う方法を第5章で説明する。

第5章 パーソナル・バリュー・プロポジション

私はキャリア戦略の講義の準備をしていたときや、のちに本書の執筆を始めたときに、機会を見ては事業戦略の考え方をキャリアにあてはめてみた。ほとんどのコンセプトがうまくあてはまったが、これ以上ないほどぴったり適合したのが、ビジネスにおける価値提案《バリュープロポジション》のコンセプトだ。この考え方は、キャリアを強力にするのに大いに役立つのだ。

ビジネスにおける価値提案

ビジネスでいう価値提案とは、「どの市場セグメントをターゲットにするのか」「自社製品はどのようなメリットを提供するのか」「自社製品はターゲットセグメントのニーズをどのように満たすのか」「どのような価格を設定するのか」といったことの説明をいう。

短期的には、価値提案は「なぜターゲット市場の顧客がその製品を購入すべきか」を説明するものになる。製品がある市場セグメントに妥当な価格で十分なメリットを提供できることを価値提案によって示すことができれば、そのセグメントでの競争で優位に立てる。セグメントの規模が十分大きければ、そうした価値提案を通じて事業を拡大できるだろう。製品開発から流通、価格設定、宣伝までのすべてが、価値提案から始まる。

価値提案は長期の指針でもある。製品開発は将来の有効な価値提案を生み出すことをめざして行われるし、新しい地域への進出にあたっては、成功するためにどのような価値提案が必要になるかがあらかじめ検討される。

これをわかりやすく説明するために、クルーズ船の三種類の価値提案を例にとって、それぞれのちがいを考えてみよう。

・小さい子どものいる家族向けに、平均的な料金の一〇％増の料金で最高のクルーズ体験を提供する。この市場セグメント向けに設計された船は、親子で泊まれる広い客室や、乳幼児が楽しく遊べる託児スペース、子ども向けの浅いプール、ティーンエイジャーが安全に楽しめるクライミングウォールなどの設備を備える。
・ブロードウェー式のエンターテインメントや音楽、コメディの愛好家向けに、平均の一〇％増の料金で最高の体験を提供する。二つの大型シアターと歌手や芸人のための舞台を完備する。
・基本的で良質の経済的なクルーズ体験を、平均より二〇％安い料金で提供する。小さめの客室をより多く備えることで、スケールメリットを実現する。

あるクルーズ会社の経営陣が戦略を考えていて、いまあげた市場セグメントのうちのどれか

（またはほかの特徴的なセグメント）を発見したとする。このセグメントのニーズに応えるクルーズ会社がほかになく、ターゲット顧客がクルーズ体験に相応の対価を支払う用意がある場合、クルーズ会社はこうした船を建造して、ターゲットセグメントの消費者にクルーズを売り込めば、競争優位を確立できるだろう。船の設計、価格設定、宣伝、船上プログラムなどのすべてが、その価値提案を採用するという決定から始まる。市場セグメントが十分大きければ、この会社は似たような船を数隻つくって大もうけできるかもしれない。

価値提案は薄っぺらな宣伝文ではない。中身を伴わなければ――つまり約束したメリットを効率的に提供できるような方法で事業が運営されなければ――何の意味もない。したがって企業は適切な能力――価値提案を実現するためのスキルと資産――を備えていなければならない。そうした能力が欠けていると、戦略は必ず失敗する。

これと関連する考え方に、組織の従業員の価値提案がある。マッキンゼーの元同僚たちが、きわめて能力の高い人材の採用と育成をめぐる競争、すなわち「ウォー・フォー・タレント」について研究した。この研究の根底にあるのは、企業が人材を採用・維持するうえで、価値提案のコンセプトが役に立つという考えだ。この研究では採用を戦略上の重要課題と見なし、有能な人材を市場に見立てた。そして従業員の価値提案を、「雇用主が現在と将来の従業員に提供するメリットと、雇用主が従業員に期待するメリットを説明するもの」と定義した。

たとえばある多角経営のハイテク企業が、製品開発チームの人員となる、能力のあるエンジニアを募集しているとしよう。この会社が求める従業員の価値提案はどんなものだろう？　一例をあげよう。この会社は「将来事業運営に携わることを希望するエンジニア」を従業員のターゲットセグメントにし、こうしたキャリアシフトを可能にするか、促すような職務やコーチング、その他の学習機会を提供するだろう。オフィスは人気のある都市に置き、他社に負けない報酬や手当を支給する。その見返りとして会社が製品開発チームのメンバーに期待するのは、仕事に最優先で取り組み、短期間で結果を出し、多くの出張をこなすことだ。成績次第では急速な昇進も可能だが、リスクもある。数年以内に管理職に昇格できなければ、退職させられる。このキャリアパスに魅力を感じる人もいれば、感じない人もいるだろう。この価値提案は製品の価値提案と同様、ターゲットを定め、具体的なメリットを提示し、コスト（この場合は負担）を明確に打ち出している。

キャリアにおける価値提案

価値提案はビジネスでは非常に有効な考え方だ。ここでは価値提案の考え方がキャリアにもあてはまることを確かめよう。まずキャリアにあてはめるとどのようになるかを説明し、それから私の知る最もよい例を紹介しよう。

◉ 強力なパーソナル・バリュー・プロポジションとは

パーソナル・バリュー・プロポジションは、従業員の価値提案と非常によく似た考え方で、キャリア戦略の中核を占める。

PVPは長期のキャリア戦略の中心にある。それはあなたのなりたい姿であり、目的地なのだ。あなたはキャリアパスの計画から教育、ネットワークづくり、評判づくりに至るまで、PVPを築くためのさまざまな取り組みを実行する。

PVPは短期戦略の要でもあるが、その場合のPVPはあなたの将来の目的地ではなく、いまもっているスキルを反映したものになる。それはなぜ雇用主がほかの候補者ではなくあなたを昇進させるべきなのか、なぜ新しい雇用主がほかの人でなくあなたをいま採用すべきなのかを説明するものだ。それは求職に関わるすべての活動の原動力になる。

またPVPは抱負が現実的かどうかを確かめる基準にもなる。もしあなたが将来めざしている分野やいま就きたい仕事のための有効なPVPを思い描けないのなら、あなたはその仕事に合っていないのかもしれない。PVPについて考えることで、労力が無駄になるような分野やポジションを追求せずにすむし、キャリアの妨げになるような、合わない仕事に就くリスクを減らすこともできる。

ではは強力なPVPとはどんなものだろう？　たとえば同じ大学でMBAを取得して、同じ多国籍通信会社の別々の部署で働く、三〇代半ばの三人のPVPを考えてみよう。

・私は業務に精通し、ネットワーク営業部の生産性を最大限に高めることができます。証拠：電気工学の学位、通信業務の経験、ＭＢＡで業務運営を専攻、現在の無線ネットワークの仕事。

・顧客のニーズを把握し、通信機器販売チームのやる気を引き出し、成果につなげることができます。証拠：電気工学の学位、大学バスケットボール部で主将を務める、陸軍の歩兵将校を経験、ＭＢＡでは販売とマーケティングを専攻、現在の通信機器マーケティングの仕事。

・問題解決能力が高く、新しい事業機会を発見し、実現させることができます。証拠：電気工学と数理経済学を同時専攻、通信業界で投資アナリストを経験、ＭＢＡでは四科目で最優等、現在の通信会社のＭ＆Ａの仕事。

これらのＰＶＰはどれも有望な長期戦略の核になり、業界内での求職活動やいまの会社でのキャリアアップに役立つだろう。どのＰＶＰも具体的なタイプの仕事をターゲットにし、自分の際立った強みを説明し、その証拠を示している。

仮に、同じ大学からＭＢＡを得て同じ会社に勤める同じ年齢の別の人が、この三人をミックスしたような特徴をアピールし、三人がめざしている仕事を含む多くの仕事をターゲットにしたとしよう。彼は選択の幅は広いが、その分代償を払っている。時間と労力を複数の可能性に分散することになり、この三人に比べて内容がぼやけてしまう。とびきり優れた候補者でない限り、的を絞ったPVPをもとに行動する人たちには勝てないだろう。戦略とは、何を選び、何を選ばないかを決定することでもある。四人目の人物は適切に対象を選ばなかったせいで、不利になるだろう。

本章で主にとりあげるのは、長期のPVPだ。短期戦略と求職活動を扱う第8章で、再びPVPの役割について説明しよう。

序章と第4章に登場したスティーブは、移動を積極的に管理していた。スティーブからはそのほかにも重要なことを学べる。彼のPVPと、それがつねに重要な新しい機会をもたらしている様子を見ていこう。

case 15

たった三人のネットワークで仕事がどんどん舞い込む

一年にCOOやCEOの声が三、四度もかかるという人が、いったい何人いるというのだろう？　そんな人物が、五四歳のスティーブだ。私は彼との会話のメモをまとめながら、信じられない気持ちだった。

まずはスティーブについて説明しよう。彼は企業の業務責任者だ。一般にこうした職務に就いている人は、部下をやる気にさせるスキルや問題解決の経験を活用する、実務的な人が多い。だがスティーブはちがう。彼は独創的なアイデアによって障害を取り除く達人なのだ。業務プロセスの問題をいち早く見抜き、その問題に対処するためのアイデアをすばやく考案し、確実に成果をあげる。彼の指揮する部門は、深刻なオペレーション上の欠陥を抱えた状態を脱し、オペレーションで競争優位を誇るようになるのだ。

スティーブは同じような実績をもつ経営幹部と比べて、魅力的なポジションを紹介されることがずっと多い。スティーブにこういう話がくるのは、彼が頭のなかにもっているPVPと、それをもとに築いた仕事上のネットワークのおかげだ。スティーブのネットワークの驚くべき点は、その規模にある。何しろ総勢三人なのだから。そんな話が本当にあるのだろうか? たった三人のネットワークが、COOやCEOのポジションを年に三、四件も紹介してくれるだなんて?

スティーブは自分のPVPをこう説明する。

自分が本当に得意なことを知るのは難しい。よくある分類に沿って考えていたのでは、らちが明きませんよ。私が求めるのは、自分が無理なくなじめる仕事や楽しめる仕事です。それは消費者向け製品でも、科学技術関連でも、金融機関でもなく、長期の財務目標以外の何かを追求する企業でもありません。私が求めるのは業績改善の余地が大きい、オペレーション主導型

の会社です。私は破綻寸前の会社に行って仕事をするんです。再建というのでも、焼き畑式の方法でもない、平和的な資産管理とはほど遠いやり方でね。

スティーブのターゲットは、年商一億五〇〇〇万ドルから一〇億ドル規模の企業だ。すべてを一から築かなくてはならないスタートアップや、規模が大きすぎて部下の顔すら覚えられない巨大企業に用はない。

彼が好むのは非公開企業だ。彼は上場企業のCEOだけが担う特別な業務の経験がなく、この年齢で実務を通してそれを学ぶのは意味がないと割り切っている。

またスティーブは自分に合った環境が大切だと力説する。「低俗な場所や、たばこ、酒、カジノ業界は願い下げです。倫理的に問題があるところにいても仕方がない」。こうした業界に倫理的問題があるかどうかが重要なのではない。単に彼には合わないというだけのことだ。

私はスティーブから聞いたことをもとに、表1を作成した。これはスティーブのPVPのさまざまな側面をまとめたものだ。

スティーブのPVPにはほとんどのポジションが含まれないが、彼は気にしていない。何しろこのPVPに合うCEOやCOOのポジションを、年に何度も紹介されるのだから。

スティーブは私と話すまでPVPのコンセプトを聞いたこともなかった。それでも話を聞く

表1　スティーブのPVP

ターゲット	企業のニーズ／スティーブの強み	スティーブが期待するもの
・オペレーション主導型企業 ・オペレーション改善の余地が大きい ・非公開企業 ・マーケティングや財務の刷新を必要とする企業は除外 ・「いやな雰囲気」の企業は除外 ・再建案件は除外 ・スタートアップは除外	・複雑なオペレーションの効率を高める方法を見抜く力 ・オペレーション改善に向けてチームを指導する能力 ・多様な企業での経験から得た幅広い視点 ・基幹業務（財務、法務等）を指揮した経験 ・非公開企業のオーナーへの報告／伝達に慣れている	・会社の利益のために行動する自由 ・利益と理念を重視する目標 ・適正な報酬、目標達成時には成果報酬

と彼がそれを実践しているのは明らかだった。この戦略はもともと、仕事を紹介されたときに相手に失礼にならないやり方で断る方法として考えたものだったという。

彼は自分がほとんどの会社のCEOのポジションの候補にならないことを知っている。大半の仕事は彼のPVPに合わないからだ。だがPVPの的を絞っているからこそ、自分の強みを発揮でき、かつ楽しめるポジションに就けるはずだと確信している。

スティーブのネットワークの三人は、手あたり次第ポジションを紹介するわけではない。彼のPVPに合うポジションだけを厳選して電話をかけてくる。それは当然だろう。彼のPVPは、ほかの同じくらい有能な経営幹部の自己評価とかけ離れているのだから。電話をかけてくる三人は、スティーブがそうしたポジションの有力な候補者になると確信している。もしもスティーブがこのようなＰＶＰをもっていないか、貧弱なＰＶＰしかもっていないなら、仕事を紹介されることもないだろう。

それではスティーブのすばらしいＰＶＰを参考にして、今度はあなたのＰＶＰをつくる方法を説明しよう。

exercise

野心的なＰＶＰをつくるためのエクササイズ

ＰＶＰは四つの要素から成る。ターゲット、成功要件、強み、期待だ。この順に考えていき、あとのほうのステップで考えたことを前の要素に加味する必要が生じたら、そのつど前に戻ろう。

①ターゲット

ＰＶＰはターゲットから始まる。あなたが気に入っていて、あなたの強みが必要とされるような分野や職務だ。具体的に考えよう。たとえばＩＴ全般ではなく、ＩＴソリューションの開発や、サプライチェーン管理のためのＩＴソリューションなど。いまの会社でのキャリアアップをめざしてもいいし、業界全体に目を向けるのもいい。

第Ⅰ部の第1章から4章までで学んだことを考え合わせよう。調べたことをもとに、自分が検討中の分野に本当に関心があるのか、あらためて考えよう。そうした分野はあなたが最も重視する理念——奉仕、職人技、組織づくりなど——にかなうだろうか。

そうして選んだ分野を、あなたのいまの強みに照らして確かめよう。あなたはこの分野で、将来の成功につながる成果を積み重ねるために必要なことを行えるだろうか。

ターゲットをうまく選ぶには、重要な変化の兆しを見きわめることも大切だ。あなたが検討中の分野の動向を調べてみよう。将来どんな可能性が拓けそうか、いまある可能性が閉ざされることはないか。条件が同じなら、第4章で説明したように、成長中の業界を選んで損はない。

ターゲットが一つなら、ことは簡単だ。そのターゲットを念頭に将来を計画し、それを果敢に追求すればいい。

だが野心的なターゲットを一つに絞り込めない場合は、それぞれのターゲットごとに別々の計画が、つまり別々のＰＶＰが必要になる。その場合、まず二、三のターゲット分野で最初のほうのそれほど労力のかからないステップをやってみれば、感触がつかめるだろう。選択肢を残しておきたい気持ちはわかるが、柔軟性には代償が伴う。複数のターゲットを追求し、それぞれでちがう活動が必要となれば、かなりの時間と労力をとられ、それでいて満足のいく成果が得られるとは限らない。もしあなたがこの状態にあるなら、まだまだ模索が必要だ。いまは複数のターゲットをもつことが正しい選択なのかもしれないが、そのうち絞り込んだほうがよくなる。

②成功するために必要なこと

長期の計画を立てる際には、ターゲットで成功するためには将来どんなことを達成する必要があるかを思い描こう。ここで「思い描く」という言葉を使ったが、これがこのステップでよい成果を得るための秘訣なのだ。将来の仕事で何が要求されるかを正確に知ることはできない。その分野や職務をよく知る人たちに聞いてみよう。いろいろな意見を聞き、それが何を意味するのかをじっくり考えること。また自分が採用側の立場なら、何を求めるかを考えてみよう。

③強みをどのように活用すれば成功できるか

次が難しい部分だ。将来成功するために必要な条件を、自分にあてはめて考える。ここまできたら、あなたには自分の立ち位置がよくわかっているはずだ。そこで将来あなたがターゲットのポジションで成功するには、どのような強みを活用する必要があるかを考えてみよう。このように長期的な視点に立って考えることで、成功するための要件が、いまもっている特定の知識や、容易に身につけられる知識というより、生まれつきの才能と関係していることがわかるかもしれない。

完全無欠な人などいない。誰にでも得意な分野とそうでない分野がある。いまもっている強みをさらに伸ばせるか、足りない部分を埋められるかどうかを考えよう。

④あなたが見返りとして期待すること

あなたがポジションの条件に期待することを書き出せば、ＰＶＰは完成する。たとえば職場環境や報酬、負担などについて、どんなことを期待するか。これらの側面は、ビジネスの価値提案で価格の果たす役割に相当する。期待を明確にすれば、それが満たされる可能性の高い分野や職務をターゲットにすることができる。

右の四つのステップは合理的な順序で並んでいる――ターゲット、ターゲットで成功するための要件、要件を満たす方法、そしてあなたが期待することだ。この道筋をたどれば多くの発見があるだろう。だが現実には、四つの側面は交ざり合っている。たとえばあなたが将来もっていたい強みをもとにターゲットを決める場合もあるだろうし、ターゲットを期待に照らして考えたら魅力的でなくなったということもあるだろう。この順に考えることは大切だが、臨機応変にステップ間を行き来しよう。

第2章で紹介した、CEOになる準備ができたと思っていた顧問弁護士のジェリーを思い出してほしい。当時彼はPVPのコンセプトを知らなかったが、最後には直感的に理解した。なぜ法務顧問のオファーを獲得できたのかと私が尋ねると、彼はそのポジションのための非常に効果的なPVPを説明してくれた。

彼らは法務顧問を雇ったことがありませんでした。私が採用されたのは、二〇年にわたって社内の複雑な仕事を担った経験があり、ほとんどの重要な部門を助けることができたからです。彼らは社外弁護士にかかる費用を減らしたいと考えていました。彼らが求めていたのは、経営者や経営幹部の能力を備えながら、必要に応じて歩兵の役割を担うことも厭わない人材です。それに、私はCEOと馬が合いましたから。

つまりジェリーがほかの法律事務所の弁護士たちをさしおいてオファーを獲得できたのは、幅広い法務知識をもち、事業運営に精通し、部下を使うだけでなく自ら率先して働く人物であり、CEOと相性がよかったからなのだ。

第1章に登場した教育者のネイサンも、PVP式の考え方をしていた。なぜ経験豊富な教育者たちをさしおいてポジションをオファーされたのかと尋ねると、彼はこう答えた。

求められていたのは、成績不振校の特別学級を立て直せる人物でした。まさに僕が過去三年間にわたって取り組み、成果をあげていたことです。僕は学校でやってきたことを一つひとつ説明し、どんな学校にも通用する基本的な手法を提案することができました。仕事で成果をあげ、多様な教師の集団をまとめていたこと、面接でアイデアを提案できたことで、魅力的な候補者と思ってもらえたんでしょう。

まずは自分の理念と強みを見きわめ、それをもとにターゲットを定め、それからターゲット雇用主のニーズを満たすような強みをもっているかどうかを考えよう。これらすべての要素を正しく組み合わせれば、野心的なＰＶＰが完成する。
最後にＰＶＰを次の点から検証しよう。

・このＰＶＰはあなたのスキルと知識をターゲットと密接に結びつけているか？
・このＰＶＰはあなたのやりたいことをターゲットにしているか？
・誰かにあなたのＰＶＰを説明してもらおう。またあなたの作成したＰＶＰについて意見を求めよう。
・分野をさらに絞り込めばより強力なＰＶＰになるだろうか？
・このＰＶＰによって天職を得られる見込みが高まるだろうか？

以上の質問をじっくり考えたうえで、自分の定めた道筋がなお正しく思えるなら、自信をもって積極的に実行に移そう。そうでないなら、これまでの手順をさかのぼって食いちがいの原因を探り、もう一度考えてみよう。

最後まで丁寧に仕上げること。ＰＶＰを文章に表し、どのような考えを経てそれに行き着いたのかを書きとめておこう。明確に書くこと。今後キャリアを進むうちに、この記録を何度も読み返すことになるからだ。

野心的なＰＶＰが完成したら、第５章の作業は終わりだ。これは第Ⅰ部の終わりでもある。ＰＶＰはあなたが進もうと決めたキャリアの長期的な方向性になる。まだ心が決まっていなくても、ＰＶＰを通して有望な可能性を見きわめ、成功するためには何が必要かを割り出すことができる。この野心的なＰＶＰは第Ⅱ部で説明する長期行動計画の目標地点になる。

第Ⅱ部

長期戦略を立てる

明日の私。未来のいつかの私。それがつくられるのは、今日である。今日の私がつくられたのは、昨日か過去のいつかである。

ジェイムズ・ジョイス

大きな計画を修正するのはいつでもできるが、小さな計画を広げることはできない。私は小さな計画など認めない。必要なのは、いま予見し得ない状況に対処できるほど大きな計画だ。

ハリー・S・トルーマン

事業戦略は、大規模な投資に関する短期的決定から生まれることもある。たとえば新しい工場の建設や新製品の市場投入、企業買収に関する決定や、こうしたことを行わない決定など。このような短期的決定の結果、それまでの路線での歩みが早まることもあれば、新しい路線を進むことになったり、誤った道を行って問題にぶつかることもあるだろう。**大きな短期的決定は、大きな長期的影響を伴う**ことが多いのだ。

短期的決定をもとに長期戦略を策定することにはリスクがある。私たちは短期的決定を迫られると、目前の問題を十分理解しないうちに決定を下してしまうことがある。また機会を意図的に生み出そうとせず、なりゆき上生まれた機会だけを検討する場合もあるだろう。これは必

図3　第Ⅱ部：長期キャリア戦略を策定する

6　長期のメニューづくり
・自分という「製品」をつくる
－キャリアパス
－教育
・「マーケティング力」を身につける
－評判づくり
－仕事上のネットワークづくり

↓

7　長期戦略
・取り組みのポートフォリオ
・戦略ロードマップ

ずしも悪いことではないが、これでは全力を尽くして戦略を立てたとはいえない。

将来をしっかり見据える経営幹部は、組織を適切に指揮できる。事態が差し迫る前に脅威を察知し、将来に備えて態勢を整える機会を設け、機先を制するのだ。

キャリア戦略は必要になってから立てることが多い。たとえば予想もしなかった新しい機会が生じたとき、挫折したとき、個人的な事情に変化があったときなど。だが事業戦略と同様、**キャリア戦略を立てるのに最も適した時期は、戦略が必要になったときではなく、機会や問題が現れる前**なのだ。

いま決断を下さなくてはならないという時間的プレッシャーがなければ、今後一〇年間で何を達成したいか、一〇年後にどうなっていたいかを、野心的に考えることができる。また不確実性を考慮に入れることもできる。第Ⅰ部のテーマは、あなたが職業人生で実現したい抱負とPVPを明確にすることだった。野心的なPVPはあなたの長期戦略の基盤になるものだが、戦略とは異なる。**戦略とは、目標の実現に向けてPVPを構築するための行動計画のこと**だ。

第Ⅱ部では図3のステップに従って、いま作成したばかりの野心的なPVPを長期戦略に落とし込む方法を説明しよう。

第6章では長期戦略の要素である、キャリアパスの計画、教育、評判づくり、ネットワークづくりの取り組みをとりあげる。

第7章では長期戦略計画を完成させる。適切な取り組みのポートフォリオを構築して、ダイナミックな実行計画、すなわち戦略のロードマップをつくる方法を説明しよう。

さて長期のPVPができあがったところで、今度はそれをどうするかを決めなくてはならない。新製品の価値提案を決定したばかりの製品開発チームと同じだ。すばらしい計画ができたら、次は行動計画を立てる番だ。新製品を生み出すために必要な、研究所や工場、市場でのさまざまな活動を構想する。総力をあげて取り組むべきときはいまだろうか？　もしそうなら、リーダーは大規模でコストのかかるさまざまな行動を実行に移すだろう。他方、最初にいくつかの小さなステップを試験的に実行することもある。たとえばリードタイム〔製品の企画から生産開始までの時間〕の長い開発プロジェクトを開始して、その他のプロジェクトを先延ばしにする、試作品を顧客に使ってもらう、隔離された市場で本格的な市場調査を行うなど。こうしたテストが成功すればすばやく行動に移り、そうでなければまた一からのスタートになるだろう。

これと同じで、野心的なPVPを行動計画に落とし込むには、いままでにない想像力が必要になる。このPVPはどうすれば実現できるだろう？　キャリア関連の取り組みには、かなりの時間と資源を要するものも、そうでないものもある。**一番よいやり方は、とり得る行動をすべて列挙した「メニュー」をつくること**だ。メニュー一覧があれば、考え得るすべてを検討したという確信をもって、やるべきことを決定できる。

キャリアに関する取り組みは、大小にかかわらず、次の四種類に分類できる。 最初の二種類が、**キャリアパスの計画と教育**だ。キャリアを前進させるために必要な実績を積み上げ、スキルを伸ばすことによって、なりたい自分という「製品」を開発する。

もう二種類は、**評判づくりと仕事上のネットワークづくり**だ。これらは必要なときに機会を見つけるための、地ならしのための取り組みだ。そのうえとびきりよい機会を紹介される見込みを高めることもできる。これらは宣伝や専門家向けの先行発売に似ていて、自分という製品を売り込むための重要な資産になる。

本章ではこの四つの取り組みを一つずつ説明し、それらを組み込んで長期の行動計画を立てる方法を示していこう。最初はキャリアパス計画だ。

1 キャリアパス計画

理想的なキャリアパスとは、長期のターゲットに到達するために必要なスキルを伸ばしながら実績を積み重ねていけるようなポジションを、次々とたどっていくものだ。

定められた任務を順にたどることが必須な職種もある。たとえば士官を経ずに将官になる人はいない。またマッキンゼーのシニアパートナーはほぼ例外なく、アソシエイトに始まり、エンゲージメント・マネジャー、アソシエイト・プリンシパル、プリンシパル、ディレクターまでの階段を、一二年から一四年かけて昇ってきた人たちだ。このような要件を設けることには、もっともな理由がある。所定の経験を通して、高い地位で成果をあげるために必要なスキルを身につけることができるし、また組織側も、昇格に必要な能力の有無を判断できるというメリットがある。

人事プロセスを通して継続的なキャリア開発を進めている組織もある。優秀と認定された人材が、多様な部門や業務、国で経験を積んで、能力をさらに高めていく。人材開発に長け、「キャリアアカデミー」の異名をとる組織もあるほどだ。スキル開発を求めて多様な組織をわたり歩く人たちもいる。

いまの会社での昇進を重視するのであれ、外部の機会を探すのであれ、キャリアパスについてじっくり考えなくてはならない。長期的目標に向かう道を一つかそれ以上考えておけば、それを実現する可能性を高められるのだ。

例をあげて説明しよう。あなたは大学で工学の学位をとり、大手製紙会社の工場で働き始めたとする。品質保証とスケジューリングの業務を五年間経験し、シフト責任者になった。この時点で、あなたは製紙について多くを知っている。この仕事が好きで、将来は製紙会社かほかの製造会社の経営に携わりたいと考えている。ではこれを実現するためには、今後どんな任務を経るのがいいだろう？

すぐに思いつくキャリアパスの一つは、いまの工場や社内の別の工場でキャリアアップを図ることだ。工場長になったら、次は会社の製造業務全体を指揮する。別の製紙会社に転職して、同じような職務を経るキャリアパスもある。製鉄やセメント製造など、関連のプロセス型製造業によい機会が見つかるかもしれない。このようなパスをたどれば、業務管理者としての能力を高められるだろう。

トップに至る別の道筋として、多くの業務で多様な任務を経験するという手もある。たとえば本社のエンジニアリング部門に移って、会社全体の投資計画を指揮するなど。また販売や財務など、製造とは関連の薄い部門に移るのも一つの方法だ。これまでの業務経験を独自の方法で活かし、また多様な経験を積むことで経営全般のノウハウを得ることもできる。このような回り道を検討する際には、新しい職務をうまくこなせるのか、新しく身につけたスキルが組織全体の統括に役立つのかを考えよう。

それでは会社役員のジョンという、実在の人物のキャリアパスを紹介しよう。ジョンは学生時代からＣＥＯになることを夢見ていた。彼はその野望をたゆみなく追い続け、必要な経験とスキルを積み、とうとう実現したのだ。

case 16

学生時代からＣＥＯを目指す

ジョンが大手消費財メーカーの執行役員上級副社長を務めていた、四〇代半ばから物語を始めよう。彼は将来を嘱望されていたが、個人的な事情で海外転勤を断ったために、出世コースを外れてしまった。その後別部門の同等のポジションを打診されたが、興味をもてず断った。次の一年は異動の話がなかったため、幹部候補から外れたと判断し、社外に機会を求めることにした。

ジョンは人材紹介会社から、ある中小企業のＣＥＯのポジションを紹介された。この会社の製品は好きだったし、社内の人間関係もよさそうだった。何より彼の長期的目標にうってつけのポジションだった。だが妻と二人で大平原のはずれの小都市にある本社を訪れたとき、そこでの暮らしには満足できないと悟った。

その後ジョンは別の大手消費財メーカーの上級副社長になり、販売のテコ入れを担った。現場管理に戻るのは彼自身の希望だったが、職務は困難を伴った。「巨大で官僚的な会社で、成果主義ではありませんでした。業績未達でも行儀よくしていれば定年まで勤め上げて年金をたっぷりもらえるような職場でした」。採用時に聞いていた話とちがって、上司のサポートがほとんど得られず、また部下からの抵抗もあって、テコ入れは思うように進まなかった。数人の抵抗者を解雇したことで、部下との信頼関係は損なわれた。三年後、ジョンは大した成果をあげられないまま会社をやめた。

ジョンは再び求職活動を始めた。意外なことに、彼は五〇〇〇人の販売マーケティング部門を指揮した経験を買われ、別の上級職の有力な候補者になった。手痛い経験をしたものの、将来に傷はついていなかった。

離職手当を取り崩しながらの生活が一年以上続いてから、ジョンは大手家電メーカーの執行役員上級副社長に就任した。この職務も専門知識を身につけ、成果をあげるよい機会になった。ジョンは幸先のよいスタートを切り、彼が大いに貢献しているのは誰の目にも明らかだった。だが二年目が終わろうというころ、会社の研究所が製品開発をしくじり、変化の激しい業界での競争力が失われた。売り上げが急減して現金が枯渇し、会社は倒産した。

ジョンはその後スタートアップに投資するかたわら、数社の中小企業の役員を務めながら数年を過ごした。役員として経営に関わるのは楽しかったが、やがてもう一度現場で指揮にあたりたいと思うようになった。

ジョンが知り合いに紹介されたのは、中規模小売りチェーンのCEOのポジションだった。ジョンは適任だった。販売マーケティング部門での経験と基幹業務での実績、役員経験を買われ、オファーを獲得した。ジョンの指揮のもとで会社は成長し、増益を遂げた。ジョンは強力な組織をつくりあげ、仕事を楽しみ、キャリアの絶頂期に引退した。

ジョンの社長室への道のりは、遠回りや失望の連続だったが、彼は会社を指揮するという抱負を決して失わなかった。新しいポジションを検討する際には、その経験が将来の会社経営に役立つかどうかという視点から必ず考えた。思い通りにいかないこともあったが、能力を高め実績を積み続けることで、CEOへの入場券を手に入れたのだ。
ジョンの物語は挫折から立ち直る力（レジリエンス）の大切さを教えてくれる。彼は自分を信じていた。彼のような目に遭えば、キャリアが断たれたと思っても不思議はない。ジョンもそんな思いにとらわれたことがあったかもしれないが、それでも挫けず、目標に向かって努力し続けた。どんなに失望しても着実に歩み続け、最後には成功したのだ。

exercise

キャリアパスを計画するためのエクササイズ

①将来から逆算する

私たちがクライアントの長期戦略を手伝う際に用いた方法を紹介しよう。まずクライアントに事業の望ましい将来像をイメージしてもらい、そこから現時点まで一歩ずつ戻って、望ましい将来を実現するために毎年何をする必要があるかを考えるのだ。終着点から始めて逆算するこの方法を、本書では「将来から逆算する」と呼ぼう。

この手法をキャリアにあてはめるには、長期のPVPで設定したターゲットから逆算する。まずそのポジションを実現するために、その直前にどんな職務に就いている必要があるかを考える。それから一歩ずつ前に戻って、現在に戻るまで同じ手順をくり返すのだ。

野心的にキャリアを前進させ、能力が許す限り早く進みたい。ただし長距離ランナーと同じで、自分に合ったペースをつかむ必要がある。困難だが無理ではないペースがいい。

また今後就くであろうさまざまなポジションがおよぼす影響を、この段階で考えておこう。どのような任務を積み重ねれば、抱負を実現するために必要なPVPを築けるだろう？　次のステップに進む前に、どのような任務を担う必要があるのか？　こうしたことを考え合わせ、望ましいキャリアパスの全体的な構造を決めるのだ。

無駄のない、直線的な計画は理にかなっているが、回り道をすることにも意義がある。フェイスブックのCOOシェリル・サンドバーグが、キャリアプラニングについてこんな名言を残している。**「はしごを上る方法は一つしかないけれど、ジャングルジムを上る方法ならいくらでもある」**。誰もが「長期的な夢」とともに、「一八カ月プラン」をもつべきだと、彼女は言う。一八カ月プランとは、仕事上の実績と個人的成長に関する計画だ。彼女の言う通りだ。実績の積み重ねと人間的成長は、キャリアのはしごを上る力を与えてくれるとともに、ジャングルジムを動き回る機会を生み出すのだ。

望み通りの直接的なキャリアパスが現れるという保証はないため、ジャングルジムを上る道筋をほかに一つか二つ考えておくといい。回り道は、結局は近道になることもあるし、望み通りの道筋が現れなかった場合の保険にもなる。

キャリアパスの最初の数歩に特別な注意を払おう。それらはいま踏み出せるステップであり、とくに重要なステップだ。

②ジョブ・クラフティング

このようにして選んだキャリアパスを歩み始めるために、いまの仕事を手放すのは、もしかすると得策でないかもしれない。その場合、エイミー・レズネスキーとジャスティン・バーグ、ジェイン・ダットンが「ジョブ・クラフティング」と呼ぶ方法を用いれば、キャリアパスの最初の数歩でめざす目標を、いまの仕事で達成できるかもしれない。ジョブ・クラフティングの核となるのは、「いまのポジションにとどまったまま、仕事内容を見直すことによって、責任の範囲を変更できるかもしれない」という考え方だ。担当業務を新しい目でとらえ直すことによって、新たな課題に取り組んだり、新しいスキルを構築できることがある。あるいは社内での人脈を広げて、これまでとちがう人たちと仕事をしたり、仕事に対する考え方を広げるのも有効だ。このコンセプトについてはレズネスキーらがくわしく書いているため、説明はこれくらいにしておくが、ジョブ・クラフティングについてさらに知りたい人は、彼らのハーバード・ビジネス・レビューの論文を参考にしてほしい。あなたのキャリアパスの最初のステップは、ジョブ・クラフティングになるかもしれない。

③実行は柔軟に

計画を予定通り実行できるとは限らない。世のなかには不確実なことが多すぎる。ステップのなかにはうまくいくものもあれば、いかないものもあるだろう。またステップを実行するうちに、当初考えていた目標より気に入った機会が現れることもある。

アイゼンハワー将軍の戦争計画に関する名言は、キャリアにもあてはまる。「私はこれまで戦闘を準備するうえで、**計画が役に立つと思ったためしはないが、それでも計画を立てるという行為は欠かせない**」。〔一九四四年の〕ノルマンディー上陸作戦の前の大がかりな作戦立案は、絶対に欠かすことはできなかった。計画ではノルマンディー海岸がターゲットに定められたが、本命はカレー上陸だとドイツ軍に思わせるための陽動作戦も立てられた。計画では上陸地点が選定され、上陸する部隊の順番が決定され、後方支援の活動が定められた。だがいったん作戦が開始されると多くが変更され、計画は何度も改定された。

キャリアパス計画は、なりたい自分という製品を開発する手段の一つだ。もう一つの手段が教育だ。

2 教育

絶対的で厳然たる教育要件が定められている職種もある。たとえば医師を志す人は医学部を卒業し、専門医研修を経て、必要な試験に合格しなくてはならないし、不動産ブローカーになるには、資格試験に合格する必要がある。こうした職種をめざす場合、選択の余地はない。専門医研修を受けていない医師や、試験に落ちた外科医にかかりたい患者がいるとは思えない。

上級学位が必須でない職種でも、学位のおかげでキャリアの歩みが早くなることもある。たとえば芸術家になるのに美術学修士号は必要ないが、学位を取得することで成長できたり、活動を後押ししてくれる画廊が見つかるかもしれない。

学位取得を目的としないもの、たとえば人材管理、環境管理、ソフトウェア開発などの研修プログラムや資格も、キャリア構築に役立つことがある。

それほど時間や労力をかけずに専門知識を維持し強化する方法もある。たとえば専門分野の論文を読んだり、〔法曹資格取得後の〕継続法学教育の講座を受講するなど。こうした負担の少ない活動は誰もがやるべきだし、それで必要なことをすべて学べることもあるだろう。だがこのセクションでは、それ以上のことを説明する。長期戦略の一環として、教育に多大な時間と労力を費やすことの意味を、ぜひ考えてほしいからだ。

六二歳の医師ジョージの物語は、社会人教育の意義を教えてくれる。彼は修士号を取得したことにより、自分の本当に求めている職務を見つけたのだ。

case 17

医師が修士号を取り直した理由

ジョージはアメリカ平和部隊の医師として二年間アフリカに派遣され、帰国後は開業医として働き始めた。難しい診断に取り組み、患者の生活が目に見えて改善されることにやりがいを感じていた。それほど高い報酬が得られる専門分野ではなかったが、十分な収入を得ていると感じていた。またジョージはこの時期のほとんどを通じて、週に四時間から八時間を地元の医大生の教育と指導に費やしていた。彼はこの大学の環境が気に入っていた。

だが二〇年後、ジョージは疲れ果てていた。仕事内容は五年前、へたすると一〇年前と代わり映えしなかった。彼は学ぶことをやめ、また学内の権力闘争に巻き込まれて思うように教えることもできなかった。医療保険会社の力が増しているのも腹立たしい限りだった。訴訟を起こされたことはなかったが、賠償責任を避けるために保身に終始する自分が情けなかった。高価な保険に加入している患者が、必要とは思えない高価な治療を要求するのも気に入らなかった。

ジョージは楽しめる取り組みを二つ行い、よい機会につながることを期待した。

彼は大学の夜間部に通い、公衆衛生学の修士号を取得した。これは二年間のプログラムで、ただでさえさまざまな活動で忙しいところに、ほとんどの夜と週末をとられる過酷なスケジュールだったが、そこで学習し資格を得たおかげで、経営管理の職務を担う準備ができた。

またジョージは発展途上国で活動するアメリカのＮＧＯ（非政府組織）を手伝い、短期の医療支援活動に志願した。彼はこうした経験に満足感を味わい、活動への関心を深めていった。

修士号を取得した翌年、彼は瀕死の重病を二度も患ったが、二度の手術により順調に回復し、もとの生活に戻ることができた。彼はこの経験をきっかけに、またそれまでの仕事への不満から、キャリアチェンジを真剣に考えるようになった。恵まれない人たちを助けるような仕事がしたかった。

ジョージは幸運だった。彼は人材募集広告や求人情報を通して新しいポジションを見つけた、数少ない中途採用者の一人なのだ（この章の終わりで説明するように、機会を得るには人脈を利用するのが最もよい）。それは医療誌に掲載されていた広告で、ヨーロッパに本拠を置き、発展途上国で活動する組織の医療部門を指揮するポジションだった。広告を目にしなければ、そんなポジションを考えることもなかっただろう。

そもそも私がジョージの話を聞きたいと思ったのは、六三歳という年齢で海外で働くという決定を下した理由を知りたかったからだ。難しい決定なのだから、メリットとデメリットを徹底的に洗い出したうえで、決断を下したのだろうと思っていた。ところがそうではなかった。

ジョージはオファーを得た翌日に、イエスの返事をしたという。三カ月後、彼と妻は家や車、財産のほとんどを売り払ってヨーロッパにわたった。彼はこのときのことを、表現豊かに説明してくれた。

あれはがけから飛び降るようなものでした。大して考えもしませんでした。もうやめる準備はできていたんです。自分のやっていることにうんざりしていましたからね。天職を見つけたというよりは、逃亡に近かった。車を売り払ってあの場所を立ち去るのは爽快でした。国際医療の分野に戻り、平和部隊にいたときのようにまた社会に貢献したかった。でもその前にきちんと仕事をして、家族を養う責任を果たす必要がありました。僕は二度も重病にかかりました。海外で病気が再発すれば、一巻の終わりでしょう。それでも行く覚悟はできていました。

ジョージはこのとき、一〇年ぶりに仕事にわくわくした。医師と教授の仕事は天職に近かったが、その後熱意を失った。彼は昔の国際医療の仕事に戻り、そこで新しい天職を得たのだ。ジョージの年齢で、彼ほどの労力をかけてキャリアの方向をリセットしようという人はほとんどいない。もちろん、公衆衛生の学位取得がどのような機会につながるかは、あらかじめ知り得なかった。だが教育を受け、ボランティアとして働いたことによって、希望通りの道を見つけられたのだ。

教育、学習、資格は、あなたのPVPを高め、新しいPVPを生み出すための手段になる。

exercise

教育、学習、資格取得のためのエクササイズ

①出願するかどうかを決める

あなたが検討している教育プログラムに、どのようなメリットがあるかを調べよう。何を学べるか、どんな刺激が得られるか、仕事上のネットワークづくりや評判づくりに役立つのか、どんな機会が拓けるか、その他どんなよいことがあるかを考えよう。

私の一番よく知っているプログラムを例にとって、教育の価値を説明したい。MBAプログラムだ。私は自分の授業をとっている学生に、MBAを取得しようと思った動機を尋ねることがある。学生は二年前の出願時に考えたことを思い出して、目標をいくつかあげることが多い。たとえばキャリアにはずみをつけたい、技術・業務畑から経営に移りたい、職種を変えたいなど。こういった目標は理にかなっているが、漠然としている。

またMBAの経験がPVPに与えた影響を尋ねることもある。この質問にはまったくちがう、しかもずっと明確な答えが返ってくる。彼らはMBAの経験を通して、自分のPVPが次のように変化していると感じている。

経営に関する知識：経営の知識が得られないなら、そもそもビジネススクールに行く意味などない。経験したことのない業務に精通し、経験のある業務の専門知識を深め、組織や戦略といった大局的な視点を身につけられる、などのメリットをあげる学生が多い。

問題解決スキル：厳密さを好む学生は、分析の枠組みや数量分析の手法などの、より厳密な手法をあげる。

他人との協調：生産的なチームワーク、コミュニケーションスキル、ネットワークづくりなど。

個人としての生産性向上：時間管理がうまくなった、新しい情報をすぐに吸収できる、困難なことに正面から取り組めるようになったなど。

自分を顧み、方向性を決める：多くの学術分野や業界、多様な学生や教授にふれ、大学のキャリア相談室の助けもあって、検討する分野や職務の幅が広がったという意見が聞かれる。

これらのメリットを、仕事を続けていれば得られたはずの実績や知識などと天秤にかけてみよう。また金銭的コスト（逸失利益と自己負担を含め）を計算する。これらをすべて考慮に入れて、あなたのキャリアプラン全体で教育がどのような役割を果たすかを考えるのだ。キャリアに役に立つだろうか？　絶対的に必要だろうか？

個々のプログラムについても調べよう。あなたの目標にとってどれだけ役に立つのかを、コストや引っ越しの必要などと併せて考える。出願すべきかどうか、どのプログラムに出願すべきかを検討しよう。出願する場合は、これまで抱負とPVPについて考えてきたことを利用してエッセー（志望動機書）を書き、面接の準備をすればいい。

②通うかどうかを決める

出願するかどうかを決めるのと、実際に通うかどうかを決めるのは別問題だ。第Ⅳ部で紹介する意思決定手法がここでも使えるが、教育ということで、とくに注意すべき点がいくつかある。

入学を許可されると、出願したときに比べて三つの点で事情が変わっているはずだ。第一に、どこかのプログラムに参加するかどうかという一般論ではなく、入学を許可された特定のプログラムを評価する必要が生じる。第二に、いまのままでいた場合にどうなるかが、前よりはっきりわかっているだろう。第三に、自分のことも前よりよくわかっているはずだ。エッセーを書き、それ以降自分について考えたことで、志望動機が固まったかもしれないし、逆に疑わしく思えるようになったかもしれない。

本格的な教育プログラムに通えない場合は、小さなステップを重ねることで同じ目標に近づけないかどうかを考えよう。地元の大学の講座を聴講したり、学位プログラムよりも重要な（おそらくより専門的な）知識を習得する認定資格プログラムに参加できるかもしれない。独学で学べることには、どんなことがあるだろう？

では実績と能力の構築から、今度はマーケティングに移ろう。つまり、適切な機会を探し獲得するための手段だ。一つ目は評判づくりだ。

3 評判づくり

製品の評判がよければ、ためしに買ってみようという気になる。顧客によい経験を与えることができれば、製品がブランドになることもある。人は――少なくとも普通の人は――ビジネスでいうブランドになぞらえることはできないが、それに似たものがある。評判だ。

最も重要なのは、同僚の間での評判だ。なぜなら仲間内での評判は、あなたがこれまで達成したことや将来達成しそうなこと、あなたと一緒に働くのがどんな感じかを直接示しているからだ。あなたを新しい職務に雇うかどうかを検討する人は、あなたの実務経験について知りたい。だがGPA（大学の成績平均点）やSAT（大学進学適性試験）ではそれを知り得ない。そこで仕事の面接で職歴に関する質問をし、あなたと働いたことのある人――上司と同僚の両方――に聞いてみよう。最も重視されるのは、同僚としてふさわしい、真に優れた人物だという評判だ（どうすればそのような人物になれるかは大きなテーマだが、本書では扱わない）。

あなたの評判は、あなたが過去に勤務した組織や在籍した学校の評判とも関係している。組織の権威が高ければ高いほど、インパクトは大きい。

もう一つふれておきたいのが、評判づくりの三つ目の側面だ。それは製品のブランドづくりやマーケティングに似た側面だ。これに多少の時間を割くのはいいが、仕事で築いてきた評判の邪魔にならない程度にしておこう。自分の評判を広める方法を以下で説明する。

◉業界団体

あなたの職種と関係のある専門職協会に加入しよう。地元の企業団体や、あなたの職業と関係のある全国組織、同窓会組織など。エレクトロニクス業界での評判づくりなら、関連するエレクトロニクス協会、人事に焦点を絞るなら人材管理協会に加入するなど。会合や会議に参加して、「組織に貢献する人」という評判を築こう。イベントの企画やセッションの司会を買って出よう。このあとで見ていくようにこの方法は、いろいろな人と出会い、ネットワークを広げるのにも役立つ。

◉社会奉仕活動

非営利団体の役員の仕事を無償で行うことも、評判づくりに役立つ。無償奉仕を成功させるには、組織の目的に心から関心をもち、その仕事を優先させなくてはならない。組織の目的を実現することを第一に考え、評判やネットワークづくりは二の次にしよう。評判を得るには有意義な貢献をする必要があり、それだけの関心がなければ大したことはできない。

◉刊行物

書籍・雑誌その他のメディアに名前を掲載してもらうことは、評判を得る三つ目の方法だ。そのためには興味深い意見をもっていなくてはならない。特定のポジションの人材を探している人がそれを読んで、あなたに関心を持つこともあるだろう。会合や面接に、自分が紹介された刊行物を持参すれば、ネットワークづくりにも役立つ。あなたが参加している会議の関連組織の会報に記事を投稿するのもよい手だ。

◉SNS・個人のウェブサイト

評判づくりは競争の世界だ。誰もが同じようなことをするなか、質の高い取り組みで差別化を図る必要がある。

ただのよい人という評判は意味がない。何のアピールにもならないからだ。あなたのPVPに関連する重要なテーマ（業務、業界、経歴、トレンドなど）に焦点を絞って、そのテーマと関係のあるジャンルや会議、グループ、ブログなどに参加しよう。評判づくりがキャリアにインパクトを与えた好例が、MBA学生カーラのつくった個人サイトだ。

case 18

ウェブサイトがもたらした思いがけない結果

カーラは大学での学術研究や、ＭＢＡ以前の職歴と関係のある、エンターテインメント業界の一角で働きたいと考えていた。当初彼女は一般的なやり方で求職活動をしていた。関心のある企業がキャンパスで説明会を開くと聞けば行って面接を受け、紹介者がいなければ企業に直接アプローチし、その分野の知人たちに話を聞いた。問題は、そうした企業にＭＢＡ学生の募集がほとんどなかったことだ。

このやり方ではらちが明かず、ちがう方法が必要だった。ＭＢＡの二年目が始まる直前の八月に、彼女はエンターテインメント事業の運営に関するウェブサイトを立ち上げ、ビジネススクールで学んでいることとエンターテインメントとのつながりを説明する短い記事を定期的に投稿した。自分の有能さを宣伝する広告ではなく、実際に有能であることを証明するコンテンツを提示したのだ。記事を読めば、彼女が洞察力にあふれ、大学で学んでいることとエンターテインメント業界を結びつける能力をもっていることはすぐわかった。文才や、型にはまらない人となりもよく表れていた。

カーラは業界の会合に顔を出し、そこで会った人たちにウェブサイトのアドレスを記載した名刺を渡した。サイトを訪れてくれた人たちには必ずコメントを返した。

彼女はこの活動を通して出会った人たちから、オファーを二つ得た。嬉しかったが、どちらもMBAがなくても得られるポジションだった。それでは意味がない。

カーラが驚いたことに、ブログはソーシャルメディアで評判を呼んでいた。彼女はエンターテインメントにおけるソーシャルメディアをテーマとする会議に招かれ、ソーシャルメディアを活用した個人の評判づくりについて講演した。そして最終的にソーシャルメディア・コンサルティング会社に魅力的なポジションを得て、現在はクライアント企業のウェブサイト制作や、ウェブサイトを利用したマーケティング、ソーシャルメディア戦略の教育の仕事をしている。カーラは当初エンターテインメント業界での機会を開拓する目的で、ソーシャルメディアを利用し始めた。そして最後には、ソーシャルメディアに新しいキャリアを見つけたのだ。

本書を通して説明しているのは、抱負を追求するために計画を立てる方法だ。また計画を実行するうちに、思いがけず魅力的な発見をしたケースも多く紹介している。カーラの物語は、評判づくりの威力を示しているとともに、計画を巧みに実行に移すことによって予想外の魅力的な機会を探し出せることを示す好例でもある。

4 ネットワークづくり

マーケティング能力を高めるもう一つの手段が、仕事上のネットワークだ。機会に関する情報源は三つある。公開情報（求人広告など）、所属組織、そして仕事上のネットワークだ。ネットワークはこのなかで群を抜いて重要な情報源だ。

インターネットの求人サイトや求人広告、企業ウェブサイトの採用情報などには、誰でも応募できる。ポジションによっては、こうした指定ルート以外での応募を受けつけないものもある。たとえば外務省キャリアになるには所定の試験を受け、その他の必要な手順に従わなくてはならない。あなたのターゲットがこの種の組織なら、応募プロセスに厳密に従うこと。だがそれ以外の場合は、公開情報を利用するのはかまわないが、それほど時間をかけてはいけないし、それだけに頼るのは厳禁だ。

なぜかといえば、求人広告は求職活動中の人にとって、いかにも実体があるかのように見えるが、数百人の応募が殺到する可能性もあるからだ。また経験の乏しい人ほど求人情報に頼る傾向にある。だがもっとよい情報源があるはずだ。

一般に、所属組織を利用したほうがよい結果が得られる。大学のキャリア相談室は多くの企業に声をかけ、キャンパスを訪問して就職希望者に会うよう勧めている。大学によっては卒業生をサポートする相談室もある。専門職協会は合同企業説明会を開催したり、会員専用のインターネット求人サイトを運営することもある。軍出身者向けのキャリア相談会も開催されている。雇用主にとって、所属組織は候補者をふるい分ける手段になる。所属組織を通すことによって、特定の経歴や特質を満たす候補者を確保できるのだ。したがって所属組織を活用しない手はないが、やはりそれだけに頼ってはいけない。

最もよい機会は、人を通じて得られることが多い。仕事上のネットワークは、キャリア戦略のあらゆる側面で大きな助けになる。機会を探し、それを評価し、自分の目的やPVPについて考えるうえで、ネットワークはとても役立つのだ。魅力的な仕事の大半が、仕事上の知り合いを通じて紹介されている。現に私が話を聞いた人たちの四人に三人が、ネットワークづくりを通じて新しいポジションを見つけていた。転職する人だけでなく、社内でキャリアアップを図る人もそうだ。強力なネットワークがない人は、競争上不利な立場にある。もちろん、仕事上の知り合いが個人的な友人になることもある。

これから紹介する二人は、まったく異なるタイプの強力なネットワークを築いた。スティーブのネットワークは小さく緊密で、バクスターのネットワークは膨大でゆるい。スティーブのネットワークは大きな付加価値を、バクスターのネットワークはゆるいつながりのメリットを提供する。

case 19

少数の人たちを有意義な方法で助ける

製造会社のCEOを務めるスティーブについては、第5章で的を絞ったすばらしいPVPを紹介した。だが本章のレンズを通して見ると、スティーブがネットワークづくりの達人でもあることがわかる。しかも彼がネットワークづくりに費やしている労力といえば、電話に出ることだけなのだ。

前にも述べたように、スティーブのネットワークには三人の人しかいない。二人は投資会社の経営者で、時折投資先の企業に新しいリーダーが必要になる。もう一人はそうしたポジションを専門とする人材紹介会社のコンサルタントだ。スティーブはこの三人から年に三、四度もCEOやCOOのポジションの紹介を受けている。ほかの経営幹部にこの話をすると、誰もが腰を抜かす。何しろたった三人のネットワークから、とびきりの案件を年に三、四件も紹介されるというのだから。

スティーブの成功要因は三つある。まず最も重要なことに、これらの三人が連絡を絶やさないのは、スティーブが優秀な候補者だからだ。電話をかけてもほぼ断られるのは承知しているが、たまに興味をもってもらえることもある。

このことは二つ目の理由、つまりスティーブのPVPとも密接に関係している。スティーブは特定のポジションに的を絞っている。そのため彼がどんな人物で、どんな希望をもっているのかが理解しやすいのだ。

最後の理由として、スティーブはいつも相手の役に立とうとする。ただ「結構です」と言って電話を切るのではない。「彼らからの電話には必ず出て、協力していますよ。引き受けられなくても、代わりに知人を紹介します。知人にも、私のことを紹介するように頼んであります。こういうもちつもたれつの関係があるから、私のネットワークもかなり広がっているんです。三人とは一、二カ月に一度は話していますね」。

ただ愛想よくしているのとはわけがちがう。彼らに紹介されるポジションや会社について有益な意見を提供したり、ときには知り合いを紹介したりする。その場で何も言えなくても、何か思いついたら電話をかけ直すことにしている。この三人がスティーブの強力なネットワークとなって、キャリア形成を助けている。たとえば一人はスティーブに現在のCEOのポジションを紹介し、もう一人はその前のポジションを紹介した。スティーブが付加価値を与えてくれるからこそ、彼らはまた電話をかけてくる。スティーブと話をするのは、彼らにとって有意義な時間の使い方なのだ。

スティーブは少数の人たちを有意義な方法で助けることによって、強力なネットワークを築いた。これとは対照的に、幅広い人たちと連絡をとり合うことを重視する人もいる。企業の顧問弁護士バクスターは、私が知るなかで最もこれが得意な人物だ。

ってている。

case 20 あらゆる機会をとらえて人脈をつくる

バクスターと知り合った人がまっ先に気づくのは、彼が人の話をよく聞いているということだ。この才能は、彼の弁護士としての成功に一役買っているし、ネットワークづくりにも役立っている。

バクスターは国際的な法律事務所のパートナーとして、エレクトロニクス業界と通信業界の企業を担当していた。その後事務所をやめて、通信機器メーカーのCLO（最高法務責任者）に就任した。そこで数年間優れた実績をあげてから、ハイテク業界のスタートアップの法務顧問になった。最初は法務だけを担当していたが、次第に職務が拡大していった。一年後には非常勤になったため、別のスタートアップの暫定CEOを兼任した。その後も似たような企業をわたり歩いた。そのうちの数社は買収され、一社にはかなりの高値がついた。これらすべての職務でバクスターがこだわったのが、事業の価値提案、事業や知的財産権の戦略策定、資金調達、オフィス開設、常勤CEOの採用といった、経営幹部としてのハイレベルな任務に携わることだった。ドットコムバブルの時期には毎週のように仕事の話が舞い込み、年間五〇件近くの紹介を受けていたという。

バクスターはこれらの機会を、彼の膨大な仕事上のネットワークを通じて紹介された。彼がネットワークづくりの大切さを初めて思い知ったのは、法律事務所に勤めていたころだ。当時もネットワークからクライアントの紹介を受けることが多かった。またもちつもたれつの関係にあるハイテク業界でも、ネットワークづくりの重要性を身をもって体験した。そんなわけで彼は仕事上のネットワークづくりを個人的な最重要課題と位置づけ、多くの時間と労力を費やしてきた。バクスターは自分のやり方をこんなふうに説明している。

私にはそれこそ数千人のコンタクト先や知人のネットワークがありました。私は最先端の案件を多く手がけ、クライアントを大切にする有能な弁護士という評判を得ていました。やみくもにではないが、できるだけ人脈を広げるよう心がけていたんです。私は人の名前や関心、顔を覚えるのが得意で、それが競争優位といってもいいほどです。それにカードを送ったり誕生日を祝うなど、まめにフォローするのを忘れませんでした。見返りを期待せず、そのうちいいこともあるさと思ってやっていました。

バクスターは個人的にスタートアップへの投資を行っていたため、その関連で相談を受けることも多かった。投資は仕事につながることもあり、そうした職務で成果をあげるうえでもネットワークが役立った。

経済的に成功したおかげで、五〇代になると人とはちがうキャリア活動に取り組むことができた。現在は非営利団体を運営するほか、企業の理事や顧問の職務を続け、教育の仕事も行っている。非常勤講師の仕事は、彼の評判がもたらしたものだ。彼が企業市民活動に精通していることが会議の常連参加者の間で評判になり、これを聞きつけたある大学の学部長が、ビジネスと人権に関する講座を開設してほしいと言ってきたのだ。

スティーブとバクスターのネットワークづくりは、規模も方法も明らかに異なるが、重要な共通点がある。二人ともただ人に会うだけではない。相手と気持ちを通じ合わせ、相手に注意を払い、手を差し伸べるのだ。スティーブは有益な意見や考えを提供する。バクスターは相手に強い印象を残し、自分だけでなく相手の利益にもなるネットワークをつくっている。彼が一九九〇年代につくったネットワークは、いまのフェイスブックやリンクトインのしくみに似ていた。そして最後に、スティーブもバクスターも裏表がない。二人がネットワークづくりに成功しているのは、気持ちのよい誠実な人柄だからだ。彼らの行動は、関わる人たち全員にプラスになっている。

あなたも人をひきつける生まれながらの魅力をもつ、幸運な一人かもしれない。そうした才能はよい足がかりになるが、単なる知人はネットワークにならないことを覚えておこう。人と会うのは楽ではないが、次に説明するステップを実行すれば、誰でもネットワークづくりができる。

ネットワークづくりのためのエクササイズ

①よく知っている人から始める

まずはよく知っている人から始めよう。現在と過去の職場、学校、地元団体、近所などの知り合いだ。こういった人たちがあなた個人の「理事会」を構成し、信頼できる助言者や相談役になってくれるかもしれない。このような緊密なつながりは、キャリア戦略でとても役立つことがある。まっ先に頭に浮かぶのは当然、このような人たちだろう。

②あなたの抱負と関係のある人たちを加える

知っている人たちからネットワークづくりを開始するのは理にかなっているが、それだけに限定すると機会が大幅に狭まってしまう。私の経験からいうと、最も実りあるネットワークは、個人的な知り合いではなく仕事上の知り合いであることが多かった。そのうちの多くが遠い知り合いだった。

スタンフォード大学のマーク・グラノベッター教授は、いわゆる「ゆるいつながり」に関する考察と研究の第一人者だ。彼はボストン郊外に住む専門職と技術職、管理職で、最近転職した人たちを対象に調査を行い、転職先を見つけるのに役立った情報を誰から提供されたかを調べた。その結果、二週間に一度以上会う相手から情報を得たのは一七％、それより頻度は低いが年に一度以上会う相手からが五六％、そして年に一度未満の相手からが二八％だった。ことと転職に関していえば、つながりのゆるい人たちのほうが重要だったのだ。**つながりのゆるい人のほうが、自分の知らない情報をもっている可能性が高い。**それにつながりがゆるい人なら、あなたに仕事を紹介しても、友人を推薦するときのように中立性の問題は生じない。またゆるいつながりを通して多様な人たちとつながることで、ネットワークを長期的に広げることができる。ゆるいつながりを育むにはどうすればいいだろう？

・市民団体や専門職団体に加入して、催しに参加したり、企画を手伝ったりしてみよう。あなたの職業上の目標につながるよう、ターゲットを絞って行うこと。
・キャリア特化型のソーシャルネットワークに参加しよう。プロフィールにあなたの抱負やPVPを盛り込み、それに関係する知り合いを増やしていこう。
・いまの会社で知り合いになりたい人や、いつか一緒に仕事をしたい人を割り出して、ネットワークに含めよう。直接会って、どんなことをしているのか聞いてみよう。

③親しくなる

強いつながりとゆるいつながりの両方を開拓しよう。職場が別々になっても連絡をとり合うこと。SNSの知り合いと仕事を通じてつながろう。どんな仕事をしているか調べ、名前や顔、その他の特徴を頭に入れよう。連絡先と詳細情報のリストをつくるといい。ただ漫然と会うのではなく、相手に注意を払おう。

④相手の力になる

相手のやっていることに貢献できるチャンスを探そう。重要な問題に意見を求められたら、しめたものだ。キャリアに関するアドバイスや、求職活動での協力を求められればなおよい。相手に付加価値を提供しよう。強力なネットワークを確実につくるには、相手の力になることが欠かせない。

⑤誠実にふるまう

私はなにも、自分の利益のために策略を練ることを勧めているのではない。そんなことをしても不自然だし、不自然なことはどっちにしろうまくいかない。それに派手なことや、自分らしくないことをする必要もない。あなたが気詰まりに感じていれば、相手にもそれがわかってしまう。あなたはコンタクト先を自分のいいように利用しているのではない。感じのよい、相手にとって助けになる方法で知り合いを増やし、コンタクト先にしているのだ。人の役に立つという姿勢でいることが、成功への近道だ。

ペンシルベニア大学ウォートン校のアダム・グラントは、職場での人間関係やネットワークを研究している。彼は著書『GIVE&TAKE』のなかで、「与える人」でいることが成功のカギだと説き、どのようにすれば「与える人」になれるのか、また「自分中心の人」でいることがどのような悪影響を生むのかを説明している。あなたはぜひ与える人になって、人の役に立ってほしい。あなたが望むような反応がいつも得られるとは限らないが、きっと多くの人があなたとの関係を大切に思ってくれ、そうした関係は末長く実りをもたらすだろう。人のためになることをして成功しよう。

仕事上のネットワークは、キャリアで長期的に成功するうえで欠かせない。それでは次に人材紹介コンサルタントとの関係という、特殊なネットワークづくりについて説明しよう。

人材紹介コンサルタントとの関係の築き方

人材紹介会社と良好な関係を築くことは大事だが、紹介されたポジションをいつも引き受ける必要はもちろんない。そんなことをしていたら成功はおぼつかない。だが成功しているビジネスリーダーは、四〇歳、五〇歳ともなれば二、三人の有能な人材紹介コンサルタントと良好な関係を結んでおいて損はない。コンサルタントは市場との接点なのだ。

求職活動では、コンサルタントのクライアントはあなたではなく雇用主だが、それでもお互いに利益のある関係を築けるはずだ。あなたが人材紹介コンサルタントを必要とするように、コンサルタントもあなたを必要とするときがある。あなたは彼らのクライアントが募集するポジションの有力な候補者になるかもしれないし、採用者になって彼らを雇うこともあるだろう。

私が人材紹介会社の共同経営者二人に、コンサルタントとのネットワークづくりについてアドバイスを求めたところ、一人はコンサルタントの役に立つ方法を教えてくれた。

私が時間をかけたい相手は、なんらかのかたちで役に立ってくれる人だ。たとえばほかに候補者を紹介してくれる、いわゆる「情報源」の人。同僚ではなく、知人を紹介してくれるとありがたい。それほどの手間ではないはずだ。それから有能で、時折転職を考える人。なんらかの面で秀でている人は、私にとって知る価値がある。

もう一人は、時間をかけずに役に立つ方法を伝授してくれた。

ヘッドハンターの電話には出るが、できるだけ手早くすませること。三つ、四つ質問をして自分に合わないと思ったら協力を申し出、力になれるようならそうする。相手の時間を無駄にせず、いつかまた電話をかけてもらえるように手を貸すんだ。これを続けていれば、相談したら必ず連絡をくれる、責任感のあるリクルーターの知り合いが、五人や一〇人はできる。

コンサルタントのレーダーに引っかかるには、まずは仕事で実績を積むことが先決だ。そうでなければ興味をもってもらえない。この条件をクリアしている人は、次のステップを実行しよう。

①本当に必要になる前にコンサルタントとの関係を築く

仕事を探していないときでも、電話を返したり、積極的に会ったりしよう。本当に必要なとき、たとえば失職や退職の直後に関係を築こうとしても、なかなかうまくいかない。そうした事態が起こっても、コンサルタントがすでにあなたのことをよく知り、高く評価していれば、あなたに仕事を紹介してもリスクが高いとは思わないだろう。

②適切なコンサルタントを選ぶ

あなたの分野を担当するコンサルタントを探そう。小規模な会社は特定の業界や業務、地域に特化している。大手は顧客層が広いが、それぞれのコンサルタントは一つの業界や業務、地域を担当することが多い。

人とのつながりを重視するコンサルタントを選ぼう。同僚や業界の知り合いに、最高のコンサルタントは誰かと尋ねてみよう。よいコンサルタントを見分ける方法の一つは、候補者のデータベースを増やしたり、いまある求人を埋めることだけに終始せず、進んで話を聞いてくれるかどうかだ。

コンサルタントを面接しよう。あなたがコンサルタントを雇う側で、キャリアに関する助言を求めるような心づもりで会おう。こんな質問をするといい。「あなたの社内での役割と担当分野は何ですか?」「これまでどんなクライアントのどんなポジションを埋めましたか?」「私のような経歴の人を、どんなポジションに紹介したことがありますか?」など。こうした質問をすればいろいろなことがわかるし、また適切な質問をすることによって、あなたが真剣で思慮深い人物であることが、あなたにふさわしいコンサルタントに伝わるだろう。

③コンサルタントの仕事をやりやすくする

魅力的なPVPの裏づけになり、かつあなたがそのポジションに適任であることを証明するような履歴書を準備しよう。ふさわしい能力がないなら、紹介を頼まないこと。

オファーを追求するのはコンサルタントに一任しよう。あるコンサルタントはこういっていた。「最大の過ちは、リクルーターを通さずに、知り合ったCEOに直接メールを送ることだ。リクルーターを信用できないなら、そもそも頼むべきでない」。

④関心がなくても協力する

紹介された仕事に関心がなくても、せっかく電話をかけてくれたコンサルタントを手ぶらで帰す手はない。

なぜその仕事に関心がないのか、その仕事の魅力を高めるにはどうすればよいかといったフィードバックを提供しよう。クライアントの評判についても情報を提供するといい。機密情報にふれない範囲で、業界や業務の最新動向を知らせよう。

ほかの候補者を紹介するのもいいが、誰でもよいわけではない。能力が高く、職務内容にふさわしいと思う人を紹介すること。別のコンサルタントいわく、「へたな人を紹介すると、今後の関係に支障が出る。第一級の人材でなければ、紹介者にバツがつくからね」。そして最後の点として、いまの会社の人を紹介するときは慎重に。

本章で述べた四つの取り組み――キャリアパス計画、教育、評判づくり、ネットワークづくり――を全体的に俯瞰し、どのようにしてあなたの長期の抱負に近づき、野心的なPVPを実現すべきかを考えよう。これらの取り組みが、あなたのとり得る行動のメニューであり、長期戦略の候補になる。これからなすべきことは、これらの取り組みのなかからとくに重要なものを選び、組み合わせて、建設的なポートフォリオを構築し、続いて実行の指針となる行動計画をまとめることだ。これを第7章で説明しよう。

第7章 長期戦略を統合する

さて野心的なPVPを作成し、それを実現するためにやるべきことをリストアップした。長期戦略の完成まで、三つのステップが残っている。最善のポートフォリオを「戦略ロードマップ」というかたちの実行計画に変え、経験による学習の準備をしよう。

キャリアパス計画のポートフォリオ

投資アドバイザーは、特性の異なる複数の金融商品を組み合わせて、ポートフォリオを構築する。金融商品の収益性はまちまちだが、バランスのとれたポートフォリオであれば、一、二、三の企業や一つの資産に投資するよりも安定したリスク・リターンが期待できる。長期のキャリアパス計画もこれと同じで、やるべきことのポートフォリオによって労力に対するリターンの最大化とリスクの最小化を図らなくてはならない。

また投資アドバイザーは、長期的目標は何か、そのためにいくらの金額が必要かをクライアントと話し合い、期待収益率の範囲内で長期目標を実現できるよう、十分な金額を投資に回すことをクライアントに勧める。この点もキャリアと似ている。やり遂げられるよう、十分な時間と資源を見込んでおこう。

あなたが作成した取り組みのリストを、このようなポートフォリオに変えるためには、次のステップを実行しよう。

①やるべきことを評価する

まずはそれぞれの取り組みを戦略的視点から理解し、次の基準で評価しよう。

影響：メリットは大きいのか、小さいのか。メリットはすぐ表れるか、遠い先に表れるのか。
規模：適切な機会を獲得するために、複数の活動を行う必要があるか。
不確実性：望んだ通りの結果が得られそうか。
時間と労力：いままで通りの生活を続けながら、余分な時間や労力をかけずに無理なく実行できるか、生活を根本的に変える必要があるか（たとえば教育プログラムに参加する、転職するなど）。夜間や週末に行えるか（関心分野の本を読むなど）、平日に予定を入れる必要があるか（ネットワークづくりの会合など）。

このレンズを通して取り組むべきことを見直すことによって、それらのメリットと不確実性、コストがはっきりする。またエクササイズを行ううちに、これらのポイントをよりよくバランスさせるような新しい取り組みを思いつくかもしれない。

②全力で取り組むことを誓う

やるべきことのリストを作成しても、それを実行に移すための時間と資源を見つけなくては何も始まらない。そのためにはまずリストに全力で取り組むことを誓う必要がある。ここが正念場だ。長期の抱負を追求するために必要なことがわかったところで、いよいよ心を決めなくてはならない。あなたは本気でやるつもりがあるのか？

たとえすでにやると決めていても、ここで少し時間をとって、明確な意図をもって決定することを勧めたい。これらの抱負は自分にとって本当に大切か？　取り組みを実行することで、抱負に近づける見込みはあるのか？　どちらにも自信をもってイエスと答えられるなら、すべての取り組みをやり遂げよう。それがあなたの望む未来を創り出す一番の方法なのだ。

したがって本章の最初の成果は、「やるべきことを全力で実行する」という誓いになる。これがあなたの長期戦略だ。ポートフォリオと、それを選んだ根拠を書きとめておこう。三カ月後か六カ月後にふり返り、どれを達成できたか、元の計画に照らした進捗状況はどうか、次に何をすべきかを考えよう。

誓いについて最後にひと言。リストを多少縮小してもまだ難しすぎるように思える場合、それはやりがいのある長期の方向性がまだ定まっていないか、抱負が非現実的かのどちらかにちがいない。そうでないことを祈りたいが、もしそういう状況なら、少し時間をとって第一部の成果を見直したうえで、もう一度方向性を決定するプロセスをやり直してみよう。

さて次に説明するのは、これらすべての取り組みの指針になる有意義な実行計画、すなわち戦略ロードマップを作成する方法だ。

計画を実行に移すための戦略ロードマップ

事業が期待はずれに終わるのは、戦略がまずかったからではなく、それをうまく実行に移せなかったせいであることが多い。有能なリーダーは、望ましい変革を推進するための実行計画を立てて、実行の失敗を避ける。優れた実行計画（誰が何をどのスケジュールで行うか）は何ものにも代えがたい。

私は経営コンサルタントとして、これを目のあたりにしてきた。私たちはクライアントが最善の戦略を決定するための基準となる評価を重視し、労力のほとんどをそこに注いだ。クライアントが戦略を採用してからは、全体的な実行計画の作成を手伝い、個々のプロジェクトの実行についても手を貸すことが多かった。また数カ月後にクライアントと一緒にいわゆる「一万キロ点検」を行い、全体計画に照らして進捗状況を確認した。戦略を選定する際には市場と競合企業の分析に重点が置かれるが、この時点で重要なのは段階的な計画と進捗状況の確認だった。クライアント企業は計画に全力で取り組んでいて、社員全員の生活が計画を中心に回っていた。

優れた実行計画を立案することには、戦略上のメリットもある。リーダーは組織にできること、できないことを試すために、まず暫定計画を立てる。そして計画を実行するために組織にない能力が必要だとわかれば、それを獲得するための方法を考える。それが現実的に可能でなければ、戦略を変更する必要があるかもしれない。

また優れた実行計画には、重要な不測の事態が考慮に入れられている。計画の成功が、会社のコントロールがおよばないできごとや、当初のステップの進み具合に依存するのであれば、そうした不測事態を洗い出して、のちのステップに進む前にクリアしなければならない条件をはっきりさせる。たとえば規制当局による認可が下りなければ新製品開発計画を実行できない場合、規制の行方を想定して対策を立てておくなど。

事業戦略では、こうしたすべてを「戦略ロードマップ」にまとめ上げる。ロードマップを策定することで、計画を実行に移す準備ができるし、戦略とその根拠の最終確認をすることもできる。

個人も同じことをしなくてはならない。賢明なキャリア戦略を構想したはいいものの、何の行動も起こさない人がいることには、つねづね驚かされる。惰性に流されたり急を要する問題に追われたりで、長期の取り組みを後回しにしてしまう。説明責任をもたせるしくみや後押しが欠けているのだ。戦略ロードマップを作成すれば、戦略的意図を現実の行動に落とし込み、時間を無駄にせずさっさとスタートを切ることができる。

よく考え抜かれた戦略ロードマップには、学習と柔軟性が意図的に組み込まれている。あなたの進路はあらかじめ固定されているわけではない。最初のいくつかのステップを完了したら、その後のステップを計画通り続けてもいいし、学習したことをもとに計画を見直してもいい。計画を果敢に実行しつつ、定期的に計画を見直し調整するのが優れたキャリア戦略家の証しだ。

ロードマップは戦略を構想するのにも役立つ。一つの選択肢を暫定的に選び、それを実行する方法を計画し、うまくいきそうかどうかを考えよう。これをすべての選択肢について行い、全体を考え合わせれば、最善のやり方が見えてくる。

ではこのような実行計画の立案が、戦略開発の刺激剤としてどれだけ効果があるのかを、キースの物語を通して見ていこう。ある会社の上級副社長を務めるキースは、こんな方法で自分の長期戦略を定めた。

case 21

四〇歳からの二カ年計画

四〇歳のキースは、年商数十億ドル規模の会社のハイテク事業部門で、マーケティングと事業開発、提携を指揮している。この会社に移る前は二社のスタートアップとコンサルティング会社、マーケティング会社に勤務した経験があり、ハイテク事業とB2Bマーケティングに精通している。

私がキースと話したのは、彼が求職活動を始めたばかりのころだった。キースは差し迫って仕事を探す必要はなかったが、仕事でチームを指揮するのと同じように、自分の未来も積極的に切り拓きたいと思っていた。彼は次の三通りの未来を思い描いていた。

一つ目は、いまの会社で昇進を続けることだ。二年から四年後に事業部長の異動が予定されていて、後任に彼の名前があがっていた。事業は気に入っていたが、海外出張が多かった。昇進したら出張は増えこそすれ、減ることはなさそうだ。彼はこう語っている。「今後五年から一〇年間、子どもの活動に週末しかつき合えないような生活を続けていいのかどうか。妻のビジネスが順調に拡大しているあいだに、自分にふさわしいやり方を考えたいんです」。

このシナリオははっきり思い描くことができたが、残る二つは漠然としていた。

二つ目として、彼は起業を考えていた。それには具体的なアイデアが必要だが、まだ思いついていなかった。よいアイデアさえあれば、成功に導く自信はあった。少なくとも、資金調達さえうまくいけば大丈夫だろう。鬼門は資金調達だ——自分にその能力があるのか、それをやりたいと思えるかどうかはわからなかった。

三つ目は、ハイテク専門のベンチャーキャピタルへの転職だ。キースは優れた人材を選んだり、資金調達を得た企業の成功をサポートすることに関心があったが、そのような業務の経験はなく、どんな仕事になるかを具体的に思い描けず、それが本当に自分のやりたいことなのかどうか確信がもてなかった。

スタートアップやベンチャー企業に勤めた場合、どの程度の出張が必要になるかは状況次第だろう。

キースは本書でいう第I部の最終段階にいた。彼には三つのターゲットがあり、それぞれに必要なPVPを漠然と理解していた。だが意識して優先順位をつけてはいなかったし、具体的な計画もなかった。こうして選択肢を明確に洗い出したことで、一つ目の結論を簡単に導くことができた。それは、いまの事業を指揮するポジションへの昇格をめざすことだ。彼はこれを実現する方法を理解し、順調に実行に移していた。もし昇格が実現すれば万々歳だ。そうなれば出張の問題をあらためて検討し、減らす方法を考えればいい。また昇格後に会社をやめることになっても、そのときにはいまより高い地位に就いているから、もう二つの案を実行しやすいはずだ。

スタートアップとベンチャーキャピタルは、前から温めていた考えだった。これまでも真剣に検討したことはあったが、腰を上げられなかった。三年前と比べて、いまのほうが成功の見込みが高まっているとも思えなかった。三年頑張っても代わり映えしないのはもう嫌だった。

キースは戦略ロードマップのコンセプトに沿って、考えを整理した。もしこれらの二つの案を本気でめざす場合、望ましい機会を生み出すために、今後一年間で何をする必要があるだろう？　キースはこれらを本気でめざすことにしたと仮定して（実際にはまだ確信がもてなかったが)、具体的な計画を絞り出した。

スタートアップの案については、数カ月かけて本格的な市場調査を行い、顧客になりそうな会社を一〇〇社ほど選んで話を聞き、どの市場を攻略するかを決める必要があった。十分な時間と労力をかければ、うまいアイデアが浮かびそうだった。また、必要な資金を調達するために、人脈を広げる必要があった。

他方、ベンチャーキャピタルにスカウトされる見込みを高めるには、ベンチャー投資家と知り合い、投資スキルを磨き、スタートアップの世界にふれる必要があった。ボランティアとして新規事業への経営アドバイスを行ったり、一、二社のスタートアップに投資して、顧問を務めるのもいいだろう。

こうした長期の取り組みを検討することによって、考えがはっきりした。キースにはまだまだ学ぶべきことがあった。そして学ぶために何をすべきかが明確になったいま、自分がどこまで本気なのかを確かめる必要があった。当時私はまだ戦略的取り組みのポートフォリオという名を思いついていなかったが、彼が組み立てていたのは、まさにそれだった。

そしてこの作業を通して、キースはほかの選択肢をいくつか思いついた。いまの仕事をやめて新しいベンチャーを起こすことは、それまで考えたことのない選択肢だった。確かによいスタートにはなりそうだったが、彼はまだそんな気になれなかった。夜間や週末を利用してベンチャーを起こすのはもう一つの選択肢だったが、それにも問題があった。いまの仕事に障るだ

図4　キースの戦略ロードマップの概要

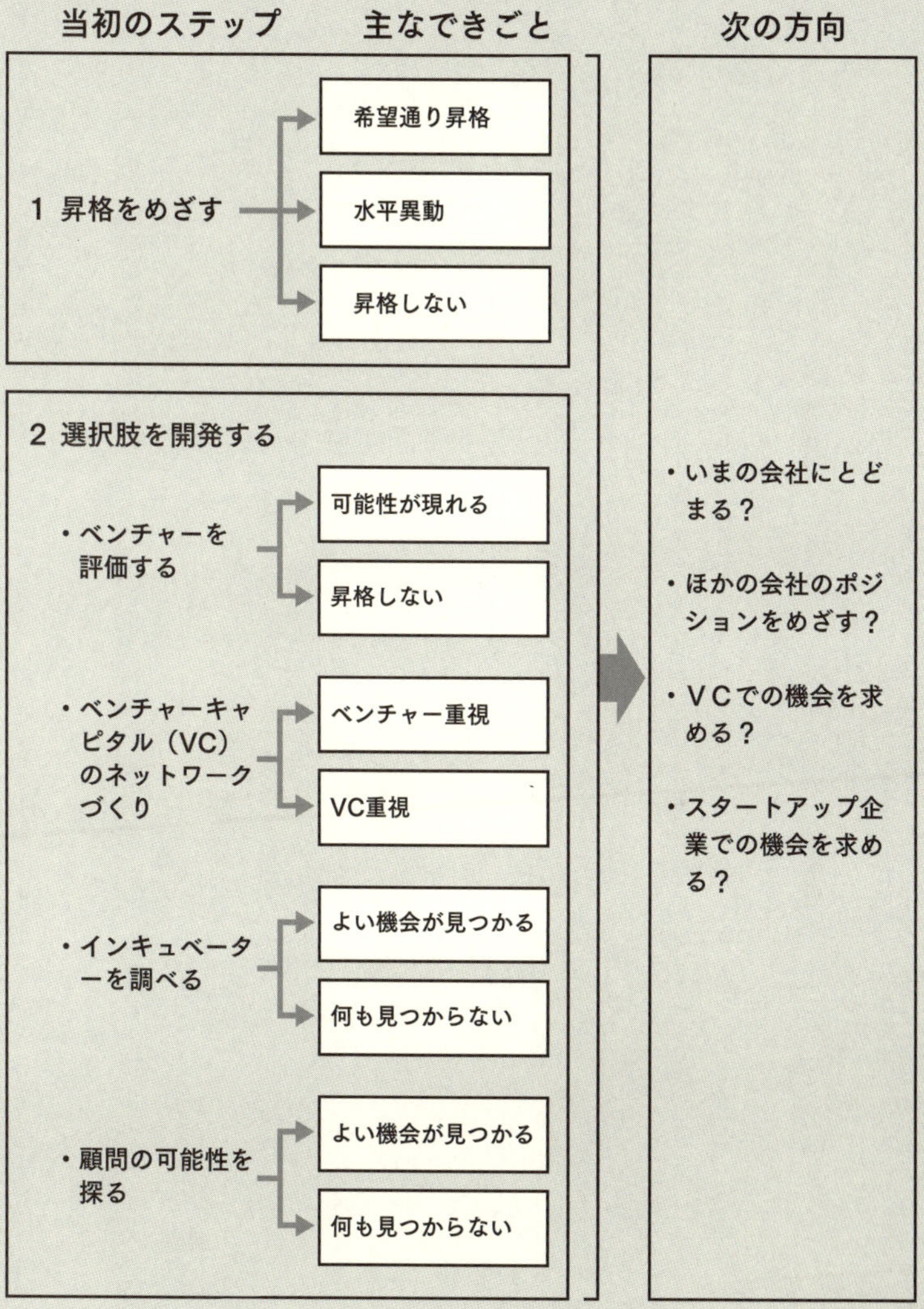

ろうし、家族と過ごす時間は確実に減ってしまう。相反する目的をバランスさせる方法を見つける必要があった。

そこでキースはゆるく始めることにした。まずは資金調達に関わるネットワークづくりを進めよう。これはどちらの選択肢にも役立つ活動だ。またスタートアップのアイデアを構想するのに多少の時間をかけるが、本格的な市場調査のような徹底したことはやらない。これなら何とかできそうだった。

そして二年後にもう一度自分の本気度を確かめることにした。そのころには二つの選択肢をよりよく理解しているはずだ。当面はいまの会社での昇格をめざしながら、多くを学び、二年後に決断できる状態にもっていくことが、彼の長期計画になった。

キースと私は戦略ロードマップを検討しながら、内容をメモしていたが、きちんとしたかたちで作成していなかった。そこで図4にまとめてみた。

いまの仕事に代わる二つの選択肢は、昔から考えてはいたが、まったく進んでいなかった。キースは、これらの案を積極的に追求することを自分が本気で望んでいると仮定し、それぞれについて暫定的なロードマップを描くことによって、自分の気持ちをはっきりさせた。こうすることで、最優先事項（いまのポジションでよい成果をあげること）に集中しながら、新しい可能性に建設的な方法で取り組み始めるという、バランスのとれた計画を立てることができた。戦略ロードマップのコンセプトは、通常は戦略開発の最後に用いられるが、キースの例では戦略思考の呼び水になったのだ。

exercise

戦略ロードマップをつくるエクササイズ

戦略ロードマップをつくるにはどうすればいいだろう？　キースのような表を作成しよう。これは横向きの樹形図のようなもので、記入事項は次の三つだ。

①当初の活動

左の列に、当初とる予定のステップを列挙する。開始時期が異なる場合は、あとのほうのものを右にずらして書く。ある活動が別の活動に直接つながる場合は、同じ行に並べて（あとのほうのものを右寄りに）書こう。

②できごと

真ん中の列に、それぞれの活動を行ったあとに起こり得るできごとを書く。たとえば別のポジションへの異動をめざす場合なら、「すぐに実現する」「すぐに実現しない」、特定の地域組織に参加する計画なら、「達成する」「達成しない」など。

③次の活動と決定

それぞれのできごとが起こったときに何をするかを、わかりきっている場合でも書く。または、そのときに決定しなくてはならないことを書く。

たとえばあなたがある仕事のオファーを求めていて、それが得られたら受け入れるつもりでいるとしよう。だが実際にオファーを獲得したら、しばし冷静になって、受け入れるかどうかをあらためて決定しなくてはならない。新しい状況や方向性、自分自身について、開始当初よりも多くのことを知るようになり、前とはちがう考え方をするようになっているかもしれない。またオファーが得られなかった場合や、受け入れないことに決めた場合には、抱負へと向かうほかの道筋が現れるかもしれない。

反復的なロードマップを実行する（活動→できごと→活動→できごと…）のは、論理的には可能だが、うまくいかないことが多い。二つ目の活動までいったらいったんそこでやめるか、せめてもう一つか二つの活動にとどめておこう。

戦略ロードマップはきちんと書きとめること。この先何度も立ち返ることになるからだ。これを見ることで、取り組みの進捗状況をつねに意識し、それがどのような決定を示唆しているかを把握することができる。学習の姿勢についても、ひと言述べておこう。

構え、狙え、学べ、直せ

ここまで説明してきたこの段階的なプロセスは、有効性が立証された手法だ。ここまでのステップを実行していれば、あなたの信じる抱負と、その抱負を実現するためのPVP、そのPVPを実行する（か、少なくとも真剣に試す）ための計画ができているはずだ。だがすべてが計画通りに進む保証はない。キャリアには不確実性がつきものだから、実験しながら学習する姿勢がカギとなる。計画がうまくいっているかどうかを見きわめ、そこから学習することは、戦略的キャリアの重要な部分を占める。

本書で学習にふれるのはこれが初めてではない。第4章でも公開情報を利用する、事情通の人たちに話を聞く、実験する、といった学習方法を説明した。そして学習は戦略を実行している最中にも欠かせない。

私は軍隊にいた時代に、通常の**「構え、狙え、撃て」**と、**「構え、撃て、狙え」**（まず撃ってみて、その具合を見ながら修正していく）のちがいを学んだ。ビジネスでも同じようなたとえが用いられることがある。このちがいは重要だが、ここで勧めたいのはちょっとちがうこと、すなわち**「構え、狙え、学べ、直せ」**だ。第Ⅰ部とⅡ部では、構えて狙う方法を説明した。戦略ロードマップを実行することによって、撃つ準備ができる。その際、周りで起こっていることに注意を払い、そうした結果から学び、適宜進路を調整していこう。取り組みのなかには順調に進んでいるものもあれば、そうでないものもあるだろう。最も成功している取り組みの比重を高めてもいい。また予想外によさそうな新しい機会が見つかったり、あるいはいざ抱負に近づいてみると熱意が消えてしまった、などということもあるだろう。計画について考え抜き、果敢に実行に移しながら、その間つねに学習し、展開に合わせて計画を調節していくことが、成功への最も確実な道だ。

続いて紹介するのは、第I部と第II部のコンセプトを組み合わせて新しい戦略を策定し、それを実行に移した人物だ。政府の要職を務めるザックは、新しいキャリアを開拓したかった。彼は徹底した事前評価《アセスメント》を行うことによって、何をめざすべきか、どうやって足を踏み出すかを決めることができた。急ぐ必要はなかったため、じっくり時間をとってあらゆることを考慮に入れ、周到なプロセスを実行した。

case 22

事前調査に半年かけて選択肢のリストを作成

ザックは大学で政治学と歴史を同時専攻するかたわら、医学進学課程を履修した努力家だ。

彼は昔から救急医療サービスに関心があった。「テレビシリーズ『イマージェンシー』の再放送を見ながら育ったんです」と彼は言う。大学時代は大学病院の救急隊でのボランティア活動に明け暮れた。医学部の合格通知をもらってまもないころ、救急隊から早朝に電話があった。あるアパートで大規模な火災が発生し、隊員が全員招集されたのだ。病院は彼の住む寮に近かったため、彼はいち早く病院に駆けつけ、ロビーに仮設の救急処置所を設置した。それから一六時間ぶっ通しで働き、目に見える貢献をすることができた。彼は熱っぽく語った。「あれは僕の人生の最もドラマチックな一日でした」。

ザックは大学での最後の二カ月を落ち着かない気持ちで過ごした。救急救命士の仕事にはまだ意欲をもっていたが、本当に医師になりたいかどうか確信がもてなかった。彼は医学部への進学を遅らせ、一年間救命士としてかけがえのない経験をした。彼が遭遇した事故では、現場に医師がいれば命を救えたはずのケースもあった。この経験を経て、彼は翌年秋に医学部に進学することを決意した。専門は迷わず救急医療を選んだ。救急医療分野は勤務時間が比較的安定していることも、新婚の彼にはありがたかった。救急医療の研修を終えると、故郷の病院でキャリアを開始した。

だが数年たつと、心がざわつき始めた。その都市の救急管理サービスは質にばらつきがあった。同時多発テロ事件で露呈した、救急医療体制の全般的な問題も直に経験した。彼は地元の大学の客員講師になり、緊急準備に関する論文を書いた。その一つが連邦機関の上層部の目にとまり、面接に呼ばれた。三カ月後、彼はその機関で緊急準備政策を統括していた。

ザックの転職は実を結んだ。彼は新しいアイデアを組織に導入し、いくつかを定着させた。また緊急準備に限らず、連邦機関で効率的に仕事をする方法や、組織運営全般について多くを学んだ。またその間も大学講師として学問の世界に身を置き続けた。ザックはやがて上級管理職に昇格し、定年まで政府で働き続ける資格を得た。仕事は気に入っていたが、上司が代われば職務も変わる可能性があった。それに彼はいまより高い報酬を得る見込みがあるかどうかを知りたかった。ザックは四三歳にして、どのような方針で行動すべきか迷っていた。彼がキャリア戦略を学ぼうと決めたのは、そうした事情があったからだ。

私が当時開発していたキャリア戦略手法は、ザックが携わっていた厳密な政策開発プロセスに通じるものがあった。彼はスポンジのように知識を吸収した。

ザックはまず長期の抱負と目的について考えた。六週間かかってリストを作成し、少し考えてはまた手を加えた。時間をかけてじっくり考え抜いた。

次に彼は考え得る一六のキャリアを書き出し、有望な四案に絞り込んだ。残りの一二案は、あまり魅力的でないと判断して却下するか、分解して四案に組み込むかした。それから四案を本格的に評価した。自分の目的を重要度によって重みづけし、それぞれの選択肢を点数化して、加重平均を算出した。この作業を通して、四案はどれも成功しそうだという確信を得た。四案の得点は横並びで、これは彼の直感とも合っていた。

それから各案の実現可能性を高める方法を考え、次のようなリストにまとめた。

1　連邦政府機関の緊急準備責任者になる

・現在の政策構想を実行に移し、学術界や関係者のあいだで議論を促す
・連邦機関の政策開発プロセスを確立する
・いまの部署で昇格するか、ほかの政府機関や大統領府へのローテーションを開始する

2　教授になり、関連のコンサルティングを行う

・現在の政策構想を実行に移し、学術界や関係者のあいだで議論を促す
・連邦機関の政策開発プロセスを確立する。プロセスを公開し、学術界や関係者のあいだで議論を促す
・大学でボランティアの講義を続ける
・いまの職場の諮問委員を務め、機関や政府全体の研修カリキュラムを開発する
・いまの部署で昇格するか、ほかの政府機関や大統領府へのローテーションを開始する

3　緊急準備コンサルタントになる

・現在の政策構想を実行に移し、学術界や関係者のあいだで議論を促す

・連邦機関の政策開発プロセスを確立する。プロセスを公開し、学術界や関係者のあいだで議論を促す
・大学でボランティアの講義を続ける
・いまの職場の諮問委員会の委員を務め、機関や政府全体の研修カリキュラムを開発する
・いまの部署で昇格するか、ほかの政府機関や大統領府へのローテーションを開始する

4　病院や医療制度を運営する

・まだわからない

医療制度の幹部への道を歩み始める方法はわからなかったため、実現の可能性が低いと判断して、優先順位を下げた。

残る三案は、どれも取り組みが似通っていた。どの取り組みもいまのポジションで成功するのに役立ち、三案が実現する可能性を高めるものだった。どれも「後悔しない行動」で、どれか一つに決める必要がなく、三つを同時に遂行できた。これらの重複する取り組みが、ザックの戦略になった。

三つのキャリアの方向性で唯一異なるのは、ネットワークづくりだった。それぞれの案のために必要な人脈は、いくぶん異なるはずだ。いまの仕事では政府外の人脈をつくりにくいため、

彼はそれを最優先事項とした。

ザックが実行したのは、正式な長期戦略策定に倣った手法だ。事前評価に六カ月以上かけたおかげで、仕事に支障をきたさずに、納得のいくまで熟考できた。この計画はいまも進行中で、成果があがっている取り組みもあれば、そうでないものもある。そして嬉しいことに、彼は政府機関内で昇格した。最終的にどうなるかはわからないが、彼はキャリアを望ましい方向に導くために全力を尽くしている。

あなたも長期戦略を立てるとき、ザックのことを思い出してほしい。彼の取り組みはどれも具体的な機会と結びついていて、複数の新しい方向性といまのポジションでの成功の両方に役立つものだった。これはすばらしいことだ。


第Ⅱ部では、第Ⅰ部で定めた長期の目標を行動に落とし込んだ。そうした行動の一つが、出発点としてふさわしい機会を模索することだ。第Ⅲ部ではこのトピックをとりあげよう。

第Ⅲ部

機会探索戦略

自分に合っていることを見つけ、それを行う機会を確保することが幸せになる秘訣である。

ジョン・デューイ

マーケティング担当者は、自社製品のターゲット市場の顧客にねらいを定め、顧客の行動や製品に関するニーズ、希望を調査する。それから顧客に価値提案を伝え、製品を買おうという気にさせる。たとえばテレビCMを撮影する前には、最も重要な市場セグメントの消費者についての市場調査を行い、どんな番組を見ているかを調べる。そして価値提案を魅力的で説得力あるかたちで提示する方法をいろいろ試してみる。工業製品の強力な売り手も同様の戦術を用いる。得意先になりそうな企業を選び出してくわしく調査し、競合製品が応えていないニーズを自社製品によって満たす方法を考える。言い換えれば、彼らは売り上げを得るために価値提案を利用しているのだ。

私にキャリアのアドバイスを求めてくる人たちのほとんどが、求職活動中の人だ。早急に仕事を必要とする人も多い。これから社会人になろうという学生から、いまの仕事に不満のある人、失業中の人に至るまでの誰もが、求職活動のスキルをいますぐ必要としている。だが長期戦略について先に述べたように、**求職活動のスキルを開発するのに最も適したタイミングは、求職活動をしていないとき**なのだ。スキルが必要になる前に、しっかり身につけておこう。

新しい長期戦略を実行に移すために求職活動を行う方法は、人によってまちまちだ。社内外

図5　第Ⅲ部：機会探索戦略を策定する

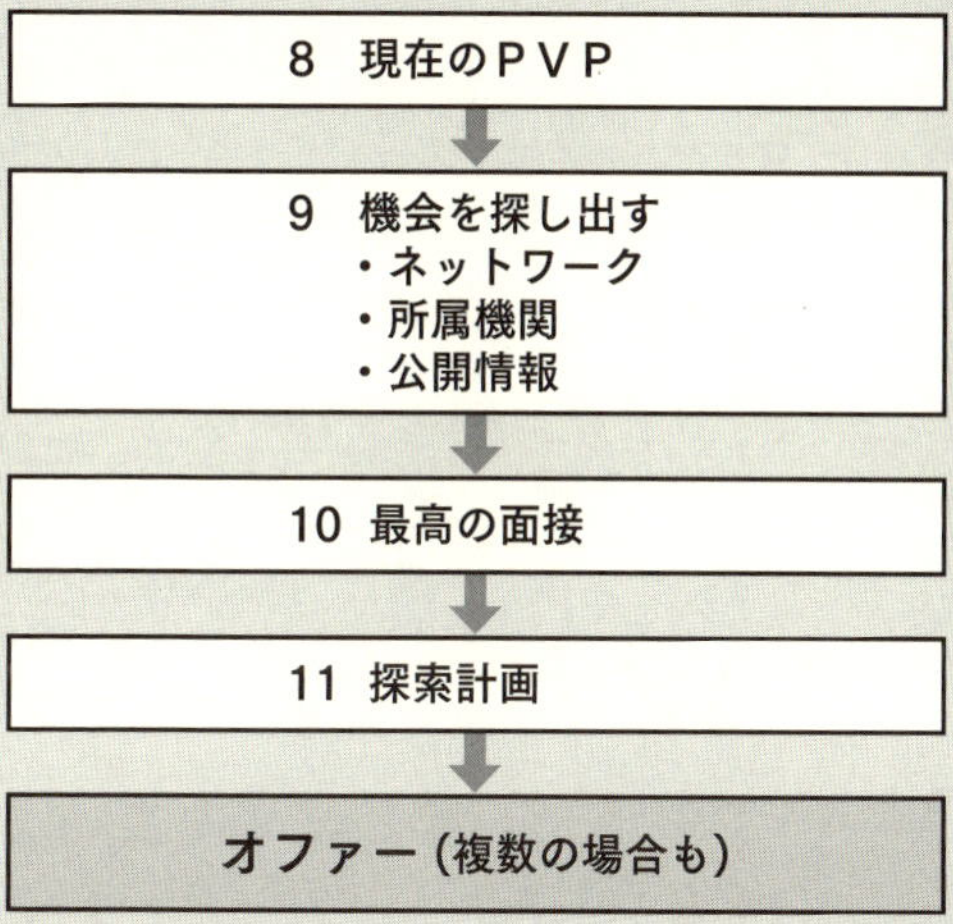

の新しい機会を人に知られずに探そうとする人もいる。また現状に完全に満足している人であっても、胸躍るような機会が現れれば対応するだろう。

優秀なマーケティング担当者や営業担当者が行うような方法で、キャリアの機会を探索しよう。それには図5に記した四つのステップを実行すればいい。

第8章では、第Ⅰ部で紹介したＰＶＰのコンセプトをここでも利用して、機会探索を行う方法を説明する。これを「現在のＰＶＰ」と呼ぶ。

第9章ではあなたのＰＶＰにふさわしい機会を探し出す方法を説明する。それにはネットワークを活用するのが最もよい。効率的にネットワークを築くための有効なプロセスが必要だ。

魅力的な機会が見つかったら、オファーの獲得にこぎ着けなくてはならない。第10章では最善の主張を行う方法、つまり面接であなたのPVPをしっかり伝え、質問に答えるための準備をする方法を説明する。

第11章では第Ⅲ部のまとめとして、機会探索計画を立てる方法を説明する。大成功につながった探索の物語を通して、すべてのコンセプトをつなぎ合わせて説明しよう。

章がこのような並びになっているのには、合理的な理由がある——まずPVPを定め、機会を探し出し、そして最高の面接に臨むのだ。だが実際にはさまざまな行動を組み合わせることになるだろう。たとえば自信に満ちたPVPをつくるために必要な知識を得るには、まず有望な雇用主を知っている人を自分のネットワークから探し、話を聞かなくてはならない（第9章）。だが話を聞くにしても、すでにこうした雇用主のことを自分でもある程度知っていて、かつ自分のPVPについてなんらかの構想をもっていなければ、大した成果は得られない。そんなわけで、これらの章は合理的な順に並んではいるものの、学習しながら行きつ戻りつするのがいいだろう。

第8章

実現可能なターゲットに集中する

新製品のマーケティングキャンペーンを企画するにはどうすればいいか？　製品をどのように販売すればいいか？　このとき問題になるのは、どのような製品デザインが望ましいかということではない。製品はすでにできあがっているのだから。また数年後の市場環境がどうなっているかということでもない。問題はいま現在だ。効果の高いマーケティング・販売活動は、製品の現在の価値提案のうえに成り立っている。

求職活動も同じだ。重要なのはあなたがいま表明できるＰＶＰだ。これが、あなたという製品の基本戦略になる。つまりあなたがいまどんなポジションを求めているか、なぜあなたが適任なのかということだ。ＰＶＰさえ正しく設計できれば、機会を探索しオファーを確保するためのマーケティング・販売活動は自然に生まれる。またよいＰＶＰがなければ、どんなに効果的な探索を行ったところで何も得られない。

第Ⅰ部の主な成果は、野心的なＰＶＰだった。このときはＰＶＰが時間とともに変わっていくことを強調した。第Ⅱ部では考え方は同じだが、ちがうのは、いま実現可能なターゲットに集中する点だ。いまのあなたの強みに合った人材を求めている雇用主に焦点を合わせよう。

ＰＶＰを省略したり、軽視したりする人は少なくない。自分の理念と関心、強みがどうつながっているかを、時間をとって戦略的に考えようとせずに、面接の準備やネットワークづくり、オファーを得るための活動ばかりに力を入れたがる人があとをたたないのだ。そしてやみくもに行動をとろうとするが、実は彼らがとっているのは不要なリスクである。長い目で見れば希望するポジションにつながるはずの機会を追求せず、一番強みのある分野で勝負しようとせず、自分に合わないポジションを求めて時間を無駄にしている。戦略的な機会探索を開始することの重要性は、いくら力説しても足りないくらいだ。必要な時間をとって、自分のＰＶＰを理解しよう。最初に時間をかければ、その分進みが速くなる。

本章では現在のＰＶＰを作成する方法を説明し、続いて長期的視野で考えてから、状況に応じてただちに短期戦略に切り替えた女性の物語を紹介しよう。

exercise

現在のＰＶＰを構築するエクササイズ

現在のＰＶＰについて考えるには、長期戦略のキャリアパス計画を叩き台にするのが自然だ。キャリアパス計画を取り出して、自分の立ち位置を確認し、それをもとに現時点での最善のターゲットを考えよう。または、少なくともターゲットを考えるうえで参考にしよう。この計画は、機会探索のよい出発点になる。

その前にまだやるべきことがたくさんあるという人もいるだろう。だがキャリアの長期的な方向性は定めたが、それに到達するための計画ができていない人であっても、すでに自分の理念と強みを理解し、分野や職務を特定し、それを得るための野心的なＰＶＰを設定しているはずだ。それもよい出発点になる。

いずれにしても、これまで考えたことを、自分自身や外の世界の変化とすり合わせる必要がある。また第Ｉ部の手法をいまの環境にあてはめることによって、いまという時間枠に焦点を移すことになる。ここでは新しい発見をすることより、これまでの作業をアップデートすることが主体になる。当然ながら長期の抱負を定めたときと比べて、長期的関心よりいまの強みに力点を置くことになる。これから説明するステップを実行して、現在のＰＶＰをつくろう。

①自分の強みを知る

あなたがいまもっているノウハウは、雇用主があなたを雇う根拠になる。

なかでも最も強力なのが、希望するポジションと密接に関係する知識や強みだ。たとえば石油探査企業の事業開発アナリストに必要なのは、どのプロジェクトに資金を提供し、どれを却下すべきかを判断する能力だし、非営利団体の資金調達担当者なら、篤志家を発掘・開拓し、長期に支援してもらえるよう働きかけるノウハウと能力だろう。またこうしたポジションに初めて就く人は、必要な能力を妥当な期間内に習得できることを示す必要がある。

強みは具体的であればあるほどいい。単なるITスキルではなく、小売り関連のITスキルなど。そのなかでも、値引きをサポートするITソリューションや、効率的な在庫管理、季節に合わせた職員配置といった細かいスキル、複数の店舗や大小の店舗のネットワーク統合といった技術的な側面の強みなどを強調できればなおよい。同じITでもより上級のポジションをねらう人は、こうしたスキルを程度の差はあれ全般的に兼ね備えている必要があるが、それでもやはり強みを把握しておく必要がある。

強みを考えるとき、勤勉、忍耐強さ、協調性といった性格をあげる人もいる。こういった特性はとても重要ではあるが、それだけでは差別化を図りにくい。PVPに含めるのはいいが、最初にあげるのはやめたほうがいい。あげるにしても、職務に特化した強みを示してからにしよう。

それから第2章に戻って、強みの評価に関する活動（自己評価、人事考課、自己診断テスト、人の意見を聞く、自分を「採用する」、特徴的な強みをリストにする）を完了しよう。これをするための早道はないが、以前作成した強みのリストが参考になるだろう。こうしてランク付けしたリストを更新したら、それをもとに以下のステップを実行する。

②魅力的な分野や職務を思い描く

すでに具体的な職務が念頭にある人もない人も、考えてみよう。いまあなたがいる分野や職務のなかで、いまのあなたの強みから自然に連想されるものにはどんなものがあるだろう。またあなたのような強みをもつ人は、ほかにどんな分野や職務で必要とされるだろう。謙虚になる必要はない、存分に想像力を働かせて考えよう。もしもあなたのいまの強みが、似たような経験を積んだ人たちの間でずば抜けているとしたら、どんな分野や職務が可能になるだろう？

分野や職務を思いついたら、自分が楽しめるものか、抱負を実現するのに役立つか、実現可能もしくはそれに近いかという、三つの基準に照らして検討しよう。この基準をクリアするものが、有望なターゲットの最初のリストになる。また特定のポジションを考えている人は「この分野の職務はこれらの基準をクリアするだろうか？」と考えよう。

③雇用主について知る

あなたの強みが雇用主のニーズにどう役立つかを、雇用主任せにせず、あなた自身も考えよう。点と点をつなぐのだ。雇用主の立場に立って、なぜあなたを採用する／昇進させるべきなのかを考える。

雇用主が人員募集を決めたとき、何を考えていたのかを知ろう（「XとYができる人材を探す必要がある」など）。求人広告に記載された職務内容を読んでみよう。そこに書かれた要件を、そのまま強みに置き換えられることもある。ただしなかには業績や実績の要件が列挙されているだけで、理にかなってはいるが強みとして使えないものもあるし、きちんと考え抜かれていないものもある。

ネットワークづくりでは、雇用主について知ることに主眼を置こう。とくに求職活動の初期の、まだPVPができていない時期には、これが大切になる。あなたが興味をひかれる雇用主を知っている人に話を聞こう。雇用主に関するその人の見解を聞き、それをもとにどのような人材がふさわしいかを考えよう。雇用主は何を求めていて、自分のような人材をどのようにとらえるだろうか。

第4章では職種について調べる方法を説明したが、同じ手法を使って特定の会社やポジションについて調べてみよう。その会社について書かれたことをできる限り読み、実際に勤めている人の話を聞こう。彼らは当然会社のことをよく知っている。その職種にくわしい部外者、たとえば顧客や取引先、提携先、元従業員などにも話を聞こう。

こうして得た情報は、自分が特定の職種に就く、あるいは雇用先で働く準備がどれくらいできているかを判断し、求職活動のターゲットを定めるのに役立つ。またこのような情報をもっていれば、ネットワークづくりの顔合わせがより有意義なものになるだろう。職種や組織、ポジションについての予備知識があれば、雇用主によい印象を与えられる。

④期待について考える

あなたは仕事の報酬やライフスタイル、勤務地などについて、いろいろな期待をもっているだろう。あなたにとってとくに重要な要素と、あればそれに越したことはない要素を区別しよう。最も重要な要素がわかっていれば、自分の期待に添うポジションをターゲットにでき、そうでないポジションに時間をかけずにすむ。たとえば転勤を望まない場合は、通勤圏内の雇用主だけをターゲットにすればいい。他方、たとえば金銭的条件が合わなくても、ほかに希望するもの（すばらしい研修の機会など）を提供してくれるオファーを検討する気になるかもしれない。どのようなオファーを受け入れるかを、この時点で最終的に決定する必要はないが、ここで考えたことはターゲットや優先順位を決める際にきっと役立つだろう。

⑤期限を考慮する

あなたの準備が整ったときに絶好の機会が訪れることもあるが、そんなことはあてにできない。ときには実現できそうな妥当な（または都合のよい）目標と、実現性は低いが魅力的な目標の間で迷うこともあるだろう。オファーを得るまでどれだけ待つ覚悟があるかを考えておくこと。この点を考慮して、優先順位を決定する必要があるかもしれない。

あなたの個人的な事情も考えに入れる必要がある。理想をいえば、最も希望する機会を十分な時間をかけて追求し、早くに得たオファーや、長期目標に結びつかないオファーを受け入れるべきかという悩みとは無縁でいたい。これは、すでに仕事に就いていて、その仕事にそこそこ満足しているときに新しいポジションを探すことのメリットの一つだ。だがあなたはそういう状況にいないかもしれない。仕事を失ったか、失いそうな場合、仕事に不満をもっている場合は、より短い期限を設定することになるだろう。経済的な事情も期限に影響する。十分な蓄えがあれば、腰を据えて求職活動を行う余裕ができる。仕事のある間に支出を抑えて蓄えにまわしておけば、必要なときに必要なだけの時間をとれる。

もう一つ考えなくてはならないのは、ポジションによってオファーを得られる可能性が異なることだ。これについて考えるには、次の方法で雇用市場を分類するのがわかりやすい。ビジネスでは**「グッド／ベター／ベスト・セグメンテーション」**と呼ばれる分類法を用いると、貴重な洞察が得られる場合がある。あなたもぜひやってみてほしい。まずあなたが検討中の可能性を次の三つに分類する。第一が、追求すれば得られる可能性が高い、無難だが理想的ではないポジション（グッド）、第二が、魅力的だがそう簡単に得られそうにないもの（ベター）、第三が、非常に望ましいが現段階では敷居の高いターゲット（ベスト）だ。このような機会の分類が、この時点でのあなたの市場セグメンテーションになる。

同じ分野の異なる雇用主（競争率によるちがい）や、同じ会社または分野の異なる職務（階層内の地位によるちがい）、まったく異なる職種・職務なども、同じように分類できる。時間に余裕がないときは、いまの仕事に近い、「グッド」な機会に重点を置かざる得ない。十分な時間があれば、高めの目標から始めて、必要に応じて手の届く可能性を検討するようにしてもいいだろう。

⑥ＰＶＰの内容を検証し、決定する

検討中の一つひとつのターゲットについて、現在のＰＶＰを作成しよう。ＰＶＰにはターゲットと、そのターゲットを実現するために必要なこと、あなたが適任である（できれば、最も適任である）根拠を必ず含めること。自分がそのポジションに採用される見込みがあるのかないのか、そしてその理由は何かを考えよう。続いてそれぞれの選択肢を次の観点から検証する。

- このＰＶＰは、あなたのいまのスキル・知識と、ターゲットのポジションとを密接に結びつけているか？
- あなたの現在のＰＶＰを知り合いに聞いたら、何と答えるだろう？　このＰＶＰを見せたら、どんな感想をもつだろう？
- このＰＶＰは長期の抱負に向かうのに役立つか？
- 分野を狭めることで、ＰＶＰをより強力にできないか？

最もよさそうなＰＶＰを選んだら、少し時間をとって、それが実現可能かどうかを考えよう。実現する見込みがあるなら、それに決定だ。実現しそうになければ、残りの可能性を同じように検討しよう。これらの質問について考えたら、必要に応じてＰＶＰを修正しよう。このＰＶＰを書きとめ、それを選んだ根拠も記しておこう。実際の求職活動の間に何度も見直し、進路を外れずにいるための指針にしよう。

最善の主張を行う方法は、第10章で説明する。現在のＰＶＰのエッセンスである、レジュメとエレベータースピーチを用いるやり方だ。これらの作成にとりかかるには、ＰＶＰがまもなく完成しようといういまがちょうどよい時期だ。

これらの手法をわかりやすく説明するために、求職活動のなかでもとくに難しい問題にまつわる物語を紹介しよう。それは、長いブランクのあとで仕事に復帰することだ。専門知識は錆びつき、ネットワークは古くなり、本気度を疑われる——これに立ち向かったのがシャノンだ。

case 23

エレベータースピーチをつくる

シャノンは医療コンサルティングからＭＢＡを経て、三二歳のとき投資顧問業に転身した。その後妊娠と出産を経験し、退社して夫の海外赴任に同行し、ようやくアメリカに戻ってきた。五〇歳のシャノンは一〇代の子どもたちを抱える離婚した母で、一一年も仕事に就いていなかった。何としてもキャリアを再始動させる必要があった。

これは生やさしいことではなかった。シャノンに必要なのは自分を客観的に評価し、長期の抱負を定め、新しいPVPを作成して、早急に求職活動にとりかかることだった。またPVPを軌道に乗せるために必要なことを実行し、新しい仕事上のネットワークをつくり、自分をトータルなパッケージとして、説得力ある方法で提示しなくてはならない。彼女には長期戦略と短期戦略の両方が必要だった。事前評価や内省に長い時間をかける余裕はなかった。彼女はこう語る。

がけっぷちに立たされたとき、以前の仕事に戻ろうと思いました。つまり医療の世界を改革するために奮当すること――医療の効果を高め、人々の健康を守るためのより良いモデルを示すことです。実を言うと、私は問題を解決するのが好きなんです。医師たちをとりしきるタイプの人間なのね。この国では医療制度の運営が適切に行われていないからこそ、こんな情熱をもつようになったんです。

シャノンはなぜ自分が過去に成功できたのかをふり返った。そして自分の際立った強みが、幹部に問題を理解させ、話し合いで解決するよう誘導する能力にあると結論づけた。これらの強みをうまくアピールできれば、大きな武器になるはずだ。

だがシャノンはどうやって準備をすればよいのかわからなかった。「怖かったんです。とくにIT分野で後れをとっていることを自覚していました。でも技術をくわしく勉強する気はなかった。「医療ＩＴに関わる仕事をしたことはありませんでしたから」。だがたとえＩＴが守備範囲でなくても、次の二つの問題に関する最新事情を抑えておく必要があった。ＩＴが医療にどのような影響を与えているか、そしてＩＴによって協力して仕事をする方法がどのように変化しているかだ。

彼女は何をすべきかを悟ったときのことを、こんなふうに回想する。

私はサンルームに座っていました。コーヒーを飲みながら考えごとをしていたんです。そのとき医療ＩＴの研究プログラムに関する新聞記事が目に入り、これこそが自分のやるべきことだとひらめきました。自分を高めるための計画が必要でした。車を運転するときのように、どこに向かっているかを知る必要があったんです。周りばかり見ていると、事故に遭うでしょう。この講座が短期の目標になりました。六カ月間の、手の届く範囲の目標です。受講することで弾みがつくと思いました。

医療の規制や報告に関する変更をリアルタイムで把握している人はほとんどいないが、このＩＴプログラムではそれをくわしく学ぶことができた。またプログラムは、ＩＴに関する彼女のもう一つの目標を達成するのにも役立った。アウトルックやパワーポイント、オンライン会議といった基本ツールに慣れることができたのだ。

よいことが次々と起こり始めた。インターネットでいろいろ調べるうちに、医療情報の報告を管轄する新しい政府機関が、彼女の自宅から五分の場所にできたことを知った。早速行って責任者に自己紹介し、後日機関の仕事について説明を受けた。彼女はこう語っている。「責任者とはすぐに意気投合しました。空いているポジションがあって、人手が足りないという話でした。そこで、簡単なコンサルティングプロジェクトを引き受けることにしました」。プロジェクトを引き受けたことにはもう一つ収穫があることに、彼女はあとで気づいた。「プロジェクトが組織内で評価され、注目を集めたんです」。おかげで組織のほかの人たちも彼女を雇いやすくなった。

ITプログラムを受講し、コンサルティングプロジェクトを行ったことで、新しい短期のPVPができた。彼女はPVPのコンセプト通りのことを行ったが、正式に書きとめはしなかった。代わりに彼女は自分のことを簡単に説明する、いわゆる「エレベータースピーチ」〔エレベーターに乗っている間に相手を説得できる、簡潔なプレゼンテーション〕を準備したのだ。

私のPVPは、エレベータースピーチのたぐいのものでした。自分がどんな仕事をしてきたかではなく、医療を改善したいという情熱を示すものでした。細切れに語ることも多かった。医療を改善できる組織でぜひ働きたい。必ず成果をあげてみせます、など。相手の求めていることを調べ、自分が組織の目標にどう貢献できるかを説明しました。

彼女は本気だということを示すために、自分自身の物語を語った。「私の情熱が確実に伝わるように気を配りました。そうしたからこそ、私に合った仕事を与えてもらえたんです。応募時には、職務要件を必ずしも満たしていませんでした」。

エレベータースピーチには、「人脈をアピールする」要素も含めた。シャノンはITプログラムを通して地域の医療機関や企業の関係者の話を聞いたおかげで、これらの組織が業界の変化にどのような影響を受けているのかを語ることができた。また以前の仕事についても説明できるよう、準備しておいた。とくに病院のコンサルティングを通して、統合されたケアマネジメントというコンセプトを打ち出したことを説明するつもりだった。

シャノンは面接で自分のスタイルを知ってもらおうと考えた。相手の話に耳を傾け、的確に質問する力を示せば、難しい会議を円滑にとりしきる能力を直に示すことができる。うまくいけば、一緒に働きたいと思ってもらえるだろう。

また仕事の世界から離れていたことへの懸念を柔らげ、復帰する準備ができていることを示す必要があった。ITプログラムで得た資格とコンサルティングプロジェクトが助けになったが、さらに確証を与えたかった。そこで会話を始める前に、自分からブランクについてふれ、仕事に戻れるのをどんなに待ち遠しく思っているかを語った。「できるだけ早い段階で、私がきちんとした人物だということをわかってほしかった。そこでエレベータースピーチではまずブランクについてふれ、海外に行って戻ってきたこと、子どもが小さかったことを手短に説明しました。おかげでそれ以上詮索されませんでした」。

このスピーチには、彼女の自信と誠実さ、決意を示す効果もあった。彼女の隠し立てしない性格は好感を呼び、物語は筋が通っていて、それを聞いた人は彼女の助けになりたいと思った。

シャノンは説得力をもって主張できるよう、周到に準備した。「シャワーや運転の最中に、頭のなかで予行演習しました」。

機会を開拓するには、新たな仕事上のネットワークが必要だった。彼女は知り合いをたどって、地元の医療関連企業の人たちに接触した。

シャノンは三カ月のうちに二つの有望なオファーを得た。彼女はITを学んで戦線に復帰し、本気度を証明したが、どちらのオファーもIT主体のポジションではなかった。彼女はこう話してくれた。「いまの仕事を得られたのは、昔の経歴があったからです。もともとIT希望ではなく、医療ではITが基本だから学んだというだけです。私がめざしていたのは、戦略とプロジェクトに関わる仕事です。CEOは私との面接で、それが組織に欠けていることに気づき、私のためにいまの職務をつくってくれました」。

彼女は求めていたものを手に入れた。新設の特別プロジェクトのポジションだ。情熱が採用の決め手になったと、彼女はあとで聞かされた。

私がシャノンと話したのは彼女が機会を探索していたころで、当時私はまだ本章の初めに説明した、PVPを作成するためのステップを考案していなかった。二年後にステップが完成すると、私は彼女にリストを見せて、こういうやり方をしたかどうか尋ねてみた。

ええ、私がやったのはまさにこれです。意識してやったわけではないし、順序もちがうけれど、頭のなかでは整理されていました。ノートに書きとめて、いまも使っていますよ。コンサルティング、リサーチ、病院運営の改善、戦略・変革マネジメントといった仕事について、自分がどんな付加価値を提供できるかを箇条書きにしたりしました。これをPVPというんですね。私に許された時間は三カ月から六カ月とかなり短かったから、とりあえず仕事に数年戻ってみて、長期的なことを考えるのはそれからにしようと思っていました。授業で強みを整理し、アピールポイントをまとめたエレベータースピーチを準備しました。まずブランクについて簡単にふれてから、自分が提供できる付加価値を説明しました。

シャノンは大がかりで本格的な事前調査は行わなかった。より直感的な方法をとったが、それでも本書で説明する通りのやり方を進めた。最も重要なことに、医療分野が長期のターゲットとしてふさわしいことに気づき、いま実現できそうなPVPをまとめた。それからそれを実現するのに必要な専門知識を立て直し、ネットワークをつくり直し、自分の能力を説得力ある方法で証明するプレゼンテーションを行った。表2が、このときから二年後に私たち二人でま

表2　シャノンの現在のPVP

ターゲット	組織のニーズ／シャノンの強み	シャノンの期待
・地元の都市の主要な医療機関 ・変革と改善を必要としている ・事業の枠を超えた職務が望ましい ・臨床戦略とオペレーションに集中	・運営改善の機会を見きわめる ・機会を実現するために組織内に働きかける 　－上下の橋渡し 　－話を聞くスキル 　－話し合いを円滑に運ぶスキル 　－プロジェクトマネジメントのスキル ・情熱と行動力 ・医療管理の最新事情、とくにリスク管理とＩＴの活用にくわしい	・３～６カ月以内に結果を出す ・個人的成長とキャリア形成の基盤 ・家庭の事情でブランク後に復帰することを考慮した、妥当な報酬

とめた彼女のPVPだ。

シャノンは新しい戦略を立て、速やかにそれを実行に移し、求職活動を成功させた。今後は仕事で経験を積みながら、長期の目標について考えるだろう。彼女にはいろいろと学ばせてもらった。

シャノンのようにPVPを一つだけに絞ることにはメリットがあるが、一つに絞り込むのは必ずしも簡単なことではない。それについて説明しよう。

ＰＶＰを一つに絞ることのメリット

ＰＶＰを一つに絞ることができれば、機会探索がやりやすくなる。一つの分野や職務を深く調べ、それに合わせて自分をアピールする方法に磨きをかけられる。調査やネットワークづくり、面接準備も、ターゲットに合わせて行える。これが、ターゲットに到達できる見込みが最も高い理想型だ。

私がある転職コンサルタントにＰＶＰについて話したところ、この用語は初耳だと言いながらも、すぐに趣旨を理解し、気に入り、焦点を絞ることについてこんな助言をしてくれた。

仕事をしながら転職を考えている人は、自分が何をしたいのかを見きわめることだ。ただ会社を移りたいというのでは、話にならない。それではコンサルタントに優先してもらえない。優先されるのは、自分がやりたいことをきちんと説明できる人だ。どういう企業に行きたいという漠然とした希望ではなく、「Ｘ社のような企業でぜひ働きたい、その理由はこうです」と説明できなくては。そうすれば、ただ「Ｘ社のような企業」に移りたいというだけでなく、いろんなことが伝わる。いまの仕事から逃れたいのではなく、何かを求めているから転職するのだろう、とわかってもらえる。すぐに転職したい人は大きな網を張ることが多いが、あてもなく探すよりは、焦点を絞ったほうが説得力がある。

多くの可能性を追求すればするほど、魅力的なオファーを得られる見込みが高まるように思うかもしれないが、現実はそう甘くない。可能性が増えても、どれを追求する準備もできていないなら、オファーを得られる見込みは低くなってしまう。たとえオファーを得られたとしても不満が残り、もっとよい機会があったのではないかと悩むことになる。

範囲を広げれば可能性は増えるが、二つの質の高い求職活動を並行して行うのは、それぞれに時間をとられて大変だ。二つの分野がほとんどまたはまったく無関係なら、二種類のPVPと二種類のレジュメ、二種類の活動が必要になる。ソーシャルメディアのような宣伝ツールを使う場合は、特定の職種にねらいを定めるというよりは、自分についての一般的な説明を伝えることになりがちだが、そうした的を絞らない説明が、ターゲットの関心をひく可能性は低い。

とはいえ、複数の異なるターゲットをねらうことが合理的な場合、たとえばターゲット分野に機会が少ない場合などもある。一例として、美術史という狭い分野のテニュアトラック〔終身権の取得をめざすコース〕の教授職が好例だ。狙っているポジションの競争率が高かったり、自分が何をしたいのかはっきりわからない場合は、どうすればいいだろう?

そういう状況にある人は、一般的で漠然とした一つの戦略より、別個の異なる複数の戦略を実行するのがいい。一つ目のターゲットを選び、それを追求する戦略を立て、戦略を実行に移す。時間が許せば二つ目のターゲットを選び、同じことをする。よい機会が見つかれば万々歳だが、メリットはもう一つある。別々の戦略を立て、実行するうちに、複数の分野や職務に重要な共通点があることに気がつくかもしれない。その発見をもとに、より一貫した新しい機会探索戦略を立てられるだろう。

焦点を絞りきれない人の気持ちはよくわかる。私自身そういう経験があるし、もっともな理由からターゲットを変える人たちを見てきた。雇用市場が非常に小さい場合や、それまでの職歴とはまったくちがう世界をめざす人たちは、ターゲットを変更することが多い。人と会って話を聞くうちに、ターゲットの雇用主のニーズをよりよく理解し、そのニーズに自分が応えられるかどうかについて意見を聞き、そうして学んだことをもとにPVPを変更する。このような柔軟な学習は、求職活動を成功させる重要な要素だ。

PVPに関するよくある疑問に答えよう。PVPのことを、雇用市場へのアピールを目的とする売り込みテクニックだと思っている人が、少数だがいる。このような観点に立つと、戦略を立てている当の本人にとって大切なことが後回しになるうえ、雇用主のニーズを自分が確実に満たすことができるというPVPのエッセンスまでもが二の次になる。これではまずい。ここではっきりさせておきたいのだが、PVPとはあなたの真の姿を映し出すものだ。求職活動でいえば、いま現在あなたが担う準備ができているポジションのことだ。いわゆる「市場本位の」戦略をとって、雇用主のニーズは満たすが自分の強みとは無関係な方法で自分をアピールすれば、結局は自分に合わない仕事に就くはめになり、成功することもなく、天職が見つかる見込みも大幅に下がるだろう。

最後にもう一点。もし現在のＰＶＰがあなたの抱負とかけ離れているなら、当面はあまり心躍らない可能性を追求することになるかもしれない。その場合でも、不満をバネにしてステップアップをめざそう。いまの自分となりたい自分のギャップを自覚することで、貴重な洞察が得られる。これをもとに、第Ⅱ部で説明した通りの方法で新たな長期戦略を立て直すのもいいだろう。

さて現在のＰＶＰができあがり、それを活用する準備ができた。それにはまず有望な機会を探すことから始めなくてはいけない。次章でそれを説明するとしよう。

マーケティングや販売の戦略は、価値提案を通してより洗練された、強力なものになる。たとえば法人向けに販売される製品の場合、（すべての企業ではなく）ターゲット企業が販売対象となり、ターゲット企業のあいだでよい評判を築くための取り組みが行われる。小売業者を通して消費者に販売される製品なら、（すべての小売業者ではなく）ターゲット消費者を対象とする小売業者に卸され、（すべての消費者ではなく）ターゲット消費者を対象とするポジショニングとメディアプログラムが実施される。

どんなに強力なPVPがあっても、魅力的な機会が向こうから舞い込んでくることはない。ビジネスと同様、自分から機会を見つけに行く必要がある。そこが難しいところだ。

第6章では機会の三つの情報源である求人情報、所属機関、仕事上のネットワークについて説明した。前にも述べた通り、私がキャリアの相談に乗った四人に三人が、ネットワークづくりを通して新しいポジションを見つけていた。求人情報と所属機関を活用しつつも、ネットワークづくりに大半の時間をかけよう。

強力な仕事上のネットワークは絶対に欠かせない。本章では、ネットワークを最大限に活用して有望な機会を見つける方法を説明する。また公開情報や所属機関を通して興味をひく機会が見つかれば、ネットワークの人たちと話してその可能性を確かめ、うまくいけば面接に呼んでもらえるかもしれない。本章ではそれをうまくやるためのネットワークづくりの手法を説明する。企業幹部のフレデリックの物語は、ネットワークを活用したすばらしい例だ。

case 24

販促キャンペーンのように機会を発掘

フレデリックは順調に昇進を重ねて経営コンサルティング会社のパートナーになったが、その後家庭の事情で出世コースから外れた。妻に先立たれ、二人の幼い子どもの面倒を見なくてはならなくなったのだ。彼はコンサルティングの激務と出張の多さに耐えられなくなり、会社をやめてヨーロッパ系のクライアント企業に移り、北米部門の統括責任者になった。彼が率いた四年のあいだに、事業規模は一億ドルから五億ドルに拡大した。だが成功も長続きしなかった。拡大はやがて頭打ちになり、海外の本社に移らない限り昇進の見込みはなくなった。彼は子どもたちを連れて海外へは行けないと判断し、同じ分野の別のコンサルティング会社に移った。このポジションは出張が少なかったが、その後会社が売却されたため、やめることにした。フレデリックは友人とともに、彼の最も精通する業界に特化した小規模なベンチャーファンドを立ち上げた。二〇〇七年の創業後、業績は順調に推移していたが、折からの不況で投資件数と投資家の意欲が激減し、とうとう二人はファンドを解消した。

フレデリックは求職活動を経て、あるスタートアップのCOO（最高執行責任者）に就任した。このときの求職活動を通じて、彼はオファーを得ただけでなく、この種のポジションの雇用市場が非常に活発であり、自分がその市場で引く手あまたであることを知った。彼が先行きを楽観視できるようになったのはよいことだった。一年半後に創業者との意見の不一致から、会社をやめることになったからだ。彼は再び求職活動に戻った。

フレデリックはネットワークを通じてよい機会を探すことに集中した。この業界で二〇年間働き、コンサルティングを行った経験から、彼には仕事関係の親しい友人やコンタクト先が多かった。このように彼はもともと有利な立場にあったのだが、ネットワークを活用する方法も実に見事だった。彼はビジネスで販促キャンペーンを行うのと似た方法で、魅力的な機会を効率的に発掘する手法を確立した。彼はこう説明してくれた。

重要なのは、毎週何人に連絡をとるかですね。できるだけ多くの人に接触することがポイントです。議論が機会を生み、やがてオファーになるんです。私はコンタクト先の名前と住所、業種、前職、関係の強さを、エクセルのスプレッドシートに記録しています。毎週五〇人に連絡をとって、接触の質を一から七までの段階で評価するんです。電子メールなら何点、直接会えば何点というように。毎週五〇人に連絡をとり、合計一五〇点なら、三カ月か六カ月後には仕事が決まるはずです。ほとんどの人は十分な数の人に接触していませんね。

これはつくり話ではない。フレデリックは大量の電子メールや電話、直接の会合を通して、毎週五〇人に連絡をとっていた。毎週だ！　業界の展望について大まかな質問をし、最も見通しが明るい分野を尋ねた。相手の会社に仕事の機会はないか、ほかに会うべき人を誰か紹介してもらえないか聞いた。そうするうちに多くの機会が見つかった。

フレデリックのプロセス管理のもう一つの重要な要素は、タイミングと順序だった。オファーはもちろんほしいが、望ましいオファーを得るため、いまのオファーにイエスをいうべきかどうかで悩むのは嫌だった。彼はこう言っている。「オファーを得てしまうと、話がとてもややこしくなります。年俸Xドルのオファーを蹴って、別のオファーを一月まで待つべきなのか？　いったんオファーを得れば、三週間後には返事をしなくてはいけなくなります。それを過ぎると無効になる。一〇月第一週に得たオファーは、一一月一日にはとり消されてしまうんです」。

こうしたジレンマを避ける魔法の方法はない。だがフレデリックは面接の予定を入れたり電話をかけたりする際、タイミングを考慮した。「多忙な相手の場合、一度キャンセルすると、次に連絡をもらえるまで三週間も待たされますからね」。また、オファーを一つ確保すると、それを口実に別の会社に電話をかけ、決定を早めてもらえないか交渉することもあった。確保しているオファーを実際に受け入れる用意がある場合には、効果的な方法だ。ただし、もとからそのオファーを受け入れる気がない場合は、リスクが高い。電話をかけた相手の不興を買うおそれがあるからだ。

フレデリックにとって、タイミングは重要だった。六カ月以内になんらかの進展を見たかった。人材紹介会社の友人たちから情報を収集して、彼はこう結論づけた。「六カ月以内に仕事に戻れれば、何の文句もありませんよ」。

フレデリックは達観していた。「求職活動はマラソンに似ていて、やりようによってはよい方にも悪い方にも転びます。十分なトレーニングを積んだという自信をもってレースを開始できれば、その日の成績は問題ではなくなります」。

彼はこうした活動を経て、すばらしい結果を得た。求職活動を始めて四カ月後に、以前の仕事と同等の責任と報酬が約束されたポジションを手に入れたのだ。フレデリックのように上級のポジションを求める場合、これくらいの期間で結果が出れば上々だ。私はこれまでいろんな人のネットワークづくりを見てきたが、フレデリックほど周到なものを知らない。

広範で体系化された働きかけは、機会を見つける最善の方法だ。私はフレデリックなどのネットワークづくりの達人からその秘訣を学び、ネットワークづくりの原則を、次の四つに分類した――誰に連絡をとるか、いつ連絡をとるか、話をどのように進めるか、面接のあと何をするかだ。一つずつ説明しよう。

exercise

体系化された広範な働きかけのエクササイズ

①ネットワークを幅広く定義する

くり返しになるが、広範な体系化された働きかけが勝利への道になる。よく知っている少数の人たちだけに連絡をとり、よい機会が現れるのを運任せで待っていたのでは、失敗は免れない。親しい友人にしかアプローチしなければ、第6章で説明した「ゆるいつながり」の威力を活用できない。同級生や元同僚、社外の取引先、地元の知り合いなどもネットワークに含めよう。間口を広げるのだ。

②①と並行して新しいネットワークを構築する

知人に会ったら、ほかに誰に会うとよいか、誰かを紹介してもらえないかどうか尋ねてみよう。

あなたの求職活動と関係がありそうな人を考えてみよう。各種の企業ランキングは、ターゲット職種を考えるヒントになる。たとえば人気企業、成長中の企業、優れたＣＥＯなどのランキングだ。またオンラインの情報源を利用して、求職活動に関するアドバイスをもらえそうな人を調べてもいい。

こうした人たちとの接点が見つかれば（共通の友人がいる、同じ学校や会社に所属していたなど）、「コールドコール」（何のつながりもない相手にいきなりかける電話）ならぬ「クールコール」に答えてもらえる確率が高まる。知らない人に会ってもらうのは難しいことだが、たいていの人は助言を求められると喜ぶものだ。

求職活動を（周囲に隠さずに）オープンに行う場合、自分の計画をいろんな人に伝え、情報を求めるのも手だ。ソーシャルメディアを活用すればすばやく計画を広められるが、公表するタイミングを考えること。フレデリックは自分の求職活動についてこう語った。「フェイスブックやリンクトインに投稿すれば、三〇〇人にだって近況を伝えられます。でも、まだその用意ができていなかった。二〇人からすごいオファーをもらっても困るだけですから。それより前にやるべきことが山ほどありました」。彼はいまの会社をやめたときに生じる問題に目処をつけてから、新しい計画をじっくり考えたかった。いきなり活動を始めたら、助力を求める準備ができる前に連絡をとることになり、いざ助けが必要なときに相手にしてもらえなくなるかもしれない。

求職活動や、より一般的にはキャリアのためのソーシャルメディア活用法は、それだけで一冊の本が書けるほど大きなテーマだ。アマゾンとバーンズ・アンド・ノーブルのサイトで、「求

職活動　ソーシャルメディア」のキーワードを入れて検索したところ、それぞれ二二六冊と四八三冊の本が見つかった。このテーマを掘り下げたい人は、そうした本を参考にしてほしい。

③連絡をとり始める

電子メールを送ったり電話をかけたりするのに、心理的抵抗を覚えることもあるだろう。頼みごとをするのに気がひけることもあるし、万全の準備ができるまで待ちたいこともある。そうするうちにひと月が経ち、何の進展も見られないことに焦りを感じるかもしれない。

何ごとも、当初予定していたより時間がかかるものだ。多忙な人たちのスケジュールに割り込ませてもらうのだから、勇気を出して、早めに一人か二、三人に連絡をとってみよう。とにかく行動を起こそう。それに、カレンダーに実際のミーティングの予定が入っていれば、暫定的なＰＶＰを早く仕上げようと気合が入るだろう！

④よく知っている人から

親しい同僚だけに頼るのはよくないが、そこを出発点にするのは自然なことだ。何といっても一番会いやすい人たちなのだから。学習という点でも、知り合いから始めるのは理にかなっている。まずは自分のＰＶＰが通用するかどうかを試してみなくてはならない。つまり、あなたが特定の仕事をターゲットにしたことについてどう思うか、あなたがターゲットにふさわしいか、ほかに検討すべき仕事はないかを誰かに聞くのだ。自由な答えを求める質問をしよう。あなたのことを知っている人の助言には、それなりの根拠がある。ほかに電話をかけるべき人を紹介してもらえることもある。

計画が固まるにつれ、自分の方向性に確信がもてるようになる。網を広げて知らない人に会うのは、このタイミングだ。初めての相手に会うのはこの段階がいい。

いろいろな方法で働きかけよう。親しい友人なら、あなたの一番やりやすい方法で連絡すればいい。ほとんど知らない人や会ってほしい人には、まず電子メールや手紙を送り、それから電話をかけて面接にこぎ着けよう。お茶代や昼食代はあなたがもとう。

⑤優先順位の高い機会からか、低い機会からか

求職活動は完璧にやろうとするときりがないから、なるべく労力をかけずによい仕事を見つけたい、という人もいるだろう。そういう人は最も好ましい機会から活動を始める。もちろん、それが得策の場合もあるが、計画を実行する前に順番についてよく考えたほうがいい。

優先順位の最も高いものから始めれば、その分時間をかけて可能性をじっくり開拓できるというメリットがある。逆に優先順位の低いものから始めれば、ＰＶＰや面接スキルを磨いてから、満を持して優先順位の高い機会に臨むことができる。また優先順位の低い機会のなかに、魅力的なものが交じっていることに気づいて驚くこともあるだろう。

⑥次回以降の面接の予定を調整する

二、三のよいオファーを同時にもらい、それらを比較検討して最も気に入ったものを選ぶことができれば、それに越したことはない。そうすれば「藪のなかの鳥」(不確かな可能性)を望みながら、手のなかの確実なオファーを受けるかどうかを悩まなくてすむ――これは避けたい状況だ。

交渉段階まで進めば、タイミングをある程度調整できることもある。あなたが進みを遅らせていることに相手は気づかないかもしれない。状況によっては進みを早めるか、少なくとも有望な機会の実現可能性を探れるかもしれない。準備ができる前に決断を迫られることのないよう、面接の予定を調整しよう。

⑦話し合いを学習の機会と見なす

仕事にとどまらず、いろいろなことを尋ねてみよう。その業界で成功するにはどうすればいいか、自分をどのように位置づけるべきかを聞いてみる。ここで学ぶことは、とても有益な場合がある。それをふまえてターゲットを変更したり、自己アピールの方法を変えることになるかもしれない。またこうした質問で会話を始めれば、緊張がほぐれ、和やかな雰囲気になるだろう。

⑧強みとＰＶＰを名刺代わりに

以前の章で説明したように、あなたをよく知る人を含め、ほとんどの人にとっては、自分で話題を出すよりも、あなたが出す話題に反応を返すほうが楽なのだ。そこで、あなたの考える自分の強みとＰＶＰをもとに会話を進めるといい。自分の強みを説明し、それについてどう思うか、その強みを活用するにはどうすればいいかを尋ねてみよう。ＰＶＰで打ち出したターゲットをなぜあなたが実現できると確信しているのか、その根拠を説明しよう。この機会を利用して、ＰＶＰを実際に活用し、検証するのだ。

⑨ミーティングの記録を体系的に管理する

幅広い働きかけの進捗を把握するのは大変なことだ。多くのことが同時に進行する。人と会うたびに、いつミーティングが行われたか、何を得たか、その結果どうするつもりかを記録しておこう。進行を掌握するために、データベースやファイリングシステムを準備するといい。フレデリックが進捗をチェックするために用いていたスプレッドシートと採点方式は、効率的なシステムの一例だ。

⑩フォローアップ

有意義な話し合いをもったあとは、お礼のメールや手紙を送ろう。少し時間をおいてから再度面会を求め、あなたが学んでいることを報告したり、話を発展させるような質問をしよう。

⑪進捗状況と戦略を定期的に見直す

求職活動を調査のようなものととらえよう。メモを読み返して、パターンを見つけよう。あなたの選んだ方向性を追求するための、よりよい方法はないだろうか？　方向性やPVPを変更すべき理由はないか？　活動に十分な時間をかけているだろうか？　友人やパートナーに相談するのもいいだろう。よい相談相手がいないなら、自分と「対話」してみよう。

case 25

たんなる情報収集と機会探索の違い

イザベルはパートタイムで働いているころは、求職活動のターゲットとして、過去に行ったクライアント業務に関連する三つの分野を考えていた。彼女は同僚や元同僚の協力を得たり、大学の同窓会名簿を利用したりして、これらの分野のコンタクト先リストをつくった。またフレデリックと同じような形式のスプレッドシートで情報を管理していた。

イザベルは人に会うと、求人情報を得ることにこだわらず、ターゲット業界のさまざまな側面や、いろいろなキャリアについて質問した。「四〇〜五〇回ほど人と会ったでしょうか。うち三五回は、情報収集がメインでした。少しでも関係がありそうだと思えば、誰とでも話しました。お仕事は何をされていますか、どこが気に入っていますか、なんて。ターゲット分野のどんな機会でも検討するつもりでいました。具体的な話につながらなくても、何かを学べれば儲けものだと思っていたんです」。

彼女は学んだことをもとに、求職活動を進めていった。彼女が学習したこととしてあげたのは、次の四つだ。

第一に、イザベルが求めていたのは、家庭と仕事をうまく両立できるような新しいポジションだった。彼女はネットワークづくりを通じて、ワークライフバランスについて新しい見方ができるようになったという。中小企業の社長と母親業の二足のわらじを履いていたある女性は、指揮するチームは一つで、上司は社長一人だけだった。気を使わなくてはならない関係が二種類だけというのは、イザベルの仕事環境に比べてずっと単純だった。女性は自分で仕事範囲を決め、ストレスの少ない生活を送っていた。これならイザベルにもやれそうだった。彼女はこのときのことを「気づきの瞬間」と呼んでいる。

第二に、今後の職務について考えるうえで、別の人に教えられたことが役立った。イザベルが企業の戦略責任者といった、コンサルティングに似た職務に就いた場合、キャリアアップの見込みが断たれるリスクがあった。大企業の大きな部署のトップは下から上がってきた人がほとんどで、外部から招き入れられることはまずない。自分に紹介される仕事の大半が、コンサルティング的な職務だということに彼女は気がついた。だがそうした職務に就いても、その後主要部門に移れなければ、キャリアにプラスにはならない。そこで、長期のシナリオ思考をもち、キャリアパスを意識することがきわめて重要になった。「六カ月のあいだに求職活動の基準について考え直すようになりました。一つは、仕事の長期的展望。最初のころは見栄えのいい仕事に就くことばかりを考えていたけれど、そのうち事情がわかると仕事の展望に目が向くようになりました。一歩先を考えるようにしたんです」。

第三に、彼女はこうしたミーティングを通して、職務の「事前詳細調査」をする方法に関するヒントを得た。ある男性は、新しいポジションを喜んで引き受けたものの、「部下を解雇する権限が自分にあるのかどうかを、事前にはっきり確認しなかった。人員入れ替えの必要が生じて初めて自分にその権限がないことを知った」という。また別の人には、面接官の役員にどのような質問をすればよいかを教わった。直接的な質問をするのは気がひけるが、「過去にどのような決定を下したかを尋ねることで、その会社の取締役会が業務中心に運営されているのか、ガバナンス中心なのかがわかる」という。

第四に、イザベルは何人かの人との話から、三つの暫定的なターゲットを選んだ場合に、自分がどのような生活を送ることになるかを知った。三つのターゲットのうちの一つは将来性は高いが、彼女の人生のこの段階にとっては出張の負担が大きすぎた（残りの二つは何とか対処できそうだった）。しかもこのターゲットは、別の部署に水平異動できる見込みもほとんどなかったため、リストから外された。

彼女はめきめき上達していった。人に会ううちにますます多くを学んだ。前のミーティングでの成果を利用して、さらによい質問を行った。ほかの人を紹介してもらい、活動に弾みがついていった。イザベルは三カ月のうちに有望な機会を二つ見つけた。

ターゲットを絞ることがカギだったと彼女はいう。

ステップ一の前には、ステップゼロがあるんです。つまり、何に重点を置くかを決める必要がありました。電話をかけた相手に、ただ誰かを紹介してくださいと言うのではもったいない。四〇回も人と会いましたが、最初に何を重視するかを決めていなかったら、二〇〇回になっていたかもしれません。それに焦点を絞っていなかったら、あんなに親身になってもらえなかったはずです。二〇〇回も人と会ううちに、いまの仕事を誰かにとられていたかもしれません。

ネットワークづくりの大切さは誰でも知っている。だがそれが必要だということはわかっていても、具体的にどう始めればよいかがわからないことが多い。私がhbr.orgに投稿したネット

ワークづくりに関するブログ記事には、多くのコメントが寄せられた。とくに思い出されるのが、プロのキャリアカウンセラーからのコメントだ。求職者の積極性のなさに苛立つコメントも多かった。最も必要なのは自分から手を伸ばすことだと、彼らは書いていた。

求職活動を開始するには、まずターゲットを定め、自分がなぜそのターゲットにふさわしいかを知らなくてはならない。それがあなたのPVPになる。次に、有望な可能性を探し出す。これは主にネットワークづくりのことだ。フレデリックとイザベルは、本章の初めに説明したネットワークづくりの原則のリストをもっていなかったが、自然に体得した。あなたも説明通りにやれば、彼らと同じように重要な情報を得て、有望な機会を探し出せるはずだ。

機会が見つかったら、ミーティングや面接を経て、オファーを勝ちとらなくてはならない。これが第10章のテーマになる。

第10章 最高の面接

優れた営業担当者は、自社製品の価値提案を有望な顧客のニーズにきっちり結びつける。顧客の立場に立ってニーズを感じとり、自社製品によってそのニーズに応えるにはどうすればよいかを考える。最高の外交官や弁護士も、同じ意識をもって交渉に臨んでいる。これを最もうまくやるのが、ゲーム理論を直感的に実践する人たちだ。相手が何を実現したいと望んでいるかを思い描き、お互いに利益になる解決策を考え出すのだ。

効果的な短期のPVPを設計し、それを実現するためのネットワークづくりを行ううちに、知り合った人に魅力的な機会を紹介されることもある。だがその場合でも、オファーを確保するための行動は必要だ。面接の準備を行うのはこのときだ。優秀な営業担当者や外交官、弁護士のように立ち回ることができれば、面接でオファーを獲得できる見込みが最大限に高まる。雇う側の視点に立って何が求められているのかを理解し、自分がそのポジションにふさわしいことを示すのだ。

二つの方法で準備しよう。第一に、現在のPVPをもとに、自分が雇用主のニーズにどのように応えられるかを説明できるようにする。第二に、相手の質問に答えられるよう準備する。これが、面接でオファーを勝ちとる方法なのだ。

exercise

主張を組み立てるエクササイズ

あなたがめざすべきは、あなたのＰＶＰを――その仕事で成功するためには何が必要で、なぜあなたがその仕事に適任なのかを――相手にしっかり伝えることだ。ＰＶＰを自然に会話に盛り込めることもあるが、いつもそうできるとは限らない。またそのせいで話が混乱してしまうこともあるし、思ったほどはっきり伝えられないかもしれない。そこで、最善の主張を行うにはどうすればよいかを説明しよう。

①レジュメを準備する

ＰＶＰをもとにレジュメをつくろう。リンクトインのプロフィールの冒頭に書く略歴のような、あなたの簡単な紹介だ。概要説明として、あなたが何をターゲットとしていて、なぜあなたがその仕事に適任なのかを書く。その下にはあなたの経歴として、さまざまな活動を列挙するが、とくにＰＶＰを強力に裏づけるものを強調する。こまめに更新しよう。またオンラインで情報を公開するのは、世間にいつも姿をさらしているということだ。ベストな姿を見てもらおう。

②心をつかむ「エレベータースピーチ」を考える

ＰＶＰをもとに、エレベータースピーチを考えよう。三〇秒、二分、五分間バージョンを用意しておこう。どれも趣旨は同じだが、長さによってくわしさを変える。これらの売り口上を用意しておけば、どんな状況にも対応できる。書きとめておこう。

③興味をそそる物語を考える

エレベータースピーチで直接語る内容よりも、鮮やかな物語のほうが面接者の記憶に残りやすいし、信用してもらいやすいかもしれない。ＰＶＰをさまざまな側面から説明する物語を用意し、あなたのＰＶＰと経歴がどのように結びついているかを示そう。

④適切なスタイルを決める

面接ではただ聞かれたことを説明するだけでなく、ＰＶＰのいろいろな側面を自分からアピールしよう（クリエイティブライティングの講師が言うように、「言葉で語るな、態度で示せ」だ）。たとえばあなたのコミュニケーションの方法を見れば、あなたの聞く力や積極性がわかるだろう。分析的なスタイル、実際的なジョブ人のスタイルなど、相手に与えたい印象を強調するようなスタイルを打ち出すのもいいだろう。

⑤思慮深い質問を考えておく

機会を与えられたときのために、質問を準備しておこう。思慮深い質問をすれば、あなたの主張の説得力を高められる。またあなたが準備に時間をかけ、関心をもっていること、洞察に富む真剣な人物だということの証明にもなる。

ただ基礎知識をひけらかす以上の質問をしよう。たとえば消費者マーケティングで有名な会社の求人面接なら、「御社は市場調査をよく行われますか?」などと聞いてはいけない。マーケティングで有名なのだから、多くの調査を行うのは言わずもがなだ。代わりに、「市場調査の結果は、製品開発や価格決定にどのように活かされていますか?」「市場調査部門でキャリアアップしていくのと、ブランド管理部門で昇進を重ねるのはどうちがいますか?」といった質問をすれば、あなたがその仕事を真剣に検討していることをわかってもらえる。こうしたやりとりは印象に残りやすい。

もう一つのよい切り口として、面接者が仕事で取り組んでいることを尋ねるのもいい。本書で説明した多くのことについていえるのだが、質問は具体的であればあるほどいい。またフォローアップのミーティングを設定するよう心がけよう。

⑤成功に向けた計画を立てる

その仕事でどのようにして成功するつもりかを説明できるようにしておこう。そのためには、一般的な職務明細書に書かれていることにとどまらず、実際に何が求められているかを理解しなくてはならない。

仕事で好調なスタートを切れることを示したいなら、そのための計画を立てるのが一番だ。最初に、自分は学ぶべきことが多々あり、入社後にこの計画を再度見直す必要があるとひと言断ったうえで、自信をもって計画を示そう。うまくいけば、相手はあなたにオファーを出すべきかどうかよりも、あなたが会社に入ったあとのことを考えるようになる。

この手法は誰にとっても役に立つが、上級職にはとくに絶対に欠かせない。ＣＥＯや経営陣は、新しい上級管理職に即戦力を期待する。第４章で紹介した、金融サービス会社の再建計画を立てたイアンの物語を思い出そう。この計画があったからこそ、彼はオファーを獲得し、ＣＥＯ着任後の最初の数カ月に備えることができたのだ。

⑦証拠を提示する

業績はＰＶＰを裏づける証拠であって、ＰＶＰそのものではない。たとえば橋の設計者のポジションをターゲットにするエンジニアのＰＶＰは、彼の知識や能力を示すものになる。だがそれを裏づける証拠も提示する必要がある。新卒者なら土木工学での成績や出身大学の評判を強調するだろうし、経験者なら職務経験や土木関連の資格をアピールするかもしれない。

過去の業績を見直して、面接でＰＶＰを説明する際の証拠に使えるものがないか探してみよう。主要な業績をエレベータースピーチに盛り込もう。公開可能な仕事をまとめたポートフォリオをつくっておくといい。たとえば話題になったレポートや、売上増やコスト減といった数値化できる業績のデータなどだ。数字の裏づけのある具体的な成果が、最もインパクトが大きい。こうした情報を面接で提示できるかどうかは状況次第だが、必要になったときのために用意しておこう。

⑧推薦者へのインプット

あなたのPVPを理解しておく必要があるのは、あなただけではない。あなたを推薦する人物もだ。その仕事で成功するための要件を推薦者にも理解してもらえれば、鬼に金棒だ。あなたが仕事で必要とされるスキルや能力をどのようなかたちで提供するつもりなのかを、推薦者に説明しておこう。紹介者の口添えがあれば、あなたの主張の説得力は格段に高まる。これらの方法を活用すれば、PVPをわかりやすく示せるはずだ。これはとても重要なことだが、それでも準備の半分でしかない。最善の主張をするには、面接者の質問にも答える必要がある。何を聞かれるかは当然わからないのだから、これに備えるのはさらに大変だ。

⑨質問に備える

相手の視点に立って、自分が相手の立場だったらどんな質問をするか考えよう。私がもし（あなたでなく）面接者にアドバイスするとしたら、次のようなテーマに沿って質問することを勧めるだろう（ここでは五つに分類した）。面接の準備をする際には、このリストを見て、組織やポジションの特徴に合わせて適宜調整してから、質問にどう答えるかを考えよう。

◉知識、能力、実績

あなたの過去について：あなたの教育や実務経験、その他の活動について話してください。

あなたのレジュメや公開記録に記されていることについて話してください。

あなたの最大の成功は何ですか？　なぜ成功できたのですか？

あなたがとても失望したのはどんなときですか、またその原因は？　そうした状況から何を学びましたか？

テスト：〈企業によっては、知識や能力のテストが課される場合もある。数量分析、文章力、業界や業務に関する知識など〉

◉生まれもった才能や関心

問題解決力と思考力：あなたが直面した難しい問題と、それにどのように対処し、その結果どうなったかを説明してください。
〈問題解決のテストを課す企業もある。ケーススタディ（実際のビジネスの場で起こったものが多い）や、架空の問題（びんに何個のビー玉を詰められるかなど）といった、特殊な面接方式が予想される場合は、事前に練習しておこう」。

創造性と好奇心：あなたが余暇にやっている趣味／大学で専攻以外で一番おもしろかった科目／今月話題になった大きな事件について話してください。

好きなこと：（仕事とプライベートで）あなたが一番楽しんでいることとその理由／嫌いなこととその理由について教えてください。

あなたがこれまで一番楽しかった仕事とその理由／あなたが誇りにしている業績とその理由について話してください。

客観性と内省：あなたが同僚より秀でている点はどこですか？ あなたの欠点は何ですか？ どのように対処していますか？ あなたは周りからどんな人だと言われますか？

あなたと一緒に仕事をしたことがある人（推薦者リストに載っていない人）は、あなたをどのように評価するでしょう？ あなたが過去一年間で学んだ一番大切なことは何ですか？ あなたのメンターはどんな人ですか？ その人から何を学びましたか？

あなたが犯したまちがいについて話してください。どのように対処し、何を学びましたか？

◉理念、抱負、性格

性格検査など：〔候補者に性格検査を義務づけている企業もある〕

独立心：あなたがどうしても譲れなかったことと、その理由について話してください。

あなたが妥協したことと、その理由を教えてください。

困難な課題への対処：あなたが仕事で経験した一番つらいことは何ですか（誰かを解雇した、倫理違反を報告した、上司に反対したなど）？　その結果どうなりましたか？

自信と立ち直る力：あなたがこれまでとったリスクとその理由、その結果について説明してください。あなたが回避したリスクとその理由、その結果を説明してください。

あなたが最も失望したのはどんなときで、どのように乗り越えましたか？

抱負：あなたが仕事をやめたときのことと、その理由について教えてください。

あなたが新しい仕事に就こうとする理由を話してください。

あなたが理想とする職場環境と、その理由を教えてください。

あなたがどうしても受け入れられない（が同僚は受け入れるかもしれない）職場環境とはどのようなものですか？　その理由は何ですか？

あなたにとって仕事は、ほかのものごとに比べてどの程度大切ですか？

あなたは報酬／地位と権力／他者への奉仕／職人技／組織づくりに関して、どのような目標をもっていますか？

長期計画：あなたの五年後、一〇年後の目標は何ですか？　その方向に進むことはあなたにとってどれだけ大切ですか？　そのためにどんなことをしていますか？

あなたは野心家ですか？

あなたがキャリアで一番成し遂げたい目標は何ですか？

あなたのいまの仕事での成績と、それについてどう思っているかを話してください。

この仕事はあなたの長期計画にどのようにあてはまるのですか？

生い立ち：あなたの育った場所はどこで、それはいまのあなたにどのような影響を与えていますか？

高校時代好きだったこと／大学を選んだ理由について話してください。

最初の仕事／いまの仕事をなぜ選んだのですか？

◉仕事での協調性

リーダーシップ：あなたが指導した部下のなかで最も気に入った人と、その理由について話してください。あなたが最もうまく育てた部下／うまく育てられなかった部下と、その理由を説明してください。あなたが雇った人と、その理由について教えてください。
他人との協調：あなたが同僚／上司に意見しなくてはならなかった状況と、その結果どうなったかを説明してください。あなたが経験したジレンマと、それにどのように対処し、その結果どうなったかを話してください。
あなたが率先してあたった仕事と、その結果どうなったかを説明してください。

組織文化に対する考え方：あなたのいまの勤務先の文化（組織の強みと弱み、あなたに合っているかどうか、組織の目的、チームワーク、同僚、人事慣行、コミュニケーション、業績、生産性）について説明してください。〔このような質問に答える際には、公開可能な情報にとどめること〕。
当社の文化や社員について何を学びましたか？　それが当社の戦略にどう役立っていると思いますか？

◉組織、ポジション、適性

このポジションのためのPVP：このポジションで成功するために必要な条件は何だと思いますか？　要件に優先順位をつけるとしたらどうなりますか？　なぜあなたが適任だと思うのですか？〔相手はおそらくPVPのコンセプトは知らないが、面接を通してそれを暗に検証している〕

組織に関する理解：当社の組織や構成、戦略、最大の課題について説明してください。当社の成功に必要なことは何だと思いますか？　当社の現状をどう思いますか？

志望動機：あなたがこの仕事を通して達成、学習したいことは何ですか？
当社の文化のよい点は何ですか、またなぜ当社の一員になりたいと思うのですか？

ここにあげたような質問に備えることは、とても大切だ。伝えたい要点を書き出し、しっかり頭に入れておこう。残るは練習のみだ。鏡の前やシャワーのなかで練習しよう。友人に練習台になってもらい、相手の反応に注意を払おう。

面接は数回にわたって行われることも多い。終わった面接から学び、次回以降の面接に意見や質問をもって臨もう。

最善の主張をしよう。だが面接者が聞きたがっていそうなことを予測していうのは、見え透いた戦術だ。ありのままの自分を見せよう。

最後の点として、準備が十分できていないときは面接を延ばそう。ベストの状態で臨むことが大事だ。

第11章 究極の「やること」リスト

ここまで機会探索のためにPVPを用い、機会を探し出し、面接の準備をする方法について説明した。次は第Ⅲ部の最後のステップ、機会探索計画だ。まず計画について説明し、それからこうした活動をすべて組み入れて機会探索を行った若者の物語を紹介しよう。

機会探索計画とは

第7章では長期の戦略ロードマップについて説明した。多忙な人でもこれさえあれば、目標を行動に落とし込むことができる。ロードマップでは不測の事態を組み入れる際に、戦略やそれを支える考え方を見直している。またそれぞれの選択肢をとった場合にどうなるかを具体的に示しているから、戦略プロセスを開始しやすい。

機会探索計画もこれと同様の考え方だが、すべては実行にかかっている。求職活動では五〇人から一〇〇人、もしくはそれ以上のコンタクト先ができることもあり、どのコンタクト先からどんな機会が現れるかはわからないため、不測の事態に対応するために戦略ロードマップを用いるのは得策でないことが多い。**機会探索計画とは、「やる順番に並べたやることリスト」だ。**これを使えば求職活動を早く、生産的に行うことができる。

第8章から10章までの説明を実行してきた人は、主にこれまでの成果をまとめる作業になる。次の三つのステップを実行して、計画を完成させよう。

①PVPを書き出す

まだやっていない人は、実行すると決めたことをきちんと書き出そう。これがあなたのPVPとその根拠だ。PVPは、機会を探すためにどんな人と連絡をとるべきか、自分をどのように説明すべきかといったことを考える際の指針になる。またPVPは進捗状況を確認し、自分のやり方を見直すための基準になり、オファーを受け入れるかどうかを決める際の出発点にもなる。

②機会を探し出すために必要な行動を書き出す

機会探索のために行う予定の行動を書き出そう。たとえば公開情報、所属機関、仕事上のネットワークを利用するなど。ネットワーク内の誰に、どの順番で連絡をとるつもりかを書いておこう。できれば毎週リストを更新して、そうした行動から学んだことや、新しくできたコンタクト先を盛り込もう。

③最善の主張を行う準備をする

ネットワークへの働きかけと並行して行うべき、重要な準備をリストアップする。つまりターゲット業界と組織についての調査、PVPに説得力をもたせるエレベータースピーチと物語の準備、想定問答集の作成、そして練習の四つだ。練習の時間をとっておくことを忘れずに。

④準備に優先順位をつける

ネットワークづくりの会話の準備をすればするほど、多くのことを学べる。最初の面接の準備をすればするほど、相手によい印象を与えられる。またそれ以降の面接がある場合、前の会合で話し合ったことをしっかり頭に入れ、議論をさらに進める準備をしてくることを当然期待される。

第2章で紹介したパラブが、CEOとの面接のたびごとに周到な準備をして臨んだことを思い出してほしい。彼は毎四半期の投資家との電話会議を聞き、会社関連のニュースをフォローし、学んだことについて考えた。会合には必ず最新の情報とタイムリーな質問をもって臨んだ。こうした準備のおかげで相手に好印象を与え、オファーを得ることができたのだ。

準備はすればするほどよい。だが特定の面接の準備に時間をかけすぎると、別の機会にしわ寄せがくる。最大のインパクトを与えられそうな部分に重点的に時間をかけよう。

時間配分を決めるには、PVPに反映された優先順位を参考にするといい。一般には、ターゲット分野での面接（とくに第一志望先での面接）を重視すべきだが、時間配分ではほかにも考慮しなくてはならないことがある。たとえばそこから何を学びたいか、それが求職活動上どれくらい重要か、その会社に募集中のポジションがあるか、どれだけ準備をしていくことを期待されているか、その面接の準備がほかの面接の準備を兼ねるか、といったことだ。

⑤進捗状況の確認を予定に入れておく

スケジュール確認と決定を行う時期をあらかじめ予定に入れておこう。求職活動の進捗を毎週確認し、何が起こったか、活動が予定通り進んでいるか、成果をあげているか、戦術を調整すべきかどうかを考えよう。できれば三、四週ごとに、戦略の見直しを予定に入れておこう。ターゲットとPVPは適切か、計画を変更すべきか、継続すべきかを考えよう。また実力的に難しい（第8章で「ベスト」と呼んだ）雇用主から始める場合は、見込みがあるのか、いまは目標を下げるべきなのかどうかを考えよう。

求職活動中は思いがけないことが起こる可能性があり、進展を正確に予測することはできない。だがこうした機会探索計画があれば、生産的な求職活動を行うための準備ができるうえ、進捗状況を見直し、必要に応じて調整することもできる。

MBA学生のアンソニーは、卒業三カ月前に求職活動を始めた。アンソニーが出遅れを挽回するには、これらのアイデアをできるだけうまく活用する必要があった。

case 26

出遅れた求職活動を成功させる

二六歳のアンソニーは、ビジネススクールの最後の学期を始めようとしていた。クラスメートの多くは六月から働く会社がもう決まっているか、少なくとも求職活動がかなり進んでいた。だがアンソニーはちがった。

問題は、アンソニーがターゲットを決められないことにあった。彼は大半の学生より若く、いろいろな分野や職種を経験する機会が少なかった。不動産分野で二年働き、短期のインターンを二回経験したほかは、実務経験がなかった。家族が不動産業を営んでいて、一六カ月前にMBAに入学したときは、卒業後は不動産業界に戻るつもりでいた。

だがいざ学校に通いだし、多様な経験を積んだ同級生と出会い、キャンパスを訪問する会社に目をとめるようになると、彼は新しい可能性に心を奪われた。ハイテクからエネルギー、金融まで、よりどりみどりのように思われた。「お菓子屋に行った子どものような気分でした。新しい業界を知るたび、興味をかき立てられました。一年目のほとんどは関心を広げるだけで終わり、結局自分が本気じゃないことを知りました」。いろんな分野に浮気したが、夏季インターンで不動産業に戻り、充実した時間を過ごした。だがその後も探索は続けた。

MBAプログラムに参加する学生が、多様な可能性を模索するのは自然なことだ。現に大半の学生が、程度の差こそあれそうしている。だがどんな学生も、卒業までに自分にふさわしいポジションを得たいと思っている。そして成功率を高めるには、ターゲットを定めることが欠かせないのだ。

最終学期が始まると、アンソニーはそろそろ心を決めなければまずいと気がついた。そこで彼は本書の第1～3章で説明したエクササイズの大半を三週間かけて行い、不動産業に戻ることに決めた。最も得意な分野で競争することにしたのだ。天職になるかどうかはわからないが、よい出発点なのはまちがいなかった。

三カ月後、アンソニーはなんと六社からオファーをもらい、そのうち最も気に入った二社から選ぼうとしていた。アンソニーの求職活動がとてつもない成果をあげたのは、彼の業界での実績と、生まれもった分析的で論理的な性格に、魅力的な人となり、そして大学で磨きをかけた数量的スキルがあったからなのはまちがいない。彼はこの市場の優良「製品」だった。しかし、彼は効果的な求職活動戦略を用いたからこそ、自分の能力を最大限に活用することができたのだ。これからそれを見ていこう。

アンソニーの求職活動は、四つの点で際立っていた。

第一に、彼は方向性を決定するためのエクササイズを通して、不動産業をターゲットに決め、この業界のどの分野に焦点を定めるべきか、どれを避けるべきかを判断することができた。理想の仕事と最悪の仕事を想像するエクササイズが、大いに役立った。これを行ったおかげで、自分が不動産開発の企画と実行に大いに関心があること、その一方で開発業者の「いつ終わるともしれない」業務活動にはまったく興味がないことがわかった。この気づきが決め手となった。「僕にとっては最高のエクササイズでした。日々の業務のうち、一番楽しめるのはどれか、単調で退屈に感じるのはどれかを知るのに役立ちました。こうした業務を仕事と結びつけて考えることで、ターゲットにするキャリアの候補が二つ浮かび上がったんです」。

彼は業界の二つの分野に的を絞った。不動産投資ファンドと不動産開発業だ。日常業務や必要なスキルは異なるが、どちらも彼の究極の目標を実現するのに役立ちそうだった。その目標とは、自分の不動産ポートフォリオを運営することだ。

第二に、アンソニーはPVPを作成し、それを「生まれ育った環境で培った不動産に対する直感的な理解と、学業とキャリアを通じて得た金融スキルの融合」と呼んでいた。

第三に、彼はそれぞれのPVPを説明する「セールストーク」を準備し、人に会えば会うほどますます上達した。「面接がどんどんうまくいくようになりました。スムーズに落ち着いて語れるようになった。筋道立てて話ができるようになり、どんな質問がきても平気でした」。彼は台本を準備していったわけではないが、自分がどのような経歴を経てきたのか、なぜ不動産業をめざしているのか、なぜ成功できる自信があるのかを、説得力をもって楽しく語れるよう準備をした。アンソニーの面接はこんなふうに進んだという。

たぶん、僕はほかの多くの候補者がもっていないか、もてないものをもっているんでしょう。僕は幼いころからこの業界を見て育ち、不動産がよい投資対象になることを直感的に理解するようになりました。またこの基本的な理解を補足するために、学業とキャリアを通じて多大な時間と労力をかけて金融の知識とスキル、洞察力を身につけてきました。またA社とB社でのインターンでは、金融とエクセルのモデル作成のスキルを身につけ、不動産投資を成功させる秘訣を理解することに重点を置きました。

彼がターゲットにした二つの職務は、要求されるスキルが似ていたため、同じPVPとセールストークで対応できた。彼は公開可能な成果物を三つ、見本として面接にもっていった。B社で提携案件や投資案件を構築するために開発した金融モデルと、大学のコンテストに提出したレポート（「ベストレポート」賞を受賞）、そして別の授業でつくった架空の不動産開発プロジェクトのプレゼンテーション用資料だ。多様な資料を持参したため、状況に最も適したものを見せることができた。

第四に、アンソニーは積極的にネットワークをつくり、有望な雇用主について調査した。リンクトインや大学同窓会のデータベース、二つの業界団体の知り合い、個人的なネットワークを活用して、ターゲットの機会がありそうなすべての企業を網羅するリストをつくった。

几帳面な彼はコンタクト先別にフォルダーをつくり、それぞれの先での進展をすべて記録に残していた。また都市別のデータベースをつくり、その都市でコンタクト先のある全企業を入力した。月曜に電子メールを送ればカレンダーにリマインダーを設定し、次の月曜日には忘れずにフォローアップした。二通目のメールを送っても返事が来なければ、脈なしと判断してほかをあたった。メールの書き出しのテンプレートをいくつか用意して、それを使うことで働きかけを効率的に行った。どんなメールを送ればどんな返事が来るかに注意を払い、返事がもらえるような書き方を学んだ。

彼が獲得した六つのオファーは、すべてこのようなネットワークづくりを通して得たものだった。そのうち四つはそれほど魅力的ではなかった。彼が求めていたような仕事ではなかったり、不動産の一つの分野に特化した仕事、狭い地域に限定された仕事、あまり評判のよくない企業での仕事だった。残る二つのオファーはとても気に入った。

一つは国内の開発業者で、勤務地はアンソニーの地元だった。夏季インターンで上司だった人からの紹介だ。二次面接で、開発プロジェクトを立ち上げる職務をオファーされた。

二つ目のオファーは、別の都市にある国際的な投資会社の不動産部門だった。アンソニーは同じ大学の卒業生でこの部門の指導的役割を担っていた人に、面識もないままいきなり電話をかけた。この会社のオファーを得るのは難しいとわかっていたため、「万全の準備」ができるまで待ってから連絡をとった。人事部との電話面接と、二時間におよぶエクセルのオンラインテストをパスしてから、日帰りで会社を訪問して七時間におよぶ面接を受けた。

アンソニーは厳しい選択を迫られた。どちらのオファーもすばらしく、抱負の実現に役立ちそうだった。決めるまで一週間の猶予があった。意外にも、彼はオファーをまだ得ていなかったときよりも、この選択を迫られたときのほうがストレスを感じたという。「少なくとも、以前のほうがよく眠れました」。

アンソニーは決定するために三つのことを行った。

第一に、彼はシナリオのエクササイズを行った。それぞれのポジションを受けた場合、五年後、一〇年後に自分がどうなっているかを想像した。どちらのポジションを受けても、長期の抱負に近づけそうだった。地元企業のポジションを得れば、地元の業界で強力なネットワークを築き、多くの機会が得られそうだった。他方、別の都市の投資ファンドに勤めれば、幅広い学習の足場を得て、国内の他地域や海外での機会を開拓し、不動産以外の投資対象に進出するという選択肢（自分がそれを求めているかどうかは確信がもてなかったが）が拓けそうだった。

第二に、彼は「ペイオフマトリクス（利得表）」をつくって、二つの選択肢を厳密に比較検討した。まず仕事で実現したい目標を七つあげ、重要度に応じて重みをつけて、それぞれの選択肢が目標にどの程度かなうかを得点で表した。結果、僅差だが別の都市での金融業務に軍配が上がった。アンソニーは念のため評価を見直し、なぜ二つのポジションで得点にちがいが出たのかをもう一度チェックした。

第三に、彼はそれぞれの選択肢を選ぶべき「論拠」をまとめた。つまりそれぞれの決定を正当化する理由だ。これを行うことで、明快な決断を下すことができた。彼の見るところ、投資会社に勤めたほうが人間的に成長する余地が大きく、長期の展望が拓けそうだった。これまでとまったくちがう経験ができ、グローバルな会社で幅広い投資対象にふれることができる。強力な組織文化に身を置くことで、より多くの機会が得られるかもしれない。欠点は勤務時間が長いことと、地元企業でのポジションと比べて報酬は変わらないのに生活費や引っ越しの費用がかさみそうなことだった。熟考の末、別の都市に住むのは心躍る経験になると判断した。いったん決めてみると、こちらのほうがよい選択だという確信が深まった。

アンソニーの求職活動は出だしこそ遅れたが、大成功に終わった。どちらの不動産のターゲットも彼にぴったりだった。これは重要なことだ。しかし彼がこの大きな市場に向けて自分のスキルを効果的にアピールできたのは、きわめて有効な求職活動戦略を立てたからこそだ。彼は本書で説明した通りの戦略を実行した。

アンソニーのケースは、厳密なオファー評価プロセスの模範でもある。オファーにイエスと言うべきかどうかを判断する方法を、これから説明しよう。これが第Ⅳ部のテーマになる。

第Ⅳ部

正しい決断

自分がやりたいことを始めるべき時がきたら、好きな仕事に就こう。そうすれば毎朝ベッドから飛び起きるだろう。履歴書の見栄えをよくするために、好きでもない仕事に就くのはどうかしている。それは老後に精力を残しておくために、若いころにセックスを我慢するようなものだ。

ウォーレン・バフェット

自分の理念がわかっていれば、決断を下すのは難しいことではない。

ロイ・ディズニー

予測はとても難しい。とくに未来に関するものは。

ニールス・ボーア

ビジネス上の決定には、自明なものもある。四〇％の利益をあげる投資プロジェクトを承認するのは、「考えるまでもない」ことだ。だが利益率〇％のプロジェクトにゴーサインを出すのは、合理的でない場合がほとんどだ。経営陣は淡々と決定を下していく。とはいえ、ビジネスでの戦略決定にはきわどいものも多い。相容れない目標を追求しなくてはならないこともしばしばで、確実なことは何もない。戦略に長けたリーダーは、このような難題に正面から取り組

図6　第Ⅳ部：どの選択肢を受け入れるかを決定する

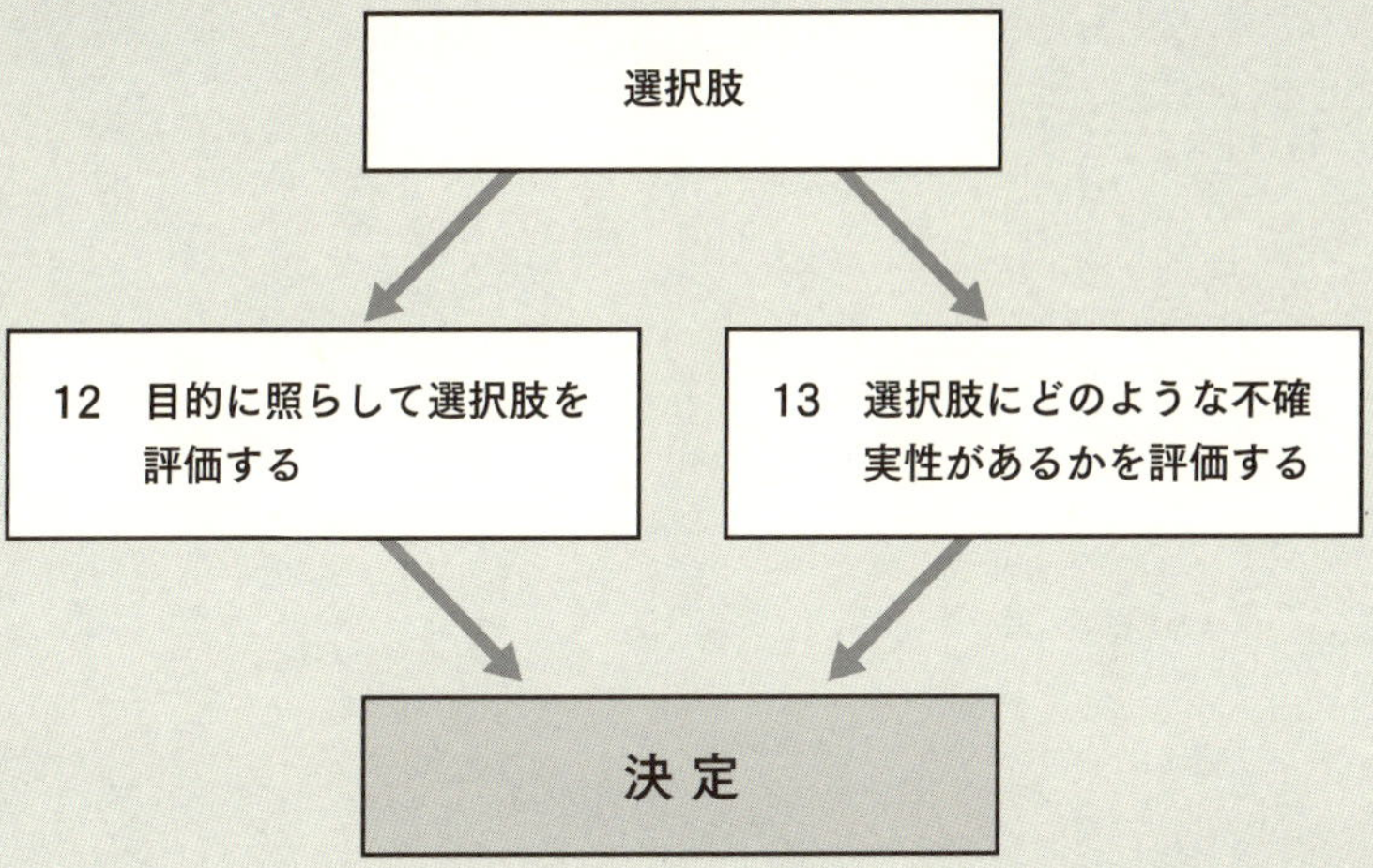

み、体系化されたプロセスを用いて最善の判断を下そうとする。

これと同じで、キャリア上の決定には、明白なものもある。たとえばあなたは心躍る仕事、しかも将来の魅力的な機会につながりそうな仕事のオファーを得たとする。一生に一度あるかないかという機会だ。そんなときはもちろん、イエスと言うだろう。だがビジネスの世界と同様、そう簡単な選択ばかりではない。このオファーはいくつかの目的にかなうが、それ以外の目的には合致しない。オファーを受け入れたらどうなるかわからないが、かといっていまのポジションにとどまっても何が起こるかはわからない。どっちに転んでもリスクは免れない。キャリア上の難しい決定を下すために、一流の事業戦略家の例に倣って、決定を助ける合理的なしくみをつくろう。

ビジネスであれキャリアであれ、健全な判断を下すには、まず状況を十分に理解することが欠かせない。そうした情報を収集する方法は、第4章で説明した。これらの手法はとても重要だ。重大な岐路に立っているのだから、自分のために状況をきっちり理解しなくてはならない。状況が把握できたら、次はその情報をもとに選択肢を評価する。これが図6にまとめた第Ⅳ部のテーマ、「賢明な決定を行うための二つの分析的手法」だ。

キャリア上の決定では、複数の目的の間で難しい判断を迫られることが多い。この選択肢は一部の目的によくかなっているが、別の選択肢はほかの目的に適している。そんなときはどうするか？　第12章では、目的に照らして選択肢を評価する方法を説明しよう。

道の分かれ目に立っているとき、どの道を選んだら何が起こるかを確実に知ることはできない。結果がとてもわかりにくいこともある。第13章では、不確実な状況で賢明な判断を下す方法を説明しよう。

これらの手法は仕事のオファーだけでなく、ほかの選択にも応用できる。たとえば大学院や研修プログラムへの入学許可を受け入れるか、ボランティア活動に多大な時間を費やすか、長期のキャリア形成のための取り組みからどの一つを選んで実行するか、といった決定だ。第Ⅳ部のコンセプトをあらゆる決定の指針として使ってほしい。

第12章 選択肢と目的

どんな事業にも必ず経済目的があり、キャッシュフローや利益率といった財務目標はつねに戦略決定に影響をおよぼす。財務以外の目標も決定に影響する。たとえば製品開発上の基準をクリアする、組織強化を図るといった社内の目標もあれば、業界標準を定める、市場リーダーになるといった、組織の外におよぶ目標もある。

戦略がややこしくなるのは、目標が相容れないときだ。一部の目標がある方向を示唆し、残りの目標が別の方向を指し示しているとき、CEOはどうすべきだろう？　そんなとき、戦略家はプラス面とマイナス面を考え、必要な情報を収集したうえで、選択肢を厳密に比較する。ここで役に立つのが、体系化された意思決定モデルだ。

これと同じでキャリア上の決定も、さまざまな目標が異なる答えを示唆するとき、厄介なものになる。この選択肢をとればがめざしている分野に近づけるが、キャリアダウンになるし収入も減ってしまう。この昇進は望ましいが、地元を離れることになる、など。こんなとき、選択肢が目的にどれくらい合致するかを厳密に比較する方法が必要になる。あなたも専門家の考え方をもって評価を行ってみよう。

最初にマイケルの物語を紹介しよう。この物語がまず教えてくれるのは、ベストプラクティスの真逆、すなわちやってはいけないことだ。だが三年後、彼はやるべきことの模範を示した。戦略的思考を通して、天職を見つけたのだ。

case 27

最悪の決定からすばらしい決定へ

私はキャリア選択に関する研究を開始したところ、**仕事で大きな成功を収めているのに、キャリア上の決定をしくじる**人たちが少なくないことを知って驚いた。私たちは自分自身について考えるとき、いつもとちがう思考方式になり、内向きで客観性を欠いた考えをすることがあるのだ。

マイケルがその好例だ。彼は初めてキャリア戦略上の決定を迫られたとき、しくじった。深く考えずにコンサルティング会社をやめ、新しいベンチャー企業での仕事を引き受けたのだ。創業者とは知り合いだった。彼はドットコム・ブームに乗って、世界を変えるつもりだった。すばらしい事業機会だと思ったが、実は創業者の言うことを鵜呑みにして、自分でよく考えていなかった。ストックオプションを付与され、大きな経済的利益を得られる見込みがあったし、勤務先は地元だったため、彼は二つ返事で引き受けた。

マイケルは組織文化にまったく目を向けていなかった。「あれは大きなミスでした。質問も少しはしましたが、それだけでは社風をよく理解できなかった。質問ができるほど会社のことを理解していませんでした」。

マイケルがコンサルティングをやめたもう一つの理由は、失敗を恐れていたからだ。いまにして思えば、なぜあんなに不安だったのかわからないと彼は言う。「コンサルティングで成功できる自信がなかったし、パートナーに選ばれる自信なんてゼロでした。いつか実力がばれたら居場所がなくなると思った。失敗するかもしれないという精神的ストレスに参っていました。だからやめさせられる前に、自分からやめようと思ったんです」。これは不思議だった。マイケルは毎年の人事考課で同期のトップ層という評価を得ていたからだ。それでも彼は信じようとしなかった。

新しい会社でのマイケルの主な任務は、会社の最優先課題であるコンプレックスセールス（高額・複雑で、購入を即決できない商品の営業）だった。製品を導入することによって業務プロセスを改善し、経費を削減できることを顧客に示す仕事だった。顧客にとってこれは複雑なトレードオフを伴う重大な決定で、販売提案は彼がコンサルティングでやっていた仕事に似ていた。彼にとってはまさにお手のものだったが、彼は「とにかく嫌でした」と言う。なぜならこれはあらかじめ決められた答え――つまり自社製品を購入させること――を導くための分析だったからだ。もちろん顧客の利益にならない解決策を提案することはなかったが、自己本位な目的に嫌気が差したという。二つ目の問題として、ビジネス上の判断はたいていそうだが、分析の結果が九〇%から九五%正しいということはあり得ない。だがプロセスの誤りは重大な影響をおよぼすため、つねに一〇〇%正しいプロセスを用いるよう心がけなくてはならない。「木の全体を見るのではなく、葉や葉脈を一つずつ丹念に調べるような仕事でした」。彼はうんざりしていた。

だがマイケルの一番の悩みは、社員同士のコミュニケーションの方法だった。「お互いへの敬意が微塵も感じられませんでした。怒声やけんか腰のメールが飛び交っていた。僕にはまるで合わない環境でした」。社員は思いやりがなく、無礼で、過度に批判的だった。それでも平気な社員はいたが、マイケルにはこたえた。

三年後、マイケルはもうたくさんだと思った。あの冴えない時期のことを、彼はこう語っている。

最後の一年は、自分は一体何がしたいんだろうと、ずっと考えていました。うつ病すれすれでした。会社には顔を出していましたが、朝目覚ましをかけるのをやめてしまいました。何をしたいのかまったくわからなかった。自分に合いそうな仕事が見つかっていれば、もっと早くやめていたでしょう。でも僕には合っていると自分に言い聞かせていました。実をいうと、ストックオプションでもうけようと思っていたんです。

マイケルは「キャリア人」の思考で、このポジションを引き受けた——しかも情報不足のキャリア人だ。そのうちジョブ人のような考え方をするようになった。仕事が嫌でたまらなかった。彼にはどんな選択肢があったのだろう？　以前勤めていたコンサルティング会社に、戻ってこないかと誘われていた。またあるベンチャーキャピタルからオファーをもらえそうだった。自ら起業してもよかった。だが二度とまちがいを犯したくないという思いが強く、話を具体的に進められずにいた。一年ほど答えの出ない堂々めぐりが続いた。

ところがある日、たった四分間の作業で答えが出たという。マイケルは六つの目標を書き出した。それから六×三のマトリクス（表）をつくり、三つのキャリアの選択肢を目標に照らして点数化し、それらを合計して選択肢ごとの得点を算出した。できあがったのが表3だ。

数字を見る限り、マイケルにとって最高の選択肢はコンサルティングで、それは主に文化面での得点が高いためだった。これは彼にとって大きな発見で、直感的にも正しく感じられた。三年前にこうして目標を書き出していたなら、おそらくプライドや社風をリストにあげるなど考えもしなかっただろう。そんなことは当然の条件だと思っていたのだ。彼はこの数字をもってそのまま答えを出したわけではないが、決定を下すうえで役に立ったのはたしかだ。彼はもう不安を感じなかった。「成長したんです。たとえ成功できなくても、よい経験ができればいいと思えるようになった。失敗を恐れるのにはもう飽き飽きです。全力で仕事に取り組む覚悟ができました」。

表3　マイケルのペイオフマトリクス

目標	代替案（5点満点） スタートアップ	ベンチャーキャピタル	コンサルティング
誇り	3	3	5
業務	4	3	3
社風	3	4	5
学習	3	4	5
ライフスタイル	4	3	3
金銭的報酬	1 ～ 5	5	4
合計	**18 ～ 22**	**22**	**25**

一〇年後、マイケルはコンサルティングに大いに満足し、この仕事にキャリアを懸けるつもりでいた。

なんという方針の転換だろう。彼は緻密な思考家でありながら、問題解決スキルを活用しようともせずにスタートアップに飛び込んだ。だが四年後に体系化された評価プロセスを考えつき、それをもとにすばらしい決定を下したのだ。

変わったのはそれだけではなかった。マイケルは大学卒業時にキャリア人の考え方でコンサルティング会社を選び、続いてスタートアップに移った。だが新しい評価プロセスのおかげで基本的条件に目が向くようになってから、古巣のコンサルティングの仕事に戻り、数年後にそれが天職であることに気づいたのだ。

マイケルの物語で特筆すべき最後の点は、お金に関わることだ。彼が意に染まない環境にとどまり続けた理由の一つは、ストックオプションの権利が確定するのを待っていたからだ。ストックオプションはその狙い通り、従業員の定着率を高めたわけだ。マイケルのオプションは確定したが、彼がやめてから会社は倒産し、オプションは紙くずと化した。

マイケルが二度目の転職から得た大きな教訓は、厳密な評価モデルを用いれば、困難な選択を整理して、自信をもって決定を下せるということだ。その方法をこれから説明しよう。

exercise

選択肢を評価するエクササイズ

多様な目標を折り合わせて、思慮深い決定を下そう。マイケルのようなマトリクスで考えをまとめるには、次のステップを実行するといい。

①選択肢をはっきりさせる

選択肢を明確にしよう。選択肢にはもちろん、一般的な意味でのオファーが含まれる。だが同じオファーの別バージョンも選択肢になるのだ。たとえば成果をあげられる見込みを高めるため、あるいは自分のニーズに合わせて、職務を変更してもらうことが可能かもしれない。

オファーを断って、いまの仕事であれフルタイムの求職活動であれ、現状を維持することも、選択肢に数えるのを忘れないように。とどまることも選択肢のうちなのだ。とどまるという選択肢を注意深く検討すると、そのなかにもいろいろなかたちがあり、それぞれを評価する必要があることに気づくかもしれない。これらを別々に評価すれば、適切な情報に基づいて決定を行えるだろう。

またキャリア戦略に関する多くのことと同じで、すべての選択肢を紙に書き出すうちに、学ぶべきことがはっきりする場合がある。

②目当てをはっきりさせる

長期の抱負は長期の決定に影響をおよぼす。長期の抱負は短期の決定(仕事のオファーを受けるべきかなど)を下す際の基本でもあるが、それだけでは決定を下せない。より差し迫った状況であなたが求めているものを表すために、ここでは「目当て」という言葉を使おう。目当てをはっきりさせるには、次の方法がある。

選択肢のメリットデメリットを思いつくまま書き出していく。このリストには、あなたにとって重要な目当てのいくつか(またはほとんど)が含まれるはずだ。

第一部で方向性を決める際につくったリストや、現在のＰＶＰをつくる際に考えたことを見直そう。次のトピックと関係のある直近の目当てを考えよう。

抱負：これらの機会は仕事の理念（他者への奉仕、職人技、組織づくり）や仕事から得られるもの（お金、権威）についてのあなたの優先事項を満たすだろうか？

強み：これらの機会はあなたの特徴的な強みと合っているか？

四大トピック：文化、職務、負担、将来展望

ＰＶＰ：これらの機会はあなたの意図した通り、現在のＰＶＰの実現に役立つか？

決定を下しやすくするために、目当ては選択肢と直接関係があるものだけに絞ろう。基本的な抱負のなかに、現在の選択肢の決定と無関係なものがあれば、除外してリストを絞り込もう。時間についても考えよう。来年達成したい目当てもあれば、ずっと先でもかまわないものもあるだろう。こうしたタイミングのちがいを、相対的な重要度に反映させよう。異常な時期の代表例が、失業時だ。私のブログ記事へのコメントに、理念をもとに決定するのが望ましいのはもちろんだが、不況のあいだはたとえ目当てにかなわなくても、得られるオファーは受け入れるべきだというものがあった。状況によってはそのようなこともあるだろうが、ほとんどの場合そうではない。

体系化された意思決定モデルは、こうした難しい状況でとくに助けになる。このようなとき

の目当てやその重みづけは、人生のほかの時期とは異なるものになるかもしれない。たとえばいつにも増してお金が必要だから、失業して焦っているから、その仕事を通してPVPを強化し将来の機会につなげられるから、といった理由で、長期目標に合わないオファーを受けようとするかもしれない。だが気をつけてほしい。自分に合わない職務や分野、文化のせいで生産性が落ちて業績があがらなくなり、次に仕事を見つけるときに不利になるかもしれない。それに意に染まない仕事を引き受ければ、自分が最も求めている機会を追求する時間がなくなってしまう。倫理に問題がありそうな企業に誘われたら、実際のところはどうなのかを必ず調べること。悪い環境で働くとひどい目に遭うこともあるし、その会社の名前は一生履歴書に残るのだ。目当ての重要度はすべて等しいわけではない。目当てをすべて書き出したら、順位をつけよう。

③選択肢を目当てに照らして評価する

考えを整理するためにマトリクスを作成しよう。縦軸に目当てを、横軸に選択肢をとる。それぞれの選択肢で目当てをどれだけ達成できるかを、「高」「中」「低」の三段階で採点する。たとえば「新しい業務を学ぶ」という目当てに関して、選択肢1は「高」、選択肢2は「中」、選択肢3は「低」など。

マトリクスを利用することには、さまざまなメリットがある。

マトリクスを作成することにより、徹底的で厳密な評価ができる。一つひとつの選択肢が目当てとどの程度適合しているかを一覧でき、網羅性がある。すべての選択肢をすべての目当てに照らして評価し、トレードオフを視覚化できる。

マトリクスを通して問題が明らかになる場合もある。一見よさそうだが、何かがしっくりこない場合、マトリクスを作成するうちに、隠れていたことや口に出されないことに光があたるかもしれない。

このマトリクスは目当てに焦点を定めている。自分がやりたいことはわかっているし、自分が何を達成したいかなど考えるまでもないと思い込んでいる人は多い。だがいざマトリクスをつくってみると、実はよくわかっていないことに気づくのだ。マトリクスを作成することで、目当てについてあらためて考え、それまで考えたこともなかった新しい目当てを思いつくこともあるだろう。目当ての優先順位を変える必要に気づくかもしれない。

同様に、マトリクスは選択肢にも焦点を定める。マトリクスを埋めるうちに、相容れない目当てを折り合わせるような選択肢を思いつくこともあるだろう。

マトリクスを作成することで、それぞれの選択肢のわかりやすい側面ではなく、最も重要な側面に目が向くようになる。新しい仕事に関する情報を収集したつもりでも、表面的なこと（たとえば会社の規模や製品ラインに関する情報など）しかわかっていないことが多い。こうした情報が決定の決め手になることはほとんどない。最も重要なのは、その仕事がどんな感じなのか（文化、個人的成長の余地など）をしっかり理解することだ。マトリクスがあれば、それぞれの選択肢が自分の最も重視する基準をどの程度満たすのかを考えるようになる。そのためどんな質問をすればよいか、ほかに何を知る必要があるかがはっきりわかるのだ。

そして最後に、マトリクスを用いることで傍観者の視点が得られる。決定から少し距離を置いて、選択肢を客観的に見られるようになる。これが最大のメリットだと言う人もいる。

④結果を数値化する

ここまで順調に進んできた。マトリクスをつくり、空欄を埋め、合理的な評価を得た。これで十分という人もいるだろう。だが選択肢を深く理解する方法は、もう一つある。主観を数値化するのだ。マトリクスは数値化したとき、最も威力を発揮する。

次の方法でやってみよう。（1）合計一〇〇点となるように、目当てに重みを配分する。（2）それぞれの選択肢がそれぞれの目当てをどれだけ満足するかを、一〇段階で評価する。（3）各選択肢の加重平均を計算し、得点の高い順に並べ替える。数値化には時間がかかるが、それほどの手間ではない。包括的な評価を行う価値があると感じる人で、主観の数値化に抵抗がない人は、マトリクスを数値化してみよう。そうすることですべての考慮事項を統合できるのだ。

私自身は主観の数値化を好むが、数字だけをもとに決定を下すことは勧めない。なぜなら加重平均を見て、何かがしっくりこないと感じる場合が多いからだ。そこで考え直す。目当ての重みづけや選択肢の得点を調整したり、目当てを変更したり、考えになかった目当てを加えたりする。決定で考慮すべき重要な選択肢を見逃していたことに気づくこともある。

数値化を省略する人も、実は意識せずに数値化に似たことをしている。どの基準も重要度が同じだと仮定したり(これはほぼ必ずまちがっている)、一部の基準をほかより重視したりするのも、実は基準を重みづけしているのと同じだ。これに対して、いろいろな基準に数値化した重みをつければ、そうした暗黙の前提を視覚化し、自分の思っていることが本当に正しいかどうかを検証できるのだ。同様に、選択肢が基準を満たしているのかどうかを考えるのも、選択肢を数値化しているのと同じだ。実際に数値化することによって、選択肢を客観的に比較できるようになる。

私がキャリアの相談に乗った人は全員、マトリクスの基本的な思考プロセスを容易に取り入れることができた。なぜ容易にできたかといえば、もともと似たようなことをやっていたからだ。難しいことは何もない。ある友人は、キッチン用品を買うときにもこんな感じの数値化を行ったという。自然に頭に浮かぶことを厳密に行えば、さらによい決断を下せる。

⑤それぞれの選択肢を正当化する主張をまとめる

ここまでで学んだことを言葉に表そう。それぞれの選択肢について、デメリットを認めつつ、選ぶべき理由をあげて、正当化する主張を行うのだ。あなたはこれまでの評価をどうとらえたのか？　順位や総合得点をどう解釈するか？　この選択肢を選ぶべき根拠は何か？　二番目、三番目の選択肢についてはどうだろう？

現実には、この順序でステップを実行しながら、適宜ステップを行きつ戻りつすることが多い。これは生産的な学習が行われていることの証拠だ。たとえば最初のトレードオフ分析をしながら、目当てを見落としていたことに気づいたり、選択肢を評価してみると、もう少し調べてからでないと決定が下せないことに気づいたりするかもしれない。選択肢の魅力を高める方法を思いつくこともある。

今度は別の物語を紹介しよう。ネットワークづくりを説明した第9章で、経営コンサルタントのイザベルの求職活動をとりあげた。ここではその求職活動から半年前にさかのぼり、イザベルが新しいことを求めて仕事をやめる決定を下したときのことを見ていこう。彼女はマイケルと同じような手法を用いながら、まったく異なる結論に至ったのだ。

case 28 ひと月前に理想と思えた仕事を断る

あれは私が本書を書こうと思い立つ一年前のことだった。初めて受けもつキャリア戦略講座のために、ケーススタディの題材を探していたちょうどそのとき、三三歳のイザベルに電話をもらった。彼女は一〇年来の知り合いで、得たばかりの意外な仕事のオファーについて相談に乗ってほしいというのだ。そこで私は彼女に会って、自分が準備中の講座について説明し、彼女のオファーを一緒に評価させてほしいと提案した。そうすれば彼女はよりよい決定を下せるし、私の教材づくりにも役立つから、一石二鳥になる。彼女は話に乗ってくれ、それからの四カ月間で何度か会って話し合った。

イザベルがコンサルティングのキャリアを開始したのは、二二歳のときだ。ジュニアアナリストとしての優れた業績を高く評価され、会社の奨学金を得てMBAを取得した。彼女は仕事にも、担当していた業界にも愛着を感じていて、NPO向けのプロボノ活動〔専門的スキルを活かしたボランティア活動〕にも進んで取り組んだ。彼女が成功しているのは高いIQだけでなく、高いEQの賜物でもある。チームのメンバーと折り合いもよく、クライアントとも信頼関係を築いていた。年下のコンサルタントにはメンターとして慕われ、とくに女性たちのロールモデルになっていた。

とはいえ、仕事は大変だった。勤務時間は長く、締め切りは短かった。月によって多少ちがいはあるが、平均すると出張での外泊が週に二晩ほどあった。夫は別の会社で昇進を重ねていた。娘の誕生に大きな喜びを覚えたが、育児との両立でストレスが増した。一八カ月後に息子が誕生すると、長めの出産休暇をとり、勤務時間を通常の七五%に減らしたものの、ストレスレベルはさらに上がった。夫婦のキャリアを支えていたのは二人のベビーシッターだ。彼女は家族同然の存在だった。

イザベルは年度末の人事考課で高評価を得た。この会社では、パートナーは独立した選出委員会の投票により選出される。そのためまだ確実とはいえなかったが、一年以内にはパートナーに昇格できそうだった。そのためにやるべきことはまだまだあったが、ほとんどの取り組みが順調に進んでいた。パートナーになるのは、彼女の一〇年来の夢だった。

ところがこのころイザベルは、初めて心動かされるオファーを他社から得た。

クライアント企業の上級副社長が、新設の事業開発部を担当する副社長として働かないかと声をかけてくれたのだ。これは、彼女がこの会社と取り組んでいた仕事から派生した重要な職務で、早急に人が必要になり、新しい職務の必要性を指摘したイザベル自身に声がかかったのだ。この仕事で成功すれば、社内のほかの機会や役員への道が拓けそうだった。

イザベルは当初反射的に断ろうとした。だが自分の気持ちに自信がもてず、またすぐに断るのも失礼だと思い、考えさせてくださいと言った。そのときまでコンサルティングの仕事に満足し、刺激さえ感じていたのに、突然自分の気持ちがわからなくなった。このときのミーティングが、自分にとって一二年ぶりの面接になったことに、彼女はあとから気づいた。

イザベルは普通の人にはないスキルをもって、キャリア上の決定に取り組んだ。なんといっても彼女はプロの戦略家なのだ。それから数日かけて、事業戦略のノウハウを用いて選択肢を

表4 イザベルのペイオフマトリクス

		選択肢	
目標	重みづけ	コンサルティング	新しいオファー
同僚／部下の指導	20%	5	3
知的興奮／学習	10%	4	3
個人的成長	10%	3	5
主導的役割	20%	2	4
仕事の柔軟性／生活のコントロール	20%	2	4
ストレス／仕事量	10%	3	4
家族／転勤	10%	5	2
加重平均		**3.3**	**3.6**

評価した。

成功する組織には、行動の指針となる基本的ビジョンがあることを、彼女は知っていた。そこでクライアント企業について行うように、自分の目当てをじっくり考えた。目的を試しに書き出し、検証し、また書き直した。またそれぞれの選択肢のメリット、デメリットを一枚の紙にまとめ、それをもとに書き直した目当てを検証した。

決定を下すにはまだ情報が足りなかったが、この時点でとりあえずの結論を出すことにした。そこでクライアントの分析に用いるものに似たマトリクスを作成して、主観の数値化を行った。これを表4に示した。

彼女は相対的な重要度と得点を少し調整してみたが、それでも算出された選択肢の「数値」は変わらなかった。これをどう解釈すればいいだろう？

イザベルがまず気がついたのは、自分が大きく変わったということだ。同僚や職業文化、クライアントとの関係はいまも重視していたが、知的刺激には数年前に感じていたほどの魅力を覚えなくなっていた。仕事量を抑えるのが難しく、子どもたちから長時間離れて過ごさなくてはならないのをつらく感じていたのだ。彼女はライフスタイルと個人的な負担に関わる目当てに、一〇〇点中四〇点を配分した。

二つ目の気づきとして、どちらのポジションも魅力的に思えなかった。これは気がかりなことだった。

新しいポジションが必要なことはよくわかっていた。だがこのマトリクスに反映されていたのは最初に考えていたことだけだった。自分が本当にクライアント企業に移りたいのかを見きわめるには、もっと多くの情報を得る必要があった。とくに、どんな場合にこのポジションで成功できるのか（または失敗するのか）を知り、この会社での一般的なキャリアパスについても調べる必要があった。上級副社長はすぐにCEOとのミーティングを手配してくれた。またこの会社にくわしい外部の人たちにも意見も聞いた。

イザベルはこうした会合から学んだことをまとめ、五年先を見据えて、自分のキャリアパスがどのように展開するだろうと想像した。自分のようなよそ者が組織になじめないリスクについても考えた。そしてこの会社でトップに上り詰めるには、最低でも二、三度の転勤は避けられないことを知った。三、四年後にはおそらく転勤になるか、昇進をあきらめるか、やめることになるだろう。その後も出世街道にとどまるには、また転勤の問題が必ず浮上する。

イザベルは二つの決定を行った。

第一に、彼女はオファーを断った。転勤はどうしても受け入れられなかった。夫のキャリアに悪影響をおよぼすのも嫌だった。イザベルはオファーについて調べる前に作成したマトリクスを見返しながら、転勤の重要性を軽視していたことに気がついた。よく考えてみると、将来の転勤はインパクトが莫大で、それだけで却下の決め手になるノックアウト要因といってもいいほどだった。

それでもまだ根本的な問題が残っていた。自分は本当にコンサルタントになりたいのだろうか？　ほんのひと月前には理想と思えた仕事が、いまでは何かがちがうような気がした。パートナーに選ばれるための活動を進めながら、本格的な求職活動をするのは無理だった。彼女は自分の決断力に誇りをもっていた。序章でも紹介したように、彼女はこう言った。「どうかしていると思うでしょう。求人の少ない年に会社をやめて、仕事を探そうと決めるなんて！」

パートナーに選出されようとしているときに会社をやめるのは、よほどの理由があるはずだ。イザベルは評価を行ったことで、行動を起こすために必要な確信を得た。「紙に書き出したことで、すべてがわかりやすく単純になりました。私はあそこに九年いて、ほかで働いたことはありませんでした。まるで家出をするときのようでした。とても感情的になっていました。あの枠組みと構造がなければ、だらだら続けていたでしょう。あの評価のおかげで、感情を排除できたんです」。

誰でもイザベルのように潔く決断できるわけではない。彼女には経済的な心配がなかった。夫と共稼ぎで、二人とも十分以上の収入を得ていた。それにイザベルのような実務経験を積んだ人は不況でも引く手あまただった。

イザベルの物語は、戦略的アプローチがいかに強力かをよく表している。だがこの物語からは別の教訓も得られる。もしあの予想外のオファーがなかったら、彼女はどうなっていただろう？　もしかすると彼女は根本的な問題を抱えたまま、それに気づかずに仕事を続けていたかもしれない。だがオファーを得なくても、自分の目的について考え、同じような結論に達していたかもしれない。それこそ戦略的なやり方だ。

多様な目的を統合する考え方は、知的なキャリア選択を行ううえで欠かせない。だが、イザベルとマイケルのように評価手法を自分で考案する必要はない。ここで説明するプロセスを実行すれば、あなたも彼らと同じように厳密に分析を行い、重要な発見ができるはずだ。だが、大きな不確実性が気になる場合は、次の章が役立つだろう。

第13章 不確実性を克服する

ビジネス上の決定が困難なのは、将来何が起こるかを確実に知ることができないからだ。新製品開発の決定がこの好例だ。製品が実際にどのような性能をもち、コストがいくらかかるかはまだわからないし、競合企業がどのような対抗策をとってくるか、顧客がどのような反応を示すかもわからない。わかっているのは、(ほかの製品でなく)その製品にどれだけのエンジニアリング資源が投入されたかということだけだ。一般に、新興企業はこうした大きな賭けを一つしか行えないのに対し、大企業は複数の賭けを同時に行うことが多い。

優れたビジネスリーダーは、このような不確実性に意識的に対処する。この道を行ったときに起こりそうなことを予測し、市場を調査し、当局の動きやマクロ経済動向について調べ、競合企業がどう動くかを分析する。また自社の計画が予定通り実行される可能性(エンジニアが製品を計画通り完成させる可能性など)を推定する。このような予測の結果、確度の高い一つのシナリオに絞り込むことができるなら、決定は難しくない。だが未来が一つに決まっているようなことはほとんどなく、現実にはいくつものシナリオが起こり得る。こうした可能性を考慮せずに決定を下すと、失敗を招きかねない。

私はマッキンゼーの戦略部門を統括していたとき、クライアント企業がこのような状況で不確実性に対応するのを助ける手法を開発することを、課題の一つにしていた。またそれ以降も、このコンセプトをキャリアにあてはめる方法を考えることに、とくに大きな悦びを感じてきた。キャリアにおける不確実性については、本書でもこれまでに何度かふれている。たとえばキャリアパス計画と求職活動での不確実性や、自分の抱負に確信がもてないときにどうするかを説明した。不確実性にうまく対処することはキャリア戦略の柱なのだ。

キャリアの先行きが見えないとき、私たち人間は次の三通りの不合理な反応を示す。第一に、不確実性を前にすると何もできなくなってしまう。リスクを避けようとして決定を先延ばしにする人が多い。だが決定を遅らせるうちに機会が消滅してしまえば、「何もしない」という決定を下したのも同然だ。

第二に、不確実な状況に不安を感じ、目を背ける人もいる。すばやく決定を下しはしても、一つのシナリオしか考慮に入れていない。この場合、リスクをとっている自覚はなくても、たった一つの結果にあり金すべてを賭けているのと同じだ。賭けに勝つのは、予想通りの将来が実現した場合だけだ。

第三に、果敢にリスクをとっているつもりの人もいる。正確なロードマップがないと知りながら、リスクはあってあたりまえとがむしゃらに突っ走る。こうした試みは成功することもあるが、失敗することもある。

不確実性で目を曇らせてはいけない。先のことは誰にもわからないが、予測を正しく行えば不確実性を減らすことはできる。また適切な知的枠組みを通して、それぞれの選択肢にまつわるリスクと機会を理解し、長期を見据えながら短期のキャリア戦略を決定するのだ。本章では、これを行うための厳密な方法を説明する。

◉予測

賢明な決定は、正確な予測なくしてはあり得ない。未来を知ることはもちろんできないが、有能な人は不要な不確実性を排除している。ここで優れた予測の物語を紹介しよう。

ショーンについては第4章でとりあげた。彼は組織文化と職務、転勤の可能性、企業の将来性を綿密に評価した結果、当初魅力的に思えたオファーを断って、コンサルティング会社にとどまり、のちにシニアパートナーに選出された。だが実はショーンは選出の半年前に、仕事をやめそうになったことがあった。そのとき行った予測が大きなちがいを生んだのだ。

case 29 会社に「再入隊」するという決断

アップオアアウト（昇進するか、やめるか）の判定時期が近づき、ショーンは不安に怯えていた。今後六カ月以内にシニアパートナーに選ばれなければ、会社をやめなくてはならない。

悩んでいるうちにクリスマスと新年の休暇の時期がきた。ショーンはこの休暇を利用して、身のふり方を考えた。そして長期予測を行ったことで冷静さを取り戻し、やめずにとどまることに決めたのだ。ショーンはこう語る。

疲れ果てて感情的になっていました。つまらないことに腹が立ち、不確実性に圧倒されていたんです。会社をやめる寸前まで行きました。シニアパートナーに選出されるという確証はありませんでした。選ばれそうな兆しはありましたが、絶対確実という保証はありません。厳しい環境なんです。選出に漏れるのはどうしても嫌でした。そこで過去に厳しい決断を下した偉人たちがどうしたか調べてみました。またここ数年の自分の業績をすべて書き出しました。そうしてふり返ることで、将来についてよりよく考えられるようになりました。いまのまま仕事を続けたらどうなるかを考えるために、五年後、つまり四五歳の自分がどうなっているかを想像しました。またコンサルティングの仕事でやるように、将来をいまに引き戻し、五年後にこうなるためには来年は何をする必要があるか、と考えました。そうするうちに心が落ち着いてきました。心のなかでこんなふうに考えたんです。「私は会社を首になったらがっかりするだろうか?」「たぶんね、でもエゴが傷つくだけのことだ。それをきっかけにキャリアを見直せば、よい仕事に就けるだろう」と。そんなわけで、軍隊でいうように会社に「再入隊」したんです。掛け金を二倍に増やし、クライアントへの奉仕をあらためて誓い、新しい実践的な役割を見つけました。

ショーンは予測を行うことで、自分を冷静に見つめ、昇進できる可能性が高いと判断した。たとえ昇進しなくても、ほかの仕事で十分戦えそうだった。いずれにしても未来は明るかった。彼は予測を行うことで気持ちを落ち着け、一時の感情に駆られてやめてしまわずに、とどまる決定を下すことができたのだ。

exercise

キャリアを予測するエクササイズ

ある決定を下した場合に何が起こるかは知り得ないが、どんなことがどれくらいの確率で起こるかは大まかにだがつかむことはできる。次に説明するのは、ショーンなどの経験を参考にして開発したステップで、それぞれの選択がもたらす結果について考えるための効果的なブレインストーミングの手法だ。

①選択肢を見きわめる

第12章のやり方に倣って、それぞれの選択肢を言葉で説明しよう。

②それぞれの選択肢をとった場合に起こり得るシナリオを考える

ここでいう「シナリオ」とは、ある選択肢を選んだ場合の、将来に関する一連の前提をいう。何が起こるかは知り得ないため、それぞれの選択肢につき二つか三つ、またはそれ以上のシナリオがあるかもしれない。

具体的に説明しよう。たとえばあなたがいまとはまったく異なる業務のオファーを受け入れた場合、シナリオ1はよい成果をあげて多くを学び、昇進する。シナリオ2は、成果をあげるが昇進できずに同じ職務にとどまる。シナリオ3は、満足のいく成果はあげられないが、新しい業務に精通して仕事の幅が広がる、など。ここでやるべきは、それぞれの可能性を評価できるように、言葉で表すことだ。いまの例を参考にして、自分のシナリオを考えてみよう。

一つ目の選択肢を選んだときに起こり得るシナリオをリストアップしたら、次の選択肢についてもいくつかのシナリオを想像してみよう。選ぶ選択肢によって起こるできごとは異なるため、どのシナリオも同じにはならない。

③シナリオを検証する

あなたの経歴から将来を類推してみよう。これまでやってきたことといまやっていることをもとに、今後自分がどこに向かうかを推測する。これまでのキャリアの軌道をふまえると、いま下す決定はどのような結果につながりそうか？

前に説明したように、将来の自分の新聞記事を書くのは、抱負に関するアイデアを得るよい方法だ。この方法は、決定がどのような結果をもたらすかを想像するのにも使える。一つ目の選択肢を選んだと仮定して、将来の自分の記事を書いてみよう。ちがう選択肢を選んだ場合の記事も書いてみる（か、前の記事とどこが変わるかを考える）。この記事を使って、ステップ②で想像したシナリオを肉づけしてみよう。そうすることで意外なシナリオが浮かぶかもしれない。

経営分析を行おう。第4章で業界展望について考える方法を説明した。同じ手法を用いて、組織や分野全体の展望を予測し、それがあなたにどのような影響を与えるかを考えよう。

④予測を統合する

上記のステップの結果を組み合わせてシナリオを作成する。これらのシナリオが、決定を下す際の指針になる。最初の選択肢のシナリオから始めよう。さまざまな検証の結果を考慮して調整し、検討中の各選択肢について整合性のとれたシナリオを作成する。図7と同じ形式で書いてみよう。

図7 評価を体系化する：選択肢とシナリオ

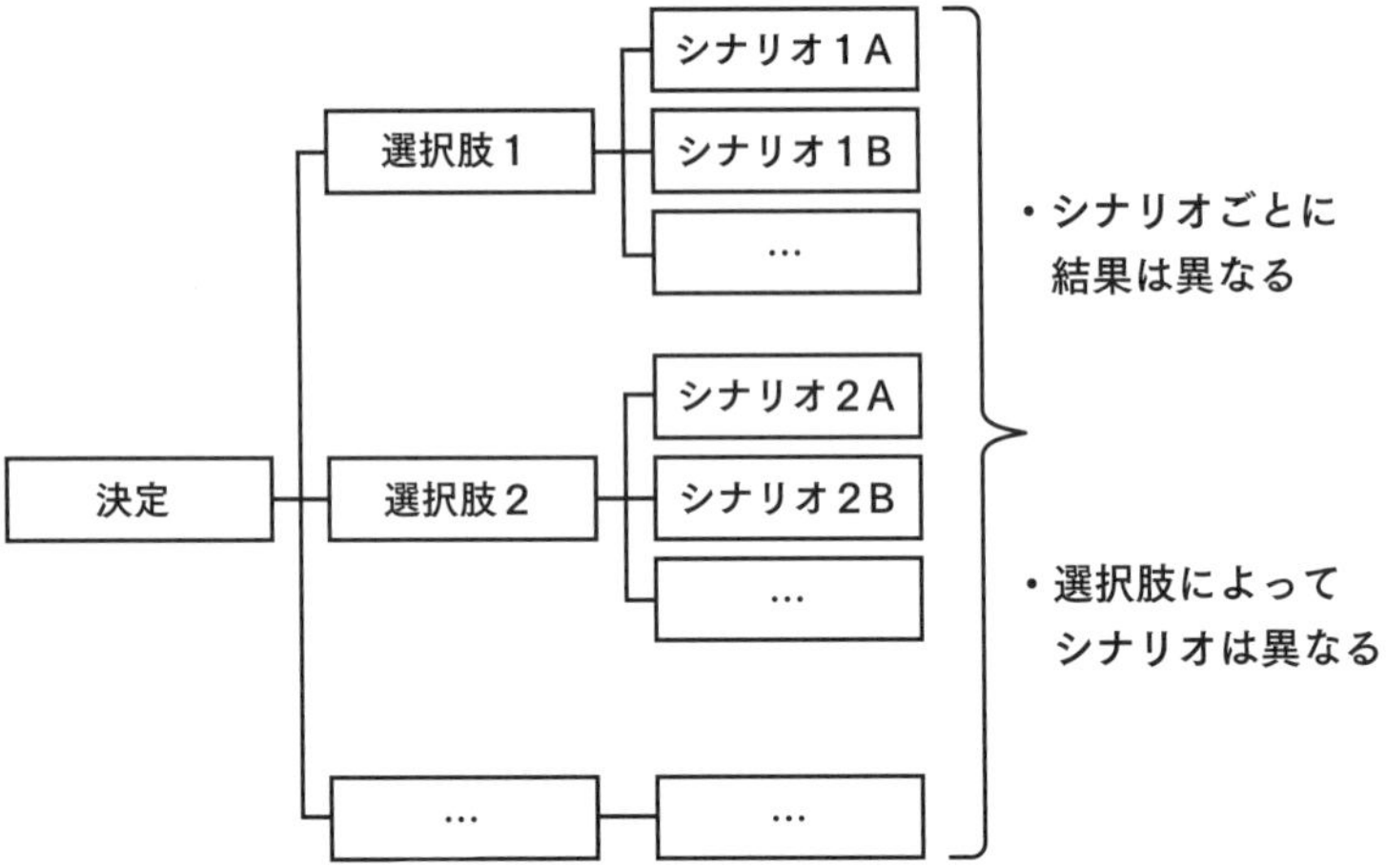

こうして選択肢とシナリオを一覧すると、現実味のある将来が描けたかどうかがわかるだろう。これを見ているうちに、ほかの外せないシナリオを思いつくかもしれない。不可能ではないがありそうにないシナリオは、注目する価値はあっても、あなたにとってとくに重要でなければ、この分析では検討するに値しない。

長期の計画を立てる際には、さらに先を見据えた予測が必要になる。細かいところまではっきり予測できないこともあるだろう。決定の直後に起こり得るシナリオは正確に描けても、その先どうなるかという、より漠然とした問題を考えなくてはならない。数年先までしか予測しないのは、その先はすべて不変だと仮定していることになるが、そんなことはまずあり得ない。

それでは次に予測を用いて不確実性に対処する方法を説明しよう。

不確実性対処モデル

ある予測が実現する可能性が非常に高く、残りのシナリオがどれも現実的でないなら、やるべきことははっきりしている。別の言い方をすると、このときの決定は、将来の不確実性に左右されず、第12章で説明した選択肢・目的の評価をもとに行われる。だがキャリアに関する重大決定がこのような方法で下されることは、現実にはほとんどない。

可能性の高いシナリオが複数存在するとき、決定は複雑になる。どの角度から見るかによって選択肢の魅力度が変わるからだ。だが不確実性対処モデルを用いれば、最善の決定を下せる場合が多い。そのやり方を説明しよう。

①結果を数値化する

ここまでの作業がすべて終わっている人は、第12章で説明したような主観の数値化を行って、不確実性対処モデルに肉づけしよう。

各シナリオが実現した場合の選択肢の魅力度を、一点から一〇〇点で評価する。すべての選択肢を同じ条件で比較できるように、すべての選択肢のすべてのシナリオに対して同じ評点基準を用いる。

例をあげて説明しよう。たとえば選択肢が二つあって、選択肢1には二つ、選択肢2には四つのシナリオが考えられるとする。合計六組の選択肢・シナリオということだ。選択肢1・シナリオAは望ましいが理想的でないから、一〇〇点中八〇点をつけた。またこの結果は選択肢1・シナリオBの結果に比べてずっと望ましく、選択肢2・シナリオDより若干望ましい。その場合、このちがいの大きさをそれぞれの得点に反映させなくてはならない。そこで選択肢1・シナリオBには二五点、選択肢2・シナリオDには七〇点をつけた。もちろん、これらの数字はやり方を説明するための架空のものだ。残る三組の選択肢・シナリオにも、同じようにして点数をつける。

それぞれの選択肢・シナリオによって、実現する確率はちがう。そこで次の段階では、選択肢ごとに各シナリオが実際に起こる確率を推定する。ここにあげた例では、選択肢1の二つのシナリオの確率の合計が一〇〇%、選択肢2の四つのシナリオの確率の合計が一〇〇%になるようにする。

こうして各選択肢・シナリオの点数と確率がそろった。各選択肢・シナリオの点数に確率をかけ、この積をそれぞれの選択肢について足し合わせると、各選択肢の「期待値」が算出される。

選択肢の期待値を比較すると、重要な発見がある。もし一つの選択肢が飛び抜けてよく見えるなら、それはよい結果だ。また、どの期待値も大差ないときは、選択肢のどのようなちがい

（得点と確率に表れたちがい）のせいで接戦になっているのかがはっきりわかる。これもよい結果だが、どれが最善の決定かはわかりにくい。数値を眺めているうちに、何か重要なことを見落としていたことに気づき、それを考慮に入れて全体を考え直すか、評価自体をやり直さなくてはならない場合もあるだろう。

数値は非常に役に立つ。具体化と数値化を進めれば進めるほど多くの発見がある。自分の考えていることを数値として表すことで、微妙な差異が明らかになり、より自信をもって結論を下せるのだ。

②それぞれの選択肢を選ぶべき根拠を考える

右記の評価をもとに、それぞれの選択肢を選ぶべき根拠を文章にしよう。選択肢を選ぶ理由とともに、そのデメリットも示すこと。これで評価が完了し、決断を下す準備ができた。

二八歳の弁護士ブレアは、将来が見通せずに行き詰まっていたが、この不確実性対処モデルで数値化を行い、進むべき道を見つけた。

case 30

熱意と成功という二つの不確実性

ブレアは不確実性対処モデルに出合う三年前にロースクールを卒業した。在学中は大学のローレビュー〔ロースクールの紀要〕の編集委員を務め、学術論文を三本発表し、優秀な成績で卒業した。大手法律事務所で一年働いてから、二年間休職して連邦地方裁判所判事の助手を務めた。彼女はこの経験が気に入った――知的刺激、法のあり方に影響をおよぼしているという実感、そこでできた知り合いなど、すべてに満足していた。助手職が終わりに近づいたが、彼女は法律事務所に戻るべきか、別の仕事をするべきか、まだ心を決められずにいた。

ブレアがまず考えたのは、控訴裁判所〔日本の高等裁判所にあたる〕の判事助手に応募することだった。上級裁判所での助手職はきっと楽しく、ほかの機会への踏み台になるはずだ。これは当然の選択肢だった。だが彼女の地元では募集はわずかで、応募したが惜しくも漏れてしまった。

地方裁での判事助手職がまもなく終わろうというころ、進路の決定にどのように取り組むべきだろうかと、彼女に相談を受けた。そこで私はシナリオプランニングを行って、それぞれの道がどのような選択肢につながるかを想像してはどうかと助言した。彼女はいったんコツをつかんだあとは、順調に作業を進めた。

ブレアは法律事務所を離れたときよりも法務に精通していた。もとの職場に戻れば、確証はないが、八年から一〇年後にはパートナーになれそうだった。これは望ましい将来であり、将来的にたとえばほかの法律事務所に移る、クライアント企業の法務顧問になる、自分の会社を始める、といった選択肢も開けそうだった。唯一気がかりなのは、仕事環境と勤務時間だった。実際、彼女が連絡をとり合っていたロースクールの同級生の四人に三人が、卒業後三年以内に転職していた。

彼女にはロースクールの教授になるという道もあった。一般の法律学教授に求められる実務経験や学術実績には乏しかったが、人脈という切り札があった。親しい知人が地元に新設されるロースクールの学長に就任する予定で、副学長になる人とも知り合いだった。教育と研究は彼女の性に合っていて、長く続けられそうだった。それにこの仕事は判事助手の自然な延長線上にあった。このポジションを足がかりに、別の大学で教える、判事になる、教授のかたわら法務顧問を務める、政府の公共政策業務に関わるといった機会への道が開けそうだった。彼女のキャリアで教授職に就けそうだったのは、このときだけではなかった。つまり最初で最後のチャンスというわけではなかった。だが近くに大学が新設され、しかもそこの学長たちと人脈があることを考えれば、特別な機会なのはまちがいない。ただしデメリットとして、弁護士の経験がほとんどないまま教授職に就けば、将来フルタイムの弁護士に戻るのは難しくなりそうだった。

これらの多様なシナリオは複雑だった。ブレアは悩んだ末に、次の二つの不確実性に焦点を絞って考えることにした。**自分が仕事にどれだけ熱意をもてるか、そしてどれだけ成功できるかだ。**こうして二つの選択肢に、二×二の四つずつのシナリオができた。彼女はそれぞれのシナリオがどのようなものになるか、またその結果をどのように評価するかを考えた。そして主観を数値化し、結果を得点で表した。これをまとめたものが図8だ。

ブレアは決定をこのように体系化して考えたおかげで、不確実性を認識し、自分にとっての望ましさを評価することができた。彼女が割り当てた数字を見る限り、教授職のほうが得るものが大きそうだった（つまり仕事を気に入り、よい成果をあげ、昇進し、よりよい機会を得る可能性が高かった）。教授職は下方リスクも大きかった（終身教授になれず、弁護士にも戻れないかもしれない）。これに対して、もとの会社に戻る選択肢はより現実的かつ安全で、予測がつきやすかった。このように二つの選択肢は、リスクとリターンという点で大きなちがいがあった。彼女はそれまで漠然とちがいを感じてはいたが、評価を行うことでそれぞれの選択肢の成り立ちを明らかにし、自分にとっての望ましさをはっきり理解することができた。これは新鮮な発見だった。

ブレアが決定を下せずにいたもう一つの理由は、人間関係のリスクだった。ロースクールのポジションを自分から希望しておいて、オファーをもらうだけもらって断るのは気がひけた。友人たちの尽力を無にするわけにはいかなかった。だから足を踏み出す前に、それが自分の最も望む選択肢だという確信がほしかった。最終的に、彼女は教授職に挑戦することに決めた。このように思考を体系化することによって、人間関係のリスクをひとまず脇へやって、複雑な

図8　ブレアの期待値

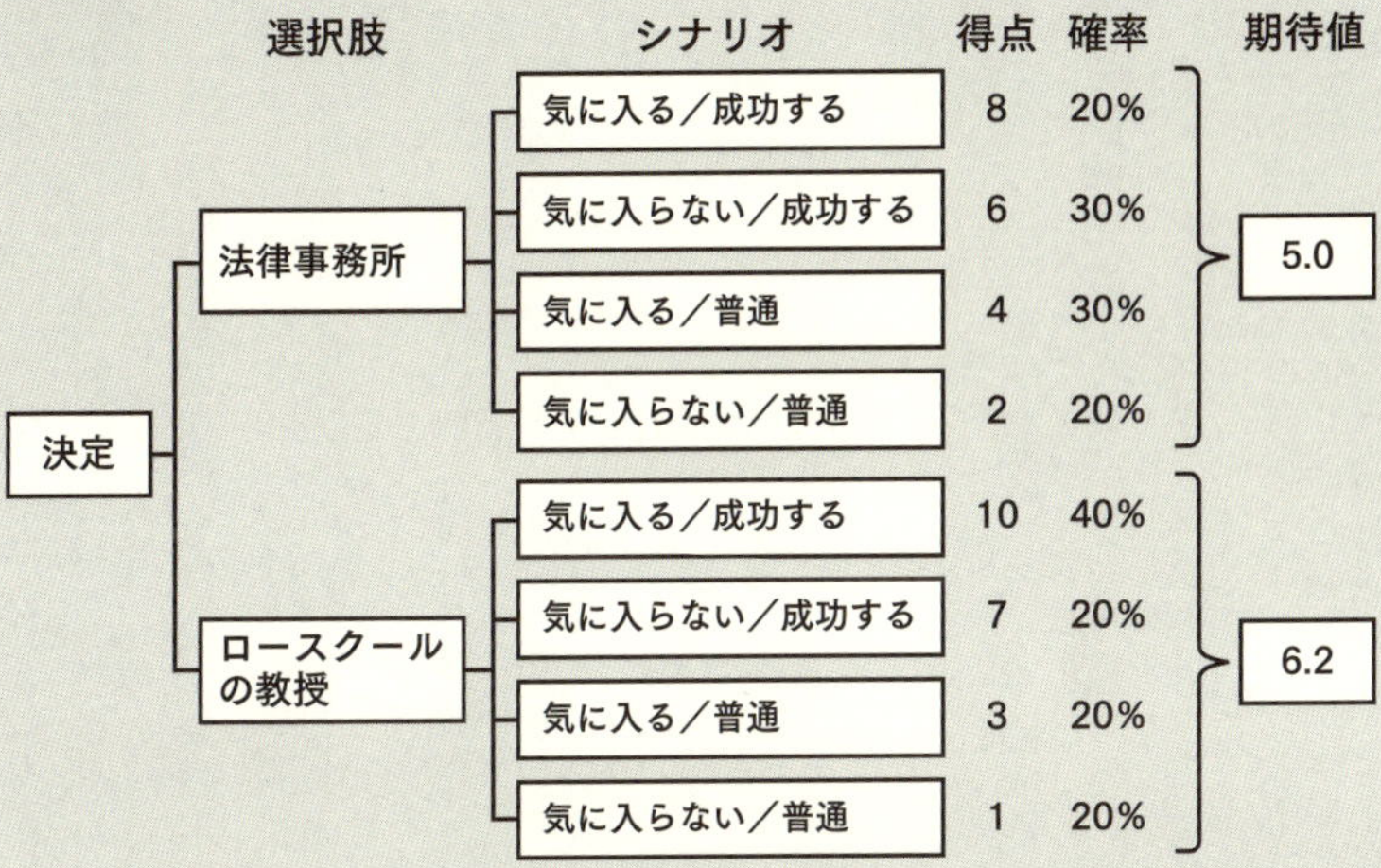

決定を単純化することができたのだ。

そんなわけでブレアは学部長になる知り合いに相談してみた。彼はブレアが関心をもつ理由を理解し、彼女が教授職をめざすべき人材であることを認めた。だがこのロースクールは実務教育に力を入れていて、教授陣に実務経験豊富な人材を集めていた。そのためブレアはこの時点ではポジションを得ることはできなかったのだ。

ブレアは法律事務所に戻り、弁護士としてのスキルを伸ばしつつ、昇進に必要な実績を積んでいる。万事が順調で、毎日を楽しんでいる。彼女はおそらく図8でいうところの「気に入る／成功する」という、すばらしい結果に落ち着くことだろう。

目下ブレアは未来を切り拓くための取り組みを進めている。信用と評判を高め、ネットワークを広げている。判事助手中に作成した公開可能な資料をポートフォリオにまとめ、二本の論文を執筆して学術誌に投稿した。仕事上のネットワークづくりも進めている。母校のロースクールで模擬法廷の指導を行い、弁護士会の小委員会に参加し、地方裁判所時代の知り合いとも連絡をとり合っている。将来の選択肢を広げるべく、全力で取り組んでいるのだ。

不確実性対処モデルに予測をとり入れるのは、最善の進路を決定するための有効な方法だ。将来の見通しを得るもう一つの方法が、戦略的意図をじっくり考えることだ。それを次に説明しよう。

戦略的意図

本書でいう「戦略的意図」は、不確実性に対処するための五種類の戦略を指すものとする。これから説明するように、うち三種類は、受け入れるリスクの量に関わる戦略で、残りの二種類はリターンを増やすかリスクを抑えるための追加のステップだ。各選択肢をこれらのうちのどれかに分類しよう。そうすることで選択肢がもたらす影響がより明確になり、どのような道をとるべきかがわかるかもしれない。

◉リスクをとるか、安全策をとるか

最初の三種類の戦略は、「大きな賭け」「未来への適応」「後悔しない動き」だ。ビジネス上の大きな賭けの例には、買収、投資計画、製品開発プログラムなどがある。こういった大規模で変更が困難な決定は、大きなリスクをはらんでいる。大勝ちすることもある。その動き自体が環境に影響をおよぼし、成功の見込みを高めるからだ。もちろん、派手に失敗することもある。

二つ目の戦略は、成り行きに任せ、未来に適応する方法だ。ビジネスの例でいうと、複数の分野で小規模な研究開発プログラムを実施し、最も有望なものを選んでそれに投資する方法などがこれにあたる。

三つ目は後悔しない動き、つまりどう転んでも損のない行動だ。ビジネスでいえば、コスト削減や組織の効率性向上を狙う確実な手法などだ。コストもリスクもそれほどかけずに効果をあげられる。私は業務コンサルティングを行う際には、いつもこうした機会を探そうとした。後悔しない動きは、ほかのより重要な決定にかけるべき時間と資源を奪わない限り、つねに理にかなった動きだ。

今度はキャリアでの大きな賭けと未来への適応の物語を見ていこう。ブライアンとジェームズは非常に不確実な状況に直面して、まったく異なる戦略を選んだ。これらの戦略には、状況とリスクに対する二人の姿勢がよく表れていた。

case 31 賭けに出るという選択、安全策をとるという選択

第1章で紹介したように、ブライアンは安定した高報酬の仕事をやめて、食生活を改善する新しいブランド食品の会社を立ち上げた。世界をよりよくし、強力な組織をつくることをめざしていた。

この仕事を選べばかなりの時間をとられ、貯金を取り崩す生活になることは承知のうえだった。彼はこう語っている。「私の会社に対する初期投資は銀行預金でした。最初の一年はなんとかそれで食いつないだ。いきなり収入が激減しましたが、うまくいかなくてもまたどこかで雇ってもらえるだろうと思っていました。でもその後さらに苦しくなりました。収入が減るどころか、借り入れに個人保証を入れることまで求められたんですから」。ベンチャーの先行きはまったく読めなかった。折しも二人目の子どもが生まれようとしていた。

私はブライアンに、仕事で定収入を得ながら夜間や週末に起業することを検討したかと聞いてみた。石橋を叩いてから渡ることもできたはずだ。彼は少し考えて、その方が安全なのはわ

かっていたが、それではうまくいくはずがないと思っていたと答えた。

思い切りが必要でした。投資家にコミットしてほしかったんです。彼らに小切手を書いてもらうには、自分も全力で取り組まなくてはね。全身全霊を懸けなければ、従業員もついてきません。製品を買ってくれる小売業者のバイヤーも、私たちに懸けてくれている。だから彼らのためにも全力を注ぐ必要がありました。

ブライアンは自分の手で未来を切り拓きたかった。そしてそのためには、全身全霊取り組む必要があると考えたのだ。もしも片手間で起業していたなら、本業も共倒れになり、虻蜂とらずに終わっていただろう。ベンチャーが失敗する可能性があるのはわかっていたが、くよくよ悩んでいるひまはなかった。それに事業が成功しなくても、別の仕事を探せる自信はあった。これまでもそうしてきたのだから。

ブライアンは大きな賭けに勝った。彼は新しい製品カテゴリーを生み出し、ベンチャーを優良企業に育て上げ、一〇年後に高値で売却した。

大きな賭けが向いている人ばかりではない。企業の上級副社長を務める三七歳のジェームズは、二年間のコスト削減プロジェクトをまもなく終えようとしていた。それとともに、彼のポジションもなくなる予定だった。彼はコスト至上主義に陥った会社になじめず、自分のポジションも守れそうになかった。彼は余剰人員になりつつあった。「イス取りゲームであぶれてしまったんですよ」。

ジェームズはどんな選択肢があるかを検討した。まず一〇年ほど前に働いていた分野の、プライベートエクイティとコンサルティングの会社に話を聞いた。それからいまの勤め先の競合企業の人間とも会った。だが最終的に、社内の別の部署の副社長への降格を受け入れた。

ジェームズがこの職務を引き受けた理由は三つあり、それらはすべてリスクを抑えることに関わる理由だった。

一つ目の理由として、彼はほかの選択肢に懸念をもっていた。プライベートエクイティやコンサルティングの過酷で出張の多い仕事で再び成功できるかどうか自信がなかった。最初こそ、新しい仕事を探すのを楽しみにしていたが、そのうち自分は成功できるのだろうかと不安をもつようになった。

二つ目の要因は人間関係だった。「これまでずっと信頼できる人たちと仕事をしてきました」と言う彼は、業界他社でうまくやっていけるだろうか、いまの同僚たちと競争するのはどうなのかと悩んだ。

最後に、ほかの仕事はすべて転勤を伴った。彼は前年に離婚し、二人の子どもたちは同じ町に前妻と暮らしていた。同じ町にいても子どもたちとの関係をどのように築けばよいのかわからないのに、遠く離れたらどうなるかわからなかった。
ジェームズはリスクについて考えるうちに、いまの会社にとどまるための新しい方法を思いついた。「とどまるのが一番安全です。たとえ気に入らなくても、ここにいるあいだに新しい方針を考えたほうがいいという結論に達しました」。彼は降格したものの、副社長としてそれなりの報酬と権威を維持した。そのうちに状況も変わるだろう。子どもたちとの関係について多くのことを学べるし、もしかすると上級副社長のポジションに返り咲けるかもしれない。ほかの可能性についてもいろいろなことがわかり、一、二年後にはもう少し大胆な行動をとれるかもしれない。

二人は直面していた状況も、リスクと見返りについての考え方もちがった。ブライアンはこの決定にすべてを賭けた。彼の戦略は、大きな賭けによってキャリアを切り拓くことだった。状況次第で大勝ちも大負けもあり得た。これに対してジェームズは、一時停止ボタンを押して、流れに身を任せることにした。彼がこのような戦略をとったのは、仕事をやめることへの不安と、個人的な事情があったからだ。彼はリスクを回避することにした。

私はブライアンの話が好きだ。たとえ事業で成功しなかったとしても、好んでこの物語を語っただろう。だがジェームズの選択がまちがっていたわけではない。彼はただちがっていた。

それに状況もちがった。誰もが自分なりの選択をしなくてはならない。とことん考え抜いて決定を下すにはどうすればいいだろう？

リスクとリターンがともに大きいときに問うべきこと

①選択肢はどの戦略カテゴリーに分類できるか？

各選択肢を「大きな賭け」「未来のできごとへの適応」「後悔しない動き」の三つに分類しよう。これをするだけでも、何が問題なのかが明確になる。

次に、各選択肢について、うまくいきそうな点、いかなそうな点を考える。この選択肢に賭けた場合に成功する確率は？　完全な成功でない場合、どのようなことが起こり得るか？　賭けなかった場合はどうなる？——この可能性が完全に閉ざされるのか、さらによい展開が待っているのか？　いまの場所にとどまって能力を開発しながら戦略を考え直し、別のかたちで未来を切り拓く準備をすべきなのか？

逆方向からも考えてみよう。それぞれの戦略カテゴリーについて、検討したこともない選択肢を考えてみるのだ。まったくちがう賭けができないだろうか？　不確実な将来に適応する方法はほかにないのか？

後悔しない動きに、とくに注意を払おう。なぜならこの種の選択肢が最初から検討されることはほとんどないからだ。キャリアでの後悔しない動きの例には、いまの会社の同じ分野での昇進をめざす、会社勤めをしながら弁護士資格を維持する、プロフェッショナルエンジニアの資格試験を受ける、負担の少ない教育プログラムに参加する、前の同僚と積極的に連絡をとる、などがある。後悔しない動きは、より優先度の高い戦略の実行を阻害しない限り、どんなときでも理にかなっている。これをすべて行えば、最初にあげた選択肢をよりよく理解できるし、さらによい選択肢を考えつくこともあるだろう。

②この機会を選択するには大きな賭けが必要か？

必要な場合もある。あとがない状況に自分を追い込むことで本気を出し、成功するために必要な心理状態になれることもある。またリスクをとることで、成功に不可欠な支援が得やすくなることもあるだろう。高い目標をめざすときは、慎重に進むよりむしろ思い切って飛び込んだほうが、かえってリスクが低い場合がある。だが必ずしもそうとは限らない。同じ目的に向かう、よりリスクの低い道筋があるかもしれない。

③大きな賭けに伴うリスクを受け入れられるか？

リスクに対する姿勢は人によってちがうし、人生のどの段階にいるかによってもちがう。リスクをとることのデメリットを洗い出し、それが自分にどう影響するのか、それを受け入れられるのかを考えよう。

④学習は最善の策なのか？

企業の経営幹部は不確実性の高い状況に直面すると、まず学習のための小さなタスク（たとえば市場調査や技術調査など）を自分に課し、状況を把握できたときに断固たる行動をとれるよう備えることがある。また外生的なできごと――競合企業の動きや規制方針の変更など――が起こるまで待ち、状況がはっきりしてから行動することもある。これを、「プレーの権利を留保する」姿勢をとるという。

大きな決定を遅らせ、その決定や自分自身をよりよく知ってから決定を下すのも、プレーの権利を留保する方法だ。単に先延ばしにするのではなく、意識的に遅らせる決定を行おう。つまり、理解を深めてから大きな決定を下すことにするか、そうしないことを決定するのだ。明確な学習の目当てと期限を設定し、意識してこれを行おう。

case 32

オプションを生み出し、リスクをヘッジする

もう二種類の不確実性対処戦略は、追加の機会のオプションと、ものごとが思い通りにいかない場合に立て直しを図るためのヘッジだ。ここでも事業戦略が応用できる。たとえば技術系企業は自社の研究開発に懸けながら、必要に応じて競合企業から技術の使用権を確保すること

もある〔オプション〕。また本来の目的以外の別の可能性が開けることを期待して、研究開発プログラムに懸けることもあるだろう〔ヘッジ〕。このようなオプションとヘッジは、同じ名前で呼ばれる金融商品と同様の働きをする。

キャリアでオプションが存在するのは、自分のやっていることが新しい魅力的な機会につながる可能性があるときだ。たとえ実現する保証がなく、望み薄であっても、オプションであることに変わりはない。弁護士のブレアも、未来を切り拓くためにオプションを生み出していた。オプションと対になるのが、キャリア上のヘッジだ。これは高速道路の出口ランプのようなもので、必要に応じて方向を変えるための妥当な方法をいう。

賢明なキャリア戦略にはオプションとヘッジの両方が含まれていて、大きな賭け、適応の動き、後悔しない動きと並行して用いられることが多い。それではここでクレイグのオプションとジェシカのヘッジという、二つの例を見ていこう。

クレイグは非公開小売企業の不動産部門で、不動産買収とリース担当の副社長を務めていた。仕事には満足していたし、上司であるCEOとも良好な関係にあった。役員会で不動産投資が話し合われるときは必ず議長役を務めた。彼は近々二人の上級スタッフを部下に加える予定で、上級副社長の肩書が期待できそうだった。

だがすべてが順調というわけではなかった。昇進するのはもちろんよいことだが、懸念もあった。

クレイグはこの会社に入ったとき、将来的に経営サイドにまわるつもりでいた。だが不動産分野であっという間に昇進したため、通常ならリーダーになる前に積む業務経験が欠けていた。そうした経験を得るには、子会社や統括会社を運営するのが確実だが、クレイグはすでに地域担当責任者より高い地位にあった。それに相性の悪い業務担当上級副社長のもとで働くのはごめんだった。CEOに相談することにもリスクはあった。別の地域への異動を打診されて断りでもしたら、自分の幅を広げることに関心がない人物という烙印を押されかねない。

クレイグは行き詰まっていた。地元の不動産会社には機会がほとんどなく、転勤が障害になっていた。彼の妻は別の会社の副社長のポジションに満足し、よい収入を得ていたし、子どもたちは学校になじみ、両親と義理の両親も同じ町に住んでいた。彼は先行きに不安をもっていた。

クレイグは地元の企業での機会をもう少し検討した。またいまの会社のトップに上る道を考えてみた。最初はよい考えが浮かばなかったが、そのうちにCFOが翌年退職しそうだということを思い出した。クレイグは会計学の学位をもち、二つ前の仕事でファイナンスの経験があったため、金融に精通していたが、知識は錆びついていた。CFOのポジションをねらうには遅れをとり戻さなくてはならない。これはトップをめざす最善の道ではないかもしれないが、彼にとっては絶好のチャンスだった。クレイグはこのポジションに賭けることにした。彼を奮い立たせたのは、ＣＦＯを経験することで開かれる多くのオプションだった。

突き詰めてみれば、この新しい仕事から生まれるオプションが魅力でした。オプション価値が高いからこそ、ＣＦＯのポジションを求めたんです。このまま不動産業務にとどまったところで、何ができる？　不動産ファンドに移るか、別の業界の不動産部門や不動産開発会社に行くのが関の山でしょう。不動産である以上、どれも同じ景気の波にさらされ、どれもリスクが高い。でもＣＦＯの職務に移り、そこでしばらく経験を積めば、不動産会社だけでなくほかの業界でもファイナンスの可能性が開けそうです。それにいまの分野の仕事に戻ったとしても、成功できる見込みが高まるでしょうしね。

クレイグはオプションに目を向けたことで、行動を起こす必要を確信した。ＣＦＯのポジションを実際に獲得できれば、大きなステップアップになる。だがそれよりもクレイグが心をひかれたのは、それによって地元のほかのファイナンスのポジションへの道が開かれるうえ、いまの会社でＣＥＯになるチャンスまでもが広がることだった。これがクレイグの目から見た、この戦略の「オプション価値」だ。彼は社外に目を向けるのをやめて、ＣＦＯのポジションを手に入れるために時間を投資することにした。こうして彼の個人戦略は活性化された。

クレイグの戦略は効果をあげ始めた。上級副社長に昇進し、ＣＦＯの最有力候補だというほのめかしを励みに、そのための準備を始めた。しっかりとした個人戦略を立てたことで、将来展望までもが変わった。彼には計画があり、それを成功させる自信をもち、将来を楽観していた。前とは別人のようだった。

だが計画が実現することはなかった。オーナーが会社を売却したのだ。これはクレイグが考慮していなかった不確実性だった。クレイグは買収企業の計画を見て、自分にふさわしい職務がないことを知った。自分自身をよりよく理解し、将来を考える際にオプションを重視するようになった彼は、こうした新しい観点のもとに求職活動を再開した。そして数カ月後、地元の会社によいポジションを得たのだ。

CFOの職務がもたらすオプションに目を向けたことで、クレイグの戦略は変わった。それでは次に、必要なときにヘッジを利用して大きな方向転換を遂げた、ジェシカを紹介しよう。

全米科学財団の特別研究員であるジェシカは、理系研究者らしく用意周到で好奇心旺盛なタイプだ。すでに知っていることより、まだ知らないことに興味をそそられるという彼女は、不確実性に対処する生まれながらの能力をもっている。

ジェシカはあるヘッジに助けられた。ただし当時の彼女はそれをヘッジと呼ぼうとは思わなかっただろう。彼女は博士課程の履修コースを優秀な成績で修了し、研究プログラムを選ぶことになった。このプログラムは学術論文の発表と学位取得を目的とする、四年間またはそれ以上にわたる研究活動だった。適切な研究プログラムを選ぶのは非常に難しいことだ。ジェシカには有望な研究プランが六つあった。彼女が最も力を入れていたプロジェクトは、成功すれば大きな名声が得られそうだが、その見込みは非常に不確実だった。

どうかしていると思われそうですが、私はノーベル賞をとる気でいました。何か新しいこと、ユニークで価値があって誰も知らないことを発見したかったんです。たとえば複数の種類のがんの画期的な治療方法など。そもそも研究所に入ったのは、がんの研究がしたかったからです。このプロジェクトが成功すれば目標を達成できたでしょうが、リスクが高かった。

それ以外の選択肢を選んだ場合、博士課程修了後のキャリアは確保できそうだが、小さな前進を重ねることになりそうだった。もちろんこれらの場合でも、実験が成功するという保証はなかった。

履修コースの最後の学期に、彼女は論文の指導教官に何度か相談した。何を研究するにしても、指導教官の研究室で行うことになるからだ。ジェシカの指導教官は、がんの研究は特許につながるかもしれず、とても有望だと言いながら、これを研究対象とする人はジェシカを除けばほとんどいないこと、研究室にはその分野のノウハウがあまりないこと、その道を追究するのはリスクが高いこと、修了が遅れるかもしれないことを指摘し、より単純な一つのプロジェクトを勧めた。この研究なら最低でも一誌か二誌の学術誌に論文が確実に掲載されるだろう。サイエンス誌の表紙を飾ることはなくても、やる価値はあると教官は言った。

ジェシカはそもそもなぜ自分が研究を志したのかを思い返し、画期的研究を世に出す喜びについて考えた。彼女はそれ以外のすべてを妥協に感じ、これほど早い段階で妥協するのは嫌だと思った。彼女はリスクの高いほうのプロジェクトを選び、指導教官の支援をとりつけた。それから一年半の間、専ら一人で実験を続けながら治療法を追求し、小さな成功を得たものの、最終的に成功の見込みはないと判断した。「同じように困難な研究をしていた先輩たちが、必要な突破口を得られないのを見ていました。そうはいっても、あの道をあきらめるのはつらかった。エゴに関わる問題だったし、それまでに費やした労力を考えるとあきらめがつきませんでした。こういうのをサンクコスト〔埋没費用〕というのでしょうが、とにかくやめるのはつらかったです」。

ジェシカは前に教官と検討した選択肢に移った。研究論文はサイエンス誌の表紙こそ飾らなかったが、ネイチャー誌に掲載された。このような比較的容易な実験が分子間の複雑な相互作用を明らかにし、生命科学のこの分野での支配的な考えを一変させることになるとは、誰も予想していなかった。

彼女のケースではほかの状況に比べて、リスクの高い道をとりやすかった。なぜなら必要な場合に研究を変更する道が開かれていたからだ。ジェシカには出口ランプがあった。ほかにもよい選択肢があったし、指導教官や研究仲間と前向きで良好な関係を保っていた。彼らはジェシカを応援し、彼女の成功を願い、方向転換を助けてくれた。おかげで彼女は再び研究を軌道に乗せ、最初の研究計画が成功していた場合と変わらぬ時期に学位を取得できた。ジェシカは直感的にヘッジを行っていた。そしてものごとが計画通りに運ばなかったとき、それを最大限に活用したのだ。

exercise

戦略にオプションとヘッジを取り入れるエクササイズ

①自然なオプションとヘッジを見つける

選択肢によっては、望ましいオプションやヘッジが自然と思い浮かぶものもある。オプションを考えるには、こんなふうに自問しよう。いまから二年後に、自分はどんなことを身につけているだろう？　何を達成しているだろう？　社内外でどんな関係を築いているだろう？　その結果、どんな新しい方向に進めるだろう？　これを考えるうちに、ヘッジを思いつくこともある。また、ものごとが思うようにいかなかった場合にどうするかを考えておこう。

②オプションとヘッジを組み入れる／強化する

新しいオプションやヘッジを育てたり、すでにあるオプションやヘッジを利用しやすくできる場合もある。たとえば次を考えよう。

前の仕事で得た知人との関係を維持するにはどうすればいいだろう？　ほかの可能性を追求するのに必要な知識や能力を高める方法はあるだろうか？

③オプションとヘッジがオファーの評価にどのように影響するかを考える

ヘッジとオプションは、はっきり示されないことが多いが、たいていのオファーには含まれている。

オプションを何も生み出さないオファーはそれ単体で評価されるのに対し、オプションを含む選択肢はその分評価が高くなる。魅力的な出口ランプのない選択肢は、よいヘッジのある選択肢に劣る。

ヘッジについてもう一点述べておきたい。賢明な戦略は、とくに結果の不確実性が非常に高い場合、ヘッジを含んでいる場合が多い。だがいったんヘッジを確保したら、そのことは忘れよう。ヘッジがあるせいで、主戦略から目が逸れるようなことがあってはいけない。戦略を成功させることに全力を尽くそう。

戦略的意図をじっくり考えることで、リスクと機会をよりはっきり認識できるようになる。

リスクが高いと思っていた選択肢が、それほどデメリットを気にせずに追求できるとわかったり、見逃していたリスクが発覚することもあるだろう。分類はブレーンストーミングの強力なツールだ。五つのカテゴリーを叩き台にして、新しい選択肢を考えてみよう。

これらの予測・評価手法を指針にすれば、不確実性のジャングルを抜け出せる。忘れないでほしいのだが、不確実性を予測・評価しないのは、いまの状況がこの先ほとんど変わらないか、ある決まったシナリオが実現すると暗に想定していることになる。そのような前提に立つのは、実は最もリスクの高い選択なのだ。

第12章と13章の考慮事項をすべて考え合わせて、**各選択肢を支持する総合的な論拠**をまとめよう。目当ての評価と不確実性の評価の両方を組み込んで、それぞれの選択肢を選ぶべき理由を言葉で説明するのだ。それぞれの選択肢を選んだ場合に受け入れることになるデメリットと、それに対処する方法も考えておこう。論拠がまとまったら、必ず書きとめておこう。誰かと一緒に見直せばなおよい。

あなたが導こうとしている結論を、次の質問で検証しよう。

- この選択肢はあなたの目当てにかなっているか？
- 目当てを達成したら、長期の抱負に向かう軌道に乗れるのか？

・この選択肢によって不確実性に対処できるのか？
・もっとよい選択肢はないのか？

とるべき行動を決定したら、自分の下した決定と、それを選んだ理由を記録しておこう。これが最終テストとなり、なぜこんな決定を下してしまったのだろうと、あとあと後悔することもなくなる。ある人材紹介コンサルタントが、最終テストを行うことの利点を説明してくれた。「自分が決めたことと、その理由をきちんと書いておこう。それをとっておいて、あとで見直して論理を再度組み立ててみるんだ。これをやっておかないと、ほかの選択肢に目移りしがちになる」。

決定を下したら、戦略ロードマップを更新しよう。たとえば新しいポジションを受け入れるという決定なら、ロードマップにはそのポジションでどのようにして成功するつもりか、キャリアを築くためにその後どんなことをするつもりか、それがどんな可能性を拓くのかを記録しておく。新しいポジションを出発点として、長期戦略を設定し直すわけだ。オファーを断って求職活動を続けるという決定なら、機会探索戦略を更新してから、求職活動を再開しよう。またいまの勤め先にとどまる場合は、そこを足場として将来を築くための新しい戦略を立てよう。

第V部

継続する力

成功したらそれで終わりではないし、失敗しても致命的ではない。大切なのは、続ける勇気なのだ。

ウィンストン・チャーチル

幸福への道は一つしかない。意志の力ではどうにもならないことについて悩まないことだ。

エピクテトス

賢明な経営方針をキャリアの成功に役立てる方法はもう一つある。優れたリーダーは、状況が変化しても歩みを止めない。事業の動向を把握し、戦略を更新するなどのプロセスを通して状況を理解し、変化を予測し、それらを勘案して行動する。ものごとが思い通りに運ばないときも立ち直りが早い。このタフさがあるからこそ、どんな組織も避けて通れないさまざまな困難に屈さずにいられるのだ。役員会はどんなときでも歩み続けると見込んだＣＥＯを抜擢する。こうして選出されたＣＥＯは、部下のリーダーたちを同じ基準で選ぶだろう。

第Ｖ部では、このような慣行を通じて続ける力を高める二つの方法を説明する。図９に示した方法で有効な戦略をとり続ければ、単なるキャリア戦略を戦略的キャリアに変えることができる。

図9　第Ⅴ部：継続する力を伸ばす

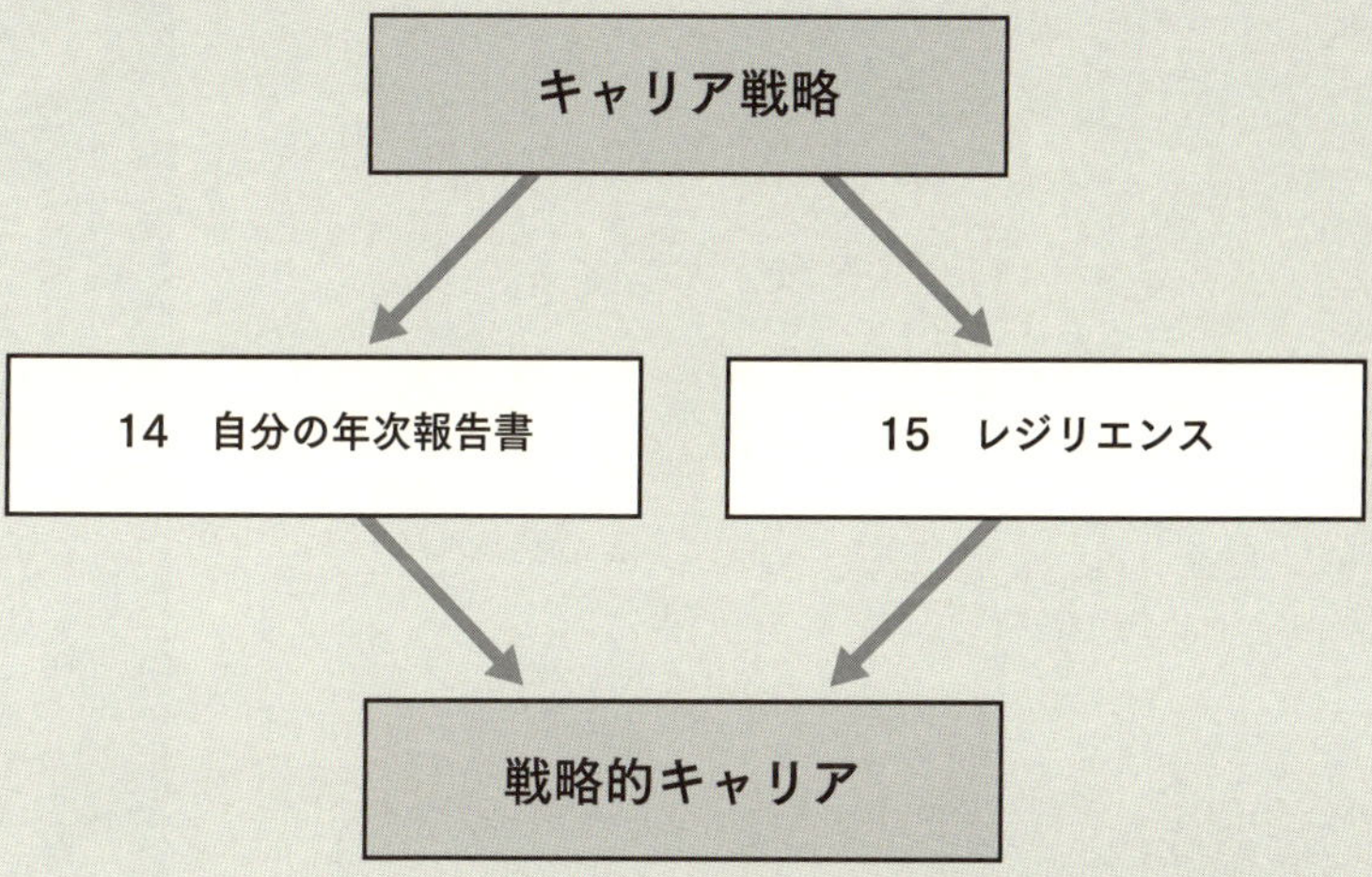

進捗状況を見直し将来を予測するための体系化された方法は、たいていの企業に役立つように、キャリアにも有効だ。第14章ではそのために自分の年次報告書を作成する方法を説明する。

どんな人も、多少の失望は避けられない。第15章は、そうした状況に対処するときに必要な、レジリエンスを強化する方法を説明する。

企業経営者は、企業の所有者である株主に莫大な量の情報を提供する。株式公開会社は会計基準や規制要件に則って、四半期ごとに財務報告書を作成する（企業や業界について調べる際の情報源として前に説明した、年次報告書やフォーム10Kなどのことだ）。ほとんどの非公開企業の経営者も、同様の報告書を株主と投資家に提供している。このような報告書は、経営者でない人たちに情報を提供するためのものだが、実はほかの意味もある。社内での戦略思考を促す働きがあるのだ。経営陣は対外的に公表する報告書の草稿が上がってきたとき、問題を指摘するだけで何の対応策も示さないようなものでは納得しない。また経営陣はこうした報告書とは別に、社内の戦略を独自に見直すこともある。

自分の職業生活で起こっていることをきちんと把握することは重要なのに、私たちが毎年提出を求められるのは、せいぜい所得税の申告書くらいのものだ。自分のキャリアを管理するためのプロセスは、自分で確立しなくてはならない。勤めている会社の展望や自分の業績のほか、仕事を楽しんでいるか、長期計画はいまも理にかなっているかといった点で、進行状況を確認する必要がある。夢中歩行は許されない！

それではまずコンサルタントのジャクソンが「年次報告書」と呼んでいたプロセスを説明し

よう。これは彼が開発した手法で、キャリアの進捗を見直し今後の展望を予想するための体系化されたプロセスだ。ジャクソンはこのプロセスを用いることでさまざまな気づきを得て、問題を先延ばしにしたり避けたりせず、正面から向き合っているのだ。

case 33

天職を見失ったときの処方箋

ジャクソンはとびきり優秀な経営コンサルタントだった。彼は所属組織と同じくらいクライアントのことも大事にしていた。多少の浮き沈みはあったが、仕事にはおおむね満足していた。ジャクソンがキャリアを通じて成功している理由の一つは、生まれながらの聞く力にある。彼の年次報告書は、自分の声に耳を傾け、それによって学んだことに対処するための建設的な方法なのだ。

ジャクソンは毎年一二月末に休暇をとって、スキーや家族との活動を楽しんでいる。その合間に一時間から半日ほど時間をとって、その年に成し遂げたことと、次の年にやりたいことを簡単にふり返ることにしている。このようにして状況を客観的に把握しているのだ。全体的な状況を頭のなかではっきりさせ、自分のやるべきことを自信をもって決定している。

まず前年の同時期を出発点として、それ以降に自分が同僚に対して感じたことや、やってきた仕事、学んだことと、達成したことを、メモをとったり頭のなかで整理しながらふり返る。ジャクソンは年次報告書のプロセスを行うたびに、自分にとって正しいことをやっていることを確信し、志を新たにしてきた。だがある年、彼は自分が退屈していることに気がついた。そこで別の拠点への異動を志願して、そこで新しい顧客と関係を一から築き、再び有意義で実り多い時間を過ごすようになった。

しかし六年後、ジャクソンはまたもや自分が停滞していることに気づいた。自分が成長しているという実感もなく、異動後に感じていた刺激も薄れていた。彼は年次報告書のプロセスを次のように説明する。

二週間ほど休みをとったんです。家族サービスも兼ねてね。家族と一緒にいたため、ライフスタイルについて感じていることに否応なしに目が向きました。昔は簡単な方法で自分の状態を評価していました。その日がいい日だったのか、悪い日だったのかを、ただ記録していくんです。週に一度、それと飛行機に乗るたびに、記録を見返しました。私はかなり単純な考え方をしていました。いい日、つまり自分が何かを達成し、成長したという実感があったり、人との絆を感じられた日が、悪い日よりも多ければよしとしました。パートナーに選出される直前は、三対二か、四対三の割合で、いい日のほうが多かった。

その後、私はこの方式についてじっくり考えました。そしてパートナーに選出された直後に、もうコモディティ業界で働きたくないということに気づいたんです。差別化した製品を販売するクライアントと働きたかった。だから六カ月後に、そういう仕事ができる部署に移りました。

最終的にコンサルティングをやめる決定を下したのは、クリスマス休暇に入ろうというときでした。理由はいくつかありましたが、この仕事を続ける気力も体力もなくなったことが大きかった。休暇をとって深い安堵を覚えたとき、自分の決定が正しかったのを実感しました。

ジャクソンは天職に近い仕事を見つけたが、その後見失った。だが年次報告書の作成という規律を自分に課していたおかげで、自分が何を考え感じているかを理解し、それをもとに決定を下し、行動を起こすことができた。この規律がなければ、もう一年ないし数年は同じ仕事を続け、不満を感じ、自分に苛立っていたにちがいない。誰でも年次報告書をつくることで、大きなメリットが得られるのだ。

自分の年次報告書を作成するエクササイズ

①何を含めるか

ここまでキャリアについて真剣に考えてきた人は、年次報告書をつくるのにそれほど準備はいらない。これからの作業は情報収集と分析よりは、内省が中心になる。ただし自分を見つめることによって新しい問題がもちあがり、それを深く分析する必要が生じることもある。

ここでもあなたの抱負とPVPが基本になるが、これまでとは考えるべきことが異なる。次の点を考えてみよう。

- あなたが最後にキャリアの方向性について考えたときと比べて、何か変化はあったか？
- 自分の抱負は何かと自問する代わりに、こう尋ねよう。自分は短期の目当てをどの程度達成しただろうか？　長期の抱負に向かう軌道に乗っているだろうか？　これらの抱負はいまも妥当なのか？
- 自分のPVPは何かと自問する代わりに、こう尋ねよう。自分のPVPはどのように変化しているだろう？　自分の能力は必要なだけ伸びているだろうか？
- 自分の長期の取り組みは何かと自問する代わりに、こう尋ねよう。長期の取り組みを順調に実行できているだろうか？　取り組みは役に立っているのか？　自分は適切な労力をかけているだろうか？　ほかの取り組みを行うべきなのか？

・自分の新聞記事を書く代わりに、こう尋ねよう。前に書いた記事をどう編集すべきだろう？

以前のステップで書きとめた決定とその論拠を見直すと、思考が刺激される。なぜ自分がそうした決定をしたのかを思い返し、それが正しかったのかどうかを考えよう。

もう一つの刺激として、戦略ロードマップを参照しよう。自分がいまロードマップのどこにいて、どこへ向かっているかを理解することは、進捗状況の確認に役立つ。

これらのステップをすべて実行すれば、以前に出した結論や目当てを更新し、進捗状況を確認し、そうした変化が自分にどんな影響を与えているのかを理解することができる。

②どんな形式にするか

一ページ使って、次の二つのトピックを書き出そう。まず、いま起こっている／起こりそうな大きな変化を列挙する。たとえば抱負の達成状況、あなたの幸福度／満足度、ＰＶＰの変化、組織や職務に対するあなたの考え方、組織や分野の展望、長期計画で次にやることなど。二つ目としてその下に、近々行わなくてはならない決定を列挙する。これらの決定は、上に列挙した項目と関係のあるものがほとんどだろう。

このページを作成することで、現時点での戦略状況について何か発見があるかもしれない。ページを保管しておけば、キャリアの記録にもなる。あとで読み返したときに、見逃していたパターンに気づくかもしれない。年次報告書は情報や自分についての洞察の宝庫なのだ。

③いつやるか

年次報告書に取り組むのは、毎年同じ時期がいい。たとえば休暇、年末、誕生日、人事考課のあとなど。ほかにも大統領の一般教書演説や健康診断の時期に合わせたり、自社の年次報告書発表のあとに行うなど、いつでもいい。毎年自分の報告書を作成すれば、年に一度は戦略に目を向けることになる。そして報告書が完成したらそのことはいったん忘れて、仕事で成功することに専念しよう。

必要なときに報告書をつくってもいい。何かが変化したり、不安を感じたりしたときに戦略を見直すのは自然なことだ。たとえばいまから一年以内に社内異動がありそうなときや、いまの職種の資格や大学院の学位を取得する決定を下す時期が迫っているとき、あるいは上司と衝突したときなど。

わずか三人のネットワークから絶えず新しい機会を紹介されているCEOのスティーブは、誰かに興味深い仕事を紹介されれば、少なくとも年に一度は簡単にキャリアをふり返っている。

牧師のアランは、気が向いたときに自分の天職を説明する説教の原稿を書くという。「人に奉仕するという啓示を初めて得たときのことをふり返って、それにどんな意味があるのかを考えています。何も思い浮かばなければ、そこでおしまいにします。あの啓示の意味を見つけなくてはならないんです」。この説教が彼を導き、彼と信者たちとを結びつけているのだ。

第15章 レジリエンス

どんなに強力なキャリア戦略があっても、万事が思い通りに運ぶという保証はない。後退を余儀なくされたときに必要なのは、立ち直る力（レジリエンス）だ。立ち直る力は戦略的キャリアの大きな支えになる。

立ち直る力を得る方法はいろいろある。たとえば、健全なキャリア戦略を通して実績と専門知識を身につけることは、立ち直る力を築くのにも役立つ。職人技をもつ人は重宝されるため、優れた技術があれば、窮地からすばやく立ち直ることができるのだ。また先立つものがあれば、万一の場合に対処する時間と余裕ができる。本書のアドバイスに従えば、こうした強さが身につくだろう。

立ち直る力には別の側面もある。ものごとがうまくいかないときに備えて、自分を見失わずに生産性を保つ能力を養うのだ。

たとえばある人が仕事を探しているとしよう。彼には立派な実績があり、しっかりした抱負と効果的なＰＶＰ、強力な仕事上のネットワークをもとに求職活動戦略を立て、努力を惜しまず戦略を実行している。だが三カ月たってもよい機会が現れなかったらどうするべきだろう？ネットワークを通じてミーティングをとりつけるのが難しかったり、ネットワーク自体が役に立たないこともあるだろう。機会が見つかり面接を受けたが、何も起こらないこともある。ポジションを獲得することを期待して入念に準備をするも、面接続きで夜眠れなくなった、面接の握手のとき手汗をかいていた、おどおどしているように見えた、相手の話が頭に入らなかった、質問されて口ごもってしまった、といった失敗をすることもあるだろう。また面接はうまくいったのに、その後連絡が途絶え、電話をかけても折り返しの連絡が来ないこともある。募集人員が一人だけだった、社内の候補者がポジションに内定していて、外部者の面接は手続き的なものにすぎなかったなど。さまざまな理由が考えられるが、実際に何が起こったのかはわからない。

このようなとき、折れてしまう人もいる。挫折感に苛まれ、経験から何も学べず、愕然として何もできなくなるのだ。必要なときに強さと勇気を奮い起こすにはどうすればいいだろう?

今度は失望から這い上がった二人を紹介しよう。求職活動に失敗しそうになった大学院の学生エリカと、ファイナンシャルアドバイザーの仕事を解雇されたばかりのエドワードだ。彼らの物語には、いつになっても色褪せない魅力がある。

case 34

自分で会社を発見し、仕事を発明する

二六歳のエリカは公衆衛生修士号の取得と卒業を間近に控えていたが、就職は決まっていなかった。

夏には大学の近くの医療会社でインターンを経験した。二カ月の仕事で成果をあげ、卒業後はフルタイムで働かないかと誘われた。エリカは会社の人たちも職務も気に入っていたが、話を断った。仕事は理想的だったが、問題は勤務先だった。当時つき合っていた人が別の都市で働いていたため、そこでよい仕事を見つけたかった。

二月に大学の就職課を通じて、その都市にある会社に希望通りのポジションが見つかった。キャンパスで行われた顔合わせはうまくいき、彼女は面接に呼ばれた。面接まで三週間の準備期間があった。

エリカはPVPのコンセプトを念頭に、高度な数量的スキルと分野の全般的な知識、人とよい関係を築き維持する能力をアピールすることにした。技術オタクとまではいかないがITに強く、ITと市場の橋渡しができるという点で、自分が際立っているという自信があった。

面接ではただ自分のことを話すだけでなく、相手にも興味深い情報を提供したかった。相手が考えたことのないアイデアを示し、そうすることで自分と一緒に働くのはどんな感じかをわかってもらおうとした。よさそうな考えだが、具体的にどんなアイデアがあるだろう？　エリカはこの会社が開発中の二つの製品について調査をし、ヒットさせるにはどうすればよいかを考えた。当時とっていた授業で、この会社が抱えていた問題に関するヒントを得て、それを土産に面接に向かった。プレゼンテーションは成功し、よい印象を残せたという手応えがあった。

もう一つ可能性があった。エリカは別の大学に通ういとこにも相談していた。いとこの大学の就職課に、彼女のターゲット地域の魅力的なポジションの求人があった。彼女は応募し、一日半にわたってみっちり面接を受けた。大学に戻って三日後に、翌週もう一度面接に来るようにとの連絡があった。二度目の面接も十分な手応えがあった。

そんなわけで、卒業六週間前の四月初めに、エリカはやるべきことをすべてこなしていた。明確な目的をもち、効果的なPVPを用意し、ネットワークづくりを行い、面接のために周到に準備を重ねた。彼女はどちらのポジションでも有力な候補になっていたため、少なくともどちらかが得られると信じて疑わなかった。

だがその週の終わりに、エリカはどちらの会社にも選ばれなかったことを知った。一つ目の会社のオファーを勝ちとったのは、一〇年の業界経験のある博士号取得者だった。エリカも面接の成績はよかったが、彼はさらに上をいっていた。二つ目の会社には二五〇人もの応募があり、電話面接を受けた一〇〇人のうち五〇人が一次面接に呼ばれ、二次面接に進んだのはさらに少数だった。だが採用された三人のなかにエリカの名前はなかった。

困った事態になった。卒業後も求職活動は続けられるが、夏の採用選考でそれまで以上によい結果が得られるという保証はなかった。それより早い時期に就職を決めてしまいたかった。
エリカはこの状況でも望みを捨てなかった。当時のことを、彼女はこう語っている。

あのころは本当につらかった。学校はあとひと月で終わってしまう。まるで最終期限のように感じ、ストレスで参りそうでした。でもあそこで終わりにするわけにはいかなかった。この先まだ面接を受けることになるのに、自信を失うわけには行かなかったんです。私は十分準備をして、最初の会社の面接で自分が付加価値を提供できるという自信を得ました。過酷な面接を経験して、度胸がつきました。三月の最終週に、二社で二〇回を超える面接を受けたんですから。それまでは自分の能力に自信があっても、それをうまく伝えられなかった。でもいったん面接を受けてみると、どんな面接でもうまくやれると思えました。気落ちしてもしょうがない、仕事は絶対見つかるはず。だって仕事はいくらでもあるじゃない。積極的にならなきゃ。そう自分に言い聞かせて、ゼロからやり直しました。

彼女が面接に長けているのは、私には当然のように思えた。彼女が授業で発言すると、とくにおもしろい内容でなくても、誰もがほほえんだ。また彼女は言い争わずに、質問を通して反論する方法を知っていた。
エリカのとっていた授業の一つで、ほかの学部の学生との短期プロジェクトがあり、彼女はそこで医療会社を立ち上げようとしている博士課程の学生と知り合った。その後気になって連絡をとってみると、準備は順調に進み、まもなく彼女のターゲット地域で事業を開始する予定だという。何という偶然だろう。

その会社には優秀な技術者はそろっていたが、エリカは彼と何度か話すうちに、顧客関係管理（CRM）のノウハウに欠けていることに気づいた――まさに彼女の得意分野の一つだ。彼女は顧客による製品トライアルを促すために、新規顧客開拓の職務を置いてはどうかと提案した。当初創業者はそう急ぐことはないとの考えだったが、彼女の話を聞いてトライアルを促す余地があることに気づいた。そしてこれが、エリカが七月に始めた仕事だったのだ。

エリカはオファーを二つとも手に入れそこねたが、自分がターゲット分野で抜きん出ているという自負があり、求職活動のスキルが向上しているのを日々感じていた。彼女は精力的かつ前向きに活動を続けた。大学の知り合いとの間に生まれた意外な可能性は、彼と話をするまでは存在すらしなかったポジションだ。就職課に来た求人に応募したのではない。自分で会社を発見し、仕事を発明したのだ。

次は大学から金融の世界に目を移そう。二〇〇八年のリーマン・ブラザーズ破綻を受けて、ウォール街の金融機関はコスト構造を見直し、大幅な人員削減を行った。エドワードも解雇された一人だった。

case 35

顧客もろともゴミのように捨てられて

エドワードは二八歳で海兵隊をやめて、富裕層向けの資産管理会社に入社し、研修後に顧客開拓の仕事に配属された。社内資料によれば、エドワードはその年に入社した一六人のなかで、運用資産額が最も多かった。三年目に入ると、彼は自分の強みを自覚するようになった。

そんなわけである日上司に呼ばれたときも、前日に獲得した新規顧客のことでほめられるのだろうと思っていた。金融市場が混乱しているときの新規顧客は、とくにありがたいものだからだ。ところがそうではなかった。彼は人員整理される二割の社員のうちの一人だった。そのままコンプライアンス担当者にオフィスに連れていかれ、すぐにもちものをまとめるよう申し渡された。上司はもちろん、社内の誰一人として、彼の気持ちを思いやったり、彼に注意すら払っているようには見えなかった。

エドワードはなぜ自分が選ばれたのかを知らされなかったが、おそらく収益性の高い投資商品を重点的に顧客に勧めなかったせいだろうと考えた。それに顧客を上司に積極的に紹介しなかったせいもあるかもしれない。彼の顧客の多くは個人的な知り合いだったため、自分一人で対応すればいいと思っていたのだ。

当時の経済環境では、誰にとっても失職は痛手だったが、金融業界ではなおさらだった。そのうえエドワードには特別な事情もあった。彼と妻はちょうど最初の家を購入し、三人目の子どもが生まれたところだった。彼はこのときの気持ちを率直に語っている。「一番つらかったのは、その夜妻に何が起こったかを話すことでした。彼女はソファに倒れ込んで一時間も泣いていました。僕も二日間眠れませんでした。入社して、生活すべてが会社色に染まったところで、いきなり顧客もろともゴミのように捨てられたんですから」。

大手投資会社二社から仕事の話があったが、前の仕事と大差なかったため興味をもてなかった。そうこうするうちに、彼は金融サービス会社と事務や法務手続きの代行契約を結べば、独立系ファイナンシャルアドバイザーになれることを知った。そのような立場なら、特定の金融機関の投資商品を売る必要もないし、複数の金融機関を競わせて、顧客に有利な条件を引き出すこともできる。もちろん顧客がつかなければ無報酬だが、エドワードはその点で苦労したことはなく、彼についていくと言ってくれた顧客も少なからずいた。彼は思い切って起業し、二四時間後には順調に事業を始めていた。

エドワードは大いに成功している。前の会社でもっていた顧客の八割を引き抜き、新規顧客の開拓より既存顧客のケアに時間を注いでいる。新規顧客はほとんどが紹介だ。子どもたちと過ごす時間も増え、収入は前の会社にいたときの三倍になった。

解雇されたことは、結果的に幸いした。

もちろん、事態は別の展開を見せていたかもしれない。落ち込んで自信喪失に陥ったり、心を閉ざしてしまう可能性もあった。なぜそうならなかったのかと尋ねると、彼はこう答えた。

「自分のことより、クライアントや妻子のほうが心配でした。なぜ自分がこんな目に遭ったのかと考えている場合じゃなかった。人生を楽しくするか、つらくするかは、自分次第ですよ」。

彼の顧客志向も功を奏した。もし解雇された理由が彼の思っている通りなら、会社の利益より顧客の利益を優先させたため、ということになる。それは恥ずべきことではなく、むしろ誇りに思ってよいことだ。

また冷静に状況をとらえたことも幸いした。「別にアウシュビッツ行きの列車に乗ってるわけじゃないし、戦闘地帯にいるわけでもない。解雇なんて大したことじゃないんです。こんなことで傷ついてどうしますか？」。元海兵隊員のエドワードは、幹部候補学校での「適応し、即興でやれ」の教えを思い出し、まさにその通りのことを六週間かけて行った。そして自分の状況と関心を見直し、何をすべきかを考え、こう結論づけた。「必要なスキルと教育はすべてそろっている。肝心なのは、それを使って何をするかだ」。六週間が終わるころには、独立開業して顧客を引き抜き、よりよいサービスを提供するという青写真ができていた。

エドワードは解雇によって自分の評判が傷つくことはないと知っていた。いやなことは忘れ、いまやるべきことに神経を集中した。まるで喪に服するかのようにしばらく身を潜め、それから不運を嘆くことなく、配られた札で淡々と勝負した。開き直ったことで勇気をもてた。そして勇気をもてたからこそ、思い切って起業し、成功を収められたのだ。彼はいま、天職のよさを満喫している。エドワードに立ち直る力があるのはまちがいない。

ここまでエリカの求職活動とエドワードの解雇への対応という、レジリエンスの実例を二つ見てきた。それでは続いてこの力を身につける方法を考えよう。

exercise

レジリエンスを見出すためのエクササイズ

レジリエンスは、哲学や宗教の伝統にも組み込まれている大きなテーマで、本書の扱う範囲を超えている。だがキャリア戦略に関していえば、レジリエンスは次のような方法を通じて身につけることができる。

①有効な計画を立て、実行に移す

周到な準備をしたうえで、しっかりした計画を積極果敢に実行すれば、どんなことが起ころうと対処できる。まだ戦略の効果があがっていなくても、成功の芽を育てるために必要なことを実行しているから、自信をもっていられる。苛立ちを覚えることがあっても、あなたを責めるべき理由は何もない。準備や実行を怠ったのでない限り、あなたに非はない。

天職につながるような理念を重視する人は、スタート地点から優位に立っている。他者への献身、職人技、組織づくりは崇高な目的となって、逆境から立ち直る元気を与えてくれるのだ。

②突き放して見る

結果に左右されすぎないようにしよう。どんなにしっかりした計画をどんなにうまく実行しても、何かしらうまくいかないことが出てくる。予想外のことが必ず起こる。取り組みには不確実性がつきものだということを心にとめておこう。たとえ成功できなくても、それはあなたのせいではない。

アルコール中毒者更生会（AA）で唱えられる「平安の祈り」には、依存症に苦しむ人だけでなく、求職者にも役に立つアドバイスが盛り込まれている。「変えられないものを受け入れられる冷静さと、変えられるものを変えていく勇気を、そして変えられないものと変えられるものを区別できる知恵を与えたまえ」。

突き放して見るという考え方を理解するには、キャリア戦略の困難の多い側面にあてはめて考えるのがわかりやすい。たとえば就職の面接だ。誰が面接を行うか、その人はどれほどの面接のスキルをもっているのか、どんな精神状態にあるかといったことは、面接と採用判断に影響をおよぼすが、あなたにはどうしようもないことだ。

面接の準備として、第Ⅲ部のアドバイスにしたがって有効なPVPを作成し、それをどのように伝えるかをしっかり考えよう。オファーをもらったらどんなに嬉しいだろう、もしもらえなかったら友人にどう思われるか、などと空想して時間を無駄にしてはいけない。こういう考えはプレッシャーになるし、面接を成功させるための準備から注意が逸れるうえ、望んだ通りにならなかった場合に失望が深まる。

面接では話の内容に集中しよう。面接者が話していること、尋ねていることに耳を傾け、どう返すかを考える。それだけに神経を集中し、よけいなことはしない(考えない)。成功のカギは、自分が求めている仕事の内容に神経を注ぎ、戦略を十全に実行することだ。こんなふうに考えよう。「しっかり準備をして面接の内容に集中すれば、全力を出すことができ、成功確率が最大限に高まる」、と。

③小さな勝利に目をとめる

求職活動の計画やネットワークづくりがうまくいっていても、有意義な活動——たとえば人と会って重要な発見をした、求人募集をしていない会社の経営幹部におもしろい話を聞いたなど——は結果につながらないことも多い。決して簡単なことではなかったが、あなたはそれをやり遂げたのだ。すぐに結果が出なくても、自分をほめて誇りをもとう。そうすればやる気を失わずにいられる。

④誰かと一緒にやる

序章でも勧めた通り、本書を誰かと一緒に読んで、お互いに考えをぶつけ合い、学び合ってほしい。この本を読んでいてもいなくても、求職活動中の仲間や長期戦略の取り組みを真剣に実行する人たちと、情報や意見を交換するのはとても有意義なことだ。分別ある計画を立てるよう促してもらったり、気落ちしたときに力づけてもらえる。あなたも同じことをしてあげよう。

⑤学習し、適応する

ものごとの進展に注意を払おう。

ものごとが予定した通り進まないときは、ペースを落として計画を見直そう。準備不足なのかもしれない。背伸びしすぎで、その仕事を狙うにはまだ力不足なのかもしれない。文化があなたに合わないのかもしれない。ネットワークを活用する方法がまちがっているのかもしれない。しばらく立ち止まって、ネットワークをつくり直したり、学位や資格を得たりする必要があるかもしれない。

たとえ失敗しても、それをバネにして強力なキャリア戦略を立て直そう。そうすればつらい経験をポジティブにとらえ直せる。エリカとエドワードもそうだった。それに彼らだけではない。たとえば前に登場したパラブは解雇の憂き目に遭いながらも、PVPで共感力を打ち出して、新しいポジションを得た。医師のジョージは、仕事に満足できなくなったことや健康上の問題をきっかけに、本当にやりたい仕事に移った。ニーナは組織文化に違和感を感じ、芸術に打ち込むことに決めた。あなたには大きな失望を味わってほしくないが、たとえそんなことがあっても、ぜひ挫折から学んで戦略を修正してほしい。

心を閉ざしてはいけない。周りで起こっていることから学び、適応しよう。そうすればいつも成功に照準を合わせることができ、時間を無駄にせずにすむ。これが、本質的に不確実なキャリアの世界で成功する方法なのだ。

職業生活ですべてが期待通りに進んだなどという人に、私は会ったことがない。どんな人でも必ず苦境に陥るときがある。そうしたできごとに翻弄されてはいけない。意識して立ち直る力を養おう。大局を見失わずにいれば、困難な状況に負けずに生産的な方法で対処できる。

終章 七つの原則

本書の結びとして、次の三点をふり返りたい。まず、本書の重要なポイントを短くまとめて説明する。次に、有効なキャリア戦略を立てるだけでなく、キャリア戦略のスキルを身につけることができれば、多くのメリットがあることを説明したい。そして最後に、多くの人が職業人生にわたって有効なキャリア戦略を立て、それを実行するようになれば、社会全体に大きなメリットがおよぶことを示していこう。

本書のエレベータースピーチ

あなたが雇用主のニーズにどのように応えるかを説明するエレベータースピーチは、機会探索のカギを握る要素だ。このトピックは第10章で説明したが、ここでもう一度ふり返りの意味も込めて、本書のエレベータースピーチがどんなものになるかを考えたい。次にあげるのは、三分間バージョンだ。

キャリア戦略の原則は、事業戦略の原則と概念的に同じものである。なかでも最も重要なのは次の七つの原則だ。

◉天職

他者への奉仕や職人技、組織づくりに重きを置く仕事で、あなたの強みを活かせるものを天職にしよう。仕事で得られる特典でなく、このような仕事の基本を優先させよう。そうすれば多くを達成し、幸せで満ち足りた気持ちでいられるだろう。

◉自分の価値提案（PVP）

PVPはキャリア戦略の心臓部にあたる。PVPとは、あなたがどの分野や職務をめざすのか、そこで成功するには何が必要か、そうした要件をあなたはどのように満たすつもりか、その見返りとして何を期待するかを説明するものをいう。PVPは、それ以降のすべての作業の基本となる。野心的なPVPは長期戦略を導き、現在のPVPは目先の機会探索の指針となる。

◉長期戦略

あなたが今後就くポジションや受ける教育経験を通して、あなたという「製品」を強化するための一連の取り組み、すなわち戦略ロードマップを実行して、野心的PVPを組み立てよう。それとともに評判づくりとネットワークづくりによってマーケティング力を伸ばすための取り組みも進めよう。そうすれば希望するポジションでの競争力を高め、そうしたポジションを見つける能力を高められる。

◉機会探索

あなたの現在のPVPにふさわしい機会を探すには、仕事上のネットワークやそのほかの人たちに貪欲に働きかけよう。PVPに要約された内容をもとに、最善の主張を行おう。

◉決定

徹底した事前調査は、重要な決定を行うための強固な基盤になる。それぞれの選択肢があなたの目的にかなうかどうかを評価しよう。それぞれの選択肢を選んだ場合に起こるシナリオを予測して、不確実性にうまく対処できるかどうかを評価する。

◉事実と論理的手法

戦略方針はただの方針にすぎない。方針は、深い洞察を与えてくれることもあるが、現実の状況のなかで情報や判断を交えながら解釈されない限り、何の意味ももたない。優れた戦略家と失敗者を分けるのは、現実の状況をどれだけよく理解しているかだ。事実と論理的手法によって、キャリア選択を厳密に行うことが成功のカギとなる。

◉ レジリエンス

たとえ最善のキャリア戦略があったとしても、驚きや失望は必ずやってくる。定期的に進捗状況を確認し、周りで起こっていることから学ぼう。あなたは天職に向かう軌道に乗っているのかもしれないが、もしかすると方向性を変える必要があるかもしれない。失望に向き合うために、レジリエンスを養おう。それが歩み続ける方法だ。

これらの原則にしたがってキャリアを積めば、あなたの望む天職を探しあて、楽しみながら仕事に取り組めるはずだ。

キャリア戦略のスキルを身につけることのメリット

キャリア戦略の原則をうまく適用できるようになれば、キャリア戦略のスキルが身についたことになる。だがこのスキルをもっている人も、それが自分の武器になるとは思っていないようだ。キャリア戦略のスキルを伸ばすことには、どんな意義があるのだろうか？　ここでもビジネス界の教訓が参考になる。

多くの企業が、毎年同じ戦略を実行し続けている。そうすれば何もかもが簡単ですむ。というのも、組織のプロセスや構造、体制は戦略を考慮して設定され、社員は職務で戦略を実行するのに必要なスキルを身につけようとするからだ。

それは結構なことだ——何か重要な変化が起こり、戦略が機能しなくなるまでは。新しい技術、新たな規制や市場の変化、新興企業などのせいで、古い戦略が成り立たなくなることがある。こうした変化が起これば、まったく新しい戦略が必要になるが、企業のリーダーは戦略の立て方がわかっていないことがある。あるいは、どのような戦略転換が必要かを理解していても、組織が硬直化して新しい戦略に対応できない、必要なスキルをもつ人材がいない、といった場合もあるだろう

その一方で先手を打って、戦略開発と変革のマネジメントのスキルに長けた、俊敏な組織をつくりあげる企業もある。変化が著しい業界や新興企業にとっては、これができるかどうかが成功のカギを握る。このことをキャリアにあてはめるとどうなるだろう?

数十年前はキャリアについて深く考える必要もなく、仕事の世界が提供するものをそのまま受け入れればよかった。だが最近の人たちは職業生活にもっと大きな期待をかけている。ただ業績をあげ、経済的報酬を得るだけでなく、働くことの意義や自己実現を求めようとする。その一方で、仕事に対する満足度は低下している。アメリカ産業審議会の二〇一〇年の報告書によると、アメリカでは仕事に満足している人の割合はわずか四五%で、一九八一年の六一%から大幅に低下した。

昔は一つの会社か、少なくとも一つの分野で、定年まで働き続けるのが普通だった。選択の余地や機会が限られていたかもしれないが、安定と安心は得られた。だがそんな時代はとうに

過ぎ去った。今日の企業経営者や専門家に、そんな人が一人でもいるかどうかさえ疑わしい。状況は変化し、これまでにない問題が生じ、新しい機会が訪れている。

読者のみなさんが本書を使って、最強のキャリア戦略を立ててくれることを期待している。そしてその戦略を通して天職を見つけ、キャリア人が抱く不安やジョブ人が感じる不満と疎外感ではなく、幸福感と満足感を手に入れてくれれば、こんなに嬉しいことはない。そうできたとき、キャリア戦略のスキルがきっと身についているはずだ。

今度キャリアの転換点が訪れたときも、このプロセスをくり返してほしい。二度目となればより直感的に自分を評価でき、キャリア戦略のスキルをさらに深められるだろう。キャリア選択で悩む友人に、本書のコンセプトを使って手助けしてあげれば、あなた自身のスキルも高められる。変化につねに備えている優良企業に倣おう。キャリア戦略のスキルを身につければ、職業生活を通じていつでも変化に対応できる。このスキルは来る年も来る年も役に立つ、重要な資産になるだろう。

優れたキャリア戦略は社会全体の利益になる

優れたキャリア戦略は、それをもっている人の役に立つが、恩恵はそれにとどまらない。その人の雇用主にとっても——有効な戦略をもった人材をひきつけ、士気を高め、引きとめることができる、聡明な雇用主に限るが——利益になる。大きなことを成し遂げるのは、このような人材なのだから。

　ギャラップ社が二〇一二年に行った従業員の仕事意欲に関する調査によると、「意欲が高い」（情熱をもって働いている）従業員の割合が三〇％だったのに対し、「意欲が低い」（心ここにあらずでぼんやりしている）人は五二％、「意欲をもとうともしない」（ほかの人たちに悪影響をおよぼす）人は一八％だった。また従業員の仕事意欲は、たいていの会社の目標である収益性や品質、安全性などにも影響をおよぼすことがわかった。この調査でいう「意欲が高い」人たちは、私の知る天職人にとてもよく似ている。

　仕事意欲がきわめて高い従業員を雇っている企業は幸いである。そうした人材をひきつけ、引きとめることができれば、組織の能力が高まり、実績が拡大するなど、大きなメリットが得られるからだ。逆にこうした人材をひきつけ、引きとめられない企業は必ず衰退する。

　これまで漫然とキャリアを選んでいた人たちの多くが、意図的に戦略計画を立てるようになれば、世界はよい方向に変わる。そうした戦略を通じて天職を見つけられれば、達成感と充足感、幸福感を高められる。こうして有効な戦略的キャリアを見つけた人たちは、やがてよりよい社会を築くはずだ。

■著者略歴

ビル・バーネット

Bill Barnett

マッキンゼー＆カンパニーの戦略部門でディレクターを務め、多くの企業の経営戦略をアドバイスする傍ら、社内の人材コーチングにも携わる。ウエストポイント陸軍士官学校を卒業し、ハーバード大学ビジネススクールでＭＢＡ取得。米国務省、国防総省、NATO、米陸軍での任務にも従事し、その幅広い経験を活かし、イェール大学、ライス大学でビジネススクールの学生を対象にキャリア戦略を教えている。

■訳者略歴

櫻井祐子

Yuko Sakurai

京都大学経済学部卒。大手都市銀行在籍中にオックスフォード大学で経営学修士号取得。『選択の科学』（シーナ・アイエンガー著、文藝春秋）、『０ベース思考』（スティーヴン・レヴィット他著、ダイヤモンド社）、『イノベーション・オブ・ライフ』（クレイトン・クリステンセン著、翔泳社）など訳書多数。

ストラテジック・キャリア

2016年8月31日　第1刷発行

著者	ビル・バーネット
訳者	櫻井祐子
発行者	長坂嘉昭
発行所	株式会社プレジデント社 〒102-8641 東京都千代田区平河町2-16-1 編集（03）3237-3737　販売（03）3237-3731
編集	中嶋 愛
装丁	ISSHIKI
制作	関 結香
販売	桂木栄一　高橋徹　川井田美景　森田巌　遠藤真知子 塩島廣貴　末島秀樹
印刷・製本	図書印刷株式会社

ISBN978-4-8334-2186-7
Printed in Japan